O Positivismo
Jurídico

O livro é a porta que se abre para a realização do homem.

Jair Lot Vieira

Norberto Bobbio

O Positivismo Jurídico
Lições de Filosofia do Direito
Compiladas pelo doutor Nello Morra

Tradução
Luiz Sérgio Henriques
Tradutor e um dos organizadores
das *Obras* de Antonio Gramsci.

© Copyright 1996 – G. GIAPPICHELLI EDITORE – TORINO

Copyright da tradução e desta edição © 2022 by Edipro Edições Profissionais Ltda.

Todos os direitos reservados. Nenhuma parte deste livro poderá ser reproduzida ou transmitida de qualquer forma ou por quaisquer meios, eletrônicos ou mecânicos, incluindo fotocópia, gravação ou qualquer sistema de armazenamento e recuperação de informações, sem permissão por escrito do editor.

Grafia conforme o novo Acordo Ortográfico da Língua Portuguesa.

1ª edição, 2022.

Editores: Jair Lot Vieira e Maíra Lot Vieira Micales
Coordenação editorial: Fernanda Godoy Tarcinalli
Tradução: Luiz Sérgio Henriques
Tradução das citações em latim: Daniel Moreira Miranda
Preparação: Lygia Roncel
Revisão: Brendha Rodrigues Barreto
Diagramação e Capa: Ana Laura Padovan e Karine Moreto de Almeida

---

Dados Internacionais de Catalogação na Publicação (CIP)
(Câmara Brasileira do Livro, SP, Brasil)

Bobbio, Norberto, 1909-2004

O positivismo jurídico : lições de filosofia do direito / Norberto Bobbio ; compiladas por Nello Morra ; tradução de Luiz Sérgio Henriques. – São Paulo : Edipro, 2022.

Título original: Il positivismo giuridico

ISBN 978-65-5660-029-1 (impresso)
ISBN 978-65-5660-030-7 (e-pub)

1. Direito - Filosofia 2. Positivismo jurídico I. Morra, Nello. II. Título.

20-48311   CDU-340.12

Índice para catálogo sistemático:
1. Positivismo jurídico : Filosofia do direito : 340.12

Cibele Maria Dias – Bibliotecária – CRB-8/9427

São Paulo: (11) 3107-7050 • Bauru: (14) 3234-4121
www.edipro.com.br • edipro@edipro.com.br
 @editoraedipro   @editoraedipro

Sumário

Premissa à nova edição | 11

Premissa | 15

Parte I
As origens históricas do positivismo jurídico | 19

INTRODUÇÃO

1. Direito natural e direito positivo no pensamento clássico | 21
2. Direito natural e direito positivo no pensamento medieval | 26
3. Direito natural e direito positivo no pensamento dos jusnaturalistas dos séculos XVII e XVIII | 28
4. Critérios de distinção entre direito natural e direito positivo | 29

CAPÍTULO 1
Pressupostos históricos

5. Relações entre direito natural e direito positivo | 31
6. O contexto histórico do positivismo jurídico. A posição do juiz quanto à formação do direito antes e depois do surgimento do Estado moderno | 33

7. Vicissitudes históricas do direito romano | 37
8. *Common law* e *statute law* na Inglaterra: *sir* Edward Coke e Thomas Hobbes | 40
9. A monopolização do direito por parte do legislador na concepção absolutista e na liberal. Montesquieu e Beccaria | 46
10. A sobrevivência do direito natural nas concepções filosófico-jurídicas do racionalismo no século XVIII. As "lacunas do direito" | 50

CAPÍTULO 2
AS ORIGENS DO POSITIVISMO JURÍDICO NA ALEMANHA

11. A "Escola Histórica do Direito" como preparadora do positivismo jurídico. Gustav Hugo | 55
12. As características do historicismo. De Maistre, Burke, Möser | 58
13. A Escola Histórica do Direito. F. C. Savigny | 63
14. O movimento pela codificação do direito. Thibaut | 65
15. A polêmica entre Thibaut e Savigny sobre a codificação do direito na Alemanha | 69

CAPÍTULO 3
O CÓDIGO NAPOLEÔNICO E AS ORIGENS DO POSITIVISMO JURÍDICO NA FRANÇA

16. O significado histórico do Código Napoleônico. A codificação justiniana e a napoleônica | 77
17. As concepções filosófico-jurídicas do iluminismo inspiradoras da codificação francesa. As declarações programáticas das Assembleias revolucionárias | 79
18. Os projetos de codificação de inspiração jusnaturalista: Cambacérès | 83
19. A elaboração e a aprovação do projeto definitivo: Portalis | 86

20. As relações entre o juiz e a lei segundo o art. 4º do Código Civil. O discurso preliminar de Portalis | 89
21. A Escola da Exegese: as causas históricas do seu advento | 94
22. A Escola da Exegese: seus maiores expoentes e suas características fundamentais | 100

CAPÍTULO 4
AS ORIGENS DO POSITIVISMO JURÍDICO NA INGLATERRA: BENTHAM E AUSTIN

23. Bentham: notas biográficas. A inspiração iluminista da sua ética utilitarista | 109
24. Bentham: a crítica à *common law* e a teoria da codificação | 116
25. Austin: a tentativa de mediação entre a Escola Histórica alemã e o utilitarismo inglês | 121
26. Austin: sua concepção do direito positivo | 125
27. Austin: a distinção entre direito legislativo e direito judiciário; a crítica ao direito judiciário | 131
28. Austin: o problema da codificação | 135

CONCLUSÃO
DA PARTE HISTÓRICA

29. O fato histórico da produção legislativa do direito está na base do positivismo jurídico; o significado da legislação | 143
30. A frustrada codificação na Alemanha: a função histórica do direito científico | 146
31. Ihering: o método da ciência jurídica | 147

PARTE II
A DOUTRINA DO POSITIVISMO JURÍDICO | 153

INTRODUÇÃO
32. Os pontos fundamentais da doutrina juspositivista | 155

CAPÍTULO 1

O POSITIVISMO JURÍDICO COMO ABORDAGEM AVALORATIVA DO DIREITO

33. O positivismo jurídico como atitude científica diante do direito: juízo de validade e juízo de valor | 159
34. Ciência do direito e filosofia do direito: definições avalorativas e definições valorativas | 163
35. "Positivismo jurídico" e "realismo jurídico": a definição do direito como norma válida ou como norma eficaz | 167
36. O "formalismo" como característica da definição juspositivista do direito | 169

CAPÍTULO 2

A DEFINIÇÃO DO DIREITO EM FUNÇÃO DA COAÇÃO

37. As origens históricas da concepção coercitiva do direito: Thomasius | 173
38. A teorização da concepção coercitiva: Kant e Ihering. Objeções a esta teoria | 177
39. A moderna formulação da teoria da coação: Kelsen e Ross | 182

CAPÍTULO 3

A TEORIA DAS FONTES DO DIREITO: A LEI COMO ÚNICA FONTE DE QUALIFICAÇÃO

40. O significado técnico da expressão "fontes do direito" | 189
41. Condições necessárias para que em um ordenamento jurídico exista uma fonte prevalente | 191
42. Fontes de qualificação jurídica; fontes de cognição jurídica (fontes reconhecidas e fontes delegadas) | 193
43. O costume como fonte de direito na história do pensamento jurídico e na história das instituições positivas | 196
44. A decisão do juiz como fonte de direito. A equidade | 201
45. A chamada "natureza das coisas" como fonte de direito | 205

CAPÍTULO 4

A TEORIA IMPERATIVISTA DA NORMA JURÍDICA

46. A concepção da norma jurídica como comando. Distinção entre comando e conselho. Austin e Thon | 211

47. A construção imperativista das normas permissivas | 217

48. A caracterização do imperativo jurídico: tentativas insatisfatórias | 220

49. A caracterização do imperativo jurídico: o direito como imperativo hipotético | 222

CAPÍTULO 5

A TEORIA DO ORDENAMENTO JURÍDICO

50. A teoria do ordenamento jurídico como contribuição original do positivismo jurídico à teoria geral do direito | 229

51. A unidade do ordenamento jurídico. A teoria kelseniana da norma fundamental | 231

52. Relações entre coerência e completude no ordenamento jurídico | 235

53. A coerência do ordenamento jurídico. Os critérios para eliminar as antinomias | 236

54. A completude do ordenamento jurídico. O problema das lacunas da lei | 241

CAPÍTULO 6

A FUNÇÃO INTERPRETATIVA DA JURISPRUDÊNCIA

55. A tarefa da jurisprudência. A noção de "interpretação" | 247

56. Os meios hermenêuticos do positivismo jurídico: a interpretação declarativa; a interpretação complementadora (a analogia) | 250

57. A concepção juspositivista da ciência jurídica: o "formalismo científico" | 257

CAPÍTULO 7
O POSITIVISMO JURÍDICO COMO IDEOLOGIA DO DIREITO

58. "Teoria" e "ideologia". O aspecto ideológico do positivismo jurídico. Crítica da teoria e crítica da ideologia juspositivista | 261

59. O conteúdo e o significado da versão extremista da ideologia juspositivista: suas várias justificações histórico-filosóficas | 264

60. A versão moderada do positivismo ético: a ordem como valor próprio do direito | 269

CONCLUSÃO GERAL

61. Os três aspectos fundamentais do positivismo jurídico: nossa avaliação sobre ele | 273

APÊNDICE | 281

Premissa à nova edição

As lições ministradas por Norberto Bobbio sobre o *Positivismo jurídico* na Universidade de Turim no já distante ano acadêmico de 1960-1961, compiladas com impecável cuidado por Nello Morra, depois de inúmeras reimpressões litográficas que lhes conferiam o característico, agradável, mas também redutivo aspecto de "apostila", aparecem finalmente em roupagem tipográfica, a roupagem que propriamente lhes cabe. E aparecem na mesma coleção dedicada à Filosofia do Direito – *Recta Ratio* –, cuja segunda série, em 1993, foi aberta pelo volume intitulado *Teoria geral do Direito*, no qual foram publicados conjuntamente os dois cursos bem conhecidos dedicados por Bobbio à *Teoria da norma jurídica* e à *Teoria do ordenamento jurídico*, também oferecidos na universidade turinense nos anos imediatamente precedentes.

Esta reedição de *O positivismo jurídico* tem diversas justificativas. A mais imediata é que era requerida pelas exigências do ensino universitário da *Filosofia do Direito* e da *Teoria geral do Direito* (matérias que, no novo currículo das faculdades italianas de Jurisprudência, finalmente reconquistaram merecido relevo): o fato de que, desde a primeira edição destas páginas, passaram-se mais de trinta e cinco anos não lhes retirou o viço, a agilidade e a riqueza que as tornam um ótimo instrumento de informação e de formação dos estudantes de Direito (em particular, daqueles do primeiro ano do curso). Mas, ao lado desta razão (que já por si mesma me parece plenamente suficiente para justificar a reiterada insistência com que se dobrou a relutância de Norberto Bobbio, muito pouco disposto a concordar com esta nova edição do seu velho livro), gostaria de indicar outra, muito mais relevante do que a primeira: *O positivismo jurídico* merece ser reeditado porque é um "clássico". E o é porque neste livro ressaltam do modo mais pleno os dotes que fizeram de Norberto Bobbio um mestre da ciência jurídica italiana: a linearidade da linha argumentativa, a fineza do juízo crítico e o tom cristalino da exposição. Mas o é sobretudo porque neste livro se explicitam do modo mais nítido as razões pelas quais o positivismo se tornou o paradigma de pensamento jurídico compartilhado por tantos juristas do nosso tempo; um paradigma em nada complacente consigo mesmo, em nada desconhecedor da fragilidade e da problematicidade dos seus pressupostos, em nada desrespeitoso de paradigmas alternativos ou mesmo conflitivos (basta reler com quanta precisão e, diria, quase amabilidade, Bobbio apresenta as posições jusnaturalistas); um paradigma que sabe se manter distante seja das vaguezas do irracionalismo, seja das tentações do decisionismo; um paradigma que – se for lícito aventar esta hipótese – a cada dia que passa parece se afastar cada vez mais de nós e da nossa sensibilidade, mas que exatamente por isso está assumindo (se é que já não assumiu) aquela espécie de atemporalidade que pertence a todas as visões do mundo, a todos os modos de pensamento que costumamos precisamente definir como "clássicos". Os "clássicos", de fato, nos são ao mesmo tempo próximos e distantes; são distantes porque dificilmente, recorrendo ao seu auxílio, somos capazes de administrar as urgências do presente; mas estão sempre perto, porque constituem contínuo alimento do pensamento, porque dão ao pensamento a capacidade e a força de pensar. *O positivismo jurídico* é um clássico: neste livro não se deve mais buscar a mera dimensão da informação (no mais, o livro está repleto de informações ainda hoje preciosas, e se espera que quem o leia – ou releia – saiba levá-lo em conta e esteja consciente de que em bem poucos outros livros existe tanto a aprender como neste), mas a capacidade de formação intelectual e moral que só poucos e raros mestres (e Bobbio está entre os poucos juristas do século que verdadeiramente merecem este título) são capazes de ofertar aos seus alunos.

Francesco D'Agostino
Novembro de 1996

Premissa

Estas lições sobre o positivismo jurídico, publicadas primeiramente na forma de apostila pela Cooperativa libraria universitaria torinese, foram por mim ministradas no ano acadêmico de 1960-1961. Sua publicação foi possibilitada pela diligência e pela perícia com que foram compiladas pelo doutor Nello Morra, a quem dirijo, mesmo depois de tantos anos, minha mais viva gratidão.

Foram concebidas como comentário histórico e como síntese teórica de dois cursos precedentes sobre *Teoria da norma jurídica* e *Teoria do ordenamento jurídico*, ministrados respectivamente nos anos acadêmicos de 1957-1958 e de 1959-1960, publicados pela editora Giappichelli e continuamente reeditados, à diferença das presentes lições. A elas seguiram alguns cursos sobre o direito natural, de que permaneceram traços no volume em forma de apostila intitulado *Locke e o direito natural**, editado pela mesma Giappichelli em 1963.

O problema da natureza e do significado histórico do positivismo jurídico estava naqueles anos na ordem do dia, especialmente após o ensaio que H. L. A. Hart escrevera em defesa do positivismo jurídico, em polêmica

---

*.   Obra em produção pela Edipro, com lançamento previsto para o 1º semestre de 2022. (N.E.)

com Lon L. Fuller, "*Positivism and Separation of Law and Morals*" ["*O positivismo e a separação entre o direito e a moral*"], Harvard Law Review, vol. 71, 1958, p. 593-630 (traduzido em italiano na coletânea de escritos de Hart, *Contributi all'analisi del diritto*, organizado por Vittorio Frosini, Milão, Giuffrè, 1964, p. 107-166). No mesmo ano aparecera a obra principal de Alf Ross, *On Law and Justice* [*Direito e Justiça*], Londres, Steves & Sons (traduzida em italiano por Giacomo Gavazzi, Turim, Einaudi, 1965)*. Em 1961, o ano da primeira edição desta apostila, apareceu a obra principal de Hart, *The Concept of Law* [*O conceito de Direito*], Oxford, Clarendon Press (tradução italiana a cargo de Mario A. Cattaneo, também pela Einaudi de Turim, em 1965). No ano precedente aparecera a obra conclusiva de Hans Kelsen, a nova edição de *Reine Rechtslehre* [*Teoria Pura do Direito*], Viena, Franz Deuticke (tradução italiana organizada por Mario Losano, também pela Einaudi, 1966). No verão de 1960, Alessandro Passerin d'Entrèves e eu, com a colaboração de Renato Treves, convidamos os professores Hart e Ross, com alguns dos seus alunos e alguns jovens estudiosos italianos, para um seminário sobre o positivismo jurídico que durou cerca de duas semanas na Villa Serbelloni, de Bellagio, sob os auspícios da Rockefeller Foundation. Foi sobretudo deste seminário que retirei inspiração, e além de inspiração muito material, para ministrar um curso inteiro sobre o tema. A ideia que o fundamenta e justifica sua organização foi por mim exposta no artigo "Sobre o positivismo jurídico", publicado na *Rivista di Filosofia*, no primeiro número do próprio ano de 1961 (p. 14-34).

Na sua primeira edição este curso teve a honra de ser douta e brilhantemente resenhado, não sem algumas justas observações críticas, na *Rivista trimestrale di diritto e procedura civile* (ano XV, 1961, p. 1.476-1.480), por Guido Fassò, cujo prematuro desaparecimento constituiu grave perda para nossos estudos. Dedico esta reedição à sua querida memória.

Inútil dizer que o curso tem a marca do tempo em que foi escrito e de um debate que não mais se desenvolve nos termos de então. Mas não quis revê-lo nem atualizá-lo. Apesar de toda a água que passou sob a ponte

---

*. Obra publicada pela Edipro, em sua 3ª edição em 2021, com prefácio do Prof. Alaôr Caffé Alves e revisão técnica do Prof. Alysson Leandro Mascaro. (N.E.)

do positivismo jurídico, os pilares centrais resistiram. A presente reedição reproduz exatamente a primeira edição, salvo algumas breves correções formais.

Norberto Bobbio
Janeiro de 1979

PARTE I
AS ORIGENS HISTÓRICAS DO POSITIVISMO JURÍDICO

Introdução

Sumário: 1. Direito natural e direito positivo no pensamento clássico • 2. Direito natural e direito positivo no pensamento medieval • 3. Direito natural e direito positivo no pensamento dos jusnaturalistas dos séculos XVII e XVIII • 4. Critérios de distinção entre direito natural e direito positivo

1. Direito natural e direito positivo no pensamento clássico

O curso deste ano será dedicado ao *positivismo jurídico* e se dividirá em duas partes: a primeira dedicada a problemas históricos e a segunda a problemas teóricos.

A expressão "positivismo jurídico" não deriva daquele "positivismo" em sentido filosófico, ainda que no século passado tenha havido certa ligação entre os dois termos na medida em que alguns positivistas jurídicos eram ao mesmo tempo também positivistas em sentido filosófico: mas em suas origens (que se encontram no início do século XIX) o positivismo jurídico nada tem a ver com o positivismo filosófico, tanto é verdade que, enquanto o primeiro nasce na Alemanha, o segundo surge na França. Ao contrário, a expressão "positivismo jurídico" deriva da locução *direito positivo* contraposta à de *direito natural*. Portanto, para entender o significado do positivismo jurídico, é preciso esclarecer o sentido da expressão *direito positivo*.

Toda a tradição do pensamento jurídico ocidental está dominada pela distinção entre "direito positivo" e "direito natural", distinção que, quanto ao conteúdo conceitual, já se encontra no pensamento grego e latino; o uso da terminologia "direito positivo", porém, é relativamente recente, uma vez que só se encontra nos textos latinos medievais.

No latim da época romana, o uso do termo *positivus* em sentido análogo ao que assumirá na locução "direito positivo" só se encontra em um texto. Trata-se de trecho das *Noites áticas*, de Aulo Gélio, em que se diz:

> *Quod P. Nigidus argutissime docuit nomina non positiva esse, sed naturalia.* [Como P. Nigidius com grande inteligência mostrou que as palavras não são arbitrárias, mas naturais (título do Livro 10.3.4).]

Como se vê, neste trecho a contraposição entre "positivo" e "natural" se faz em relação à natureza não do direito, mas da linguagem: ela nos recorda o problema (que já encontramos nas disputas entre Sócrates e os sofistas) da distinção entre o que é por natureza (*phusis*) e o que é por convenção ou estabelecido pelos homens (*thésis*). O problema que se põe para a linguagem, a saber, se ela é "natural" ou "convencional", também se põe analogamente para o direito. A primeira vez que se encontra no latim pós-clássico a expressão *positivus* referida ao direito está em trecho do *Comentário* de Calcídio ao *Timeu* de Platão (esta obra de Calcídio, um neoplatônico ou comentador de Platão, foi por longo tempo – até o século XII – a única fonte do conhecimento medieval de Platão). Nele se diz:

> *Ex quo adparet in hoc libro* [isto é, no Timeu] *principaliter id agi, contemplationem considerationemque institui non positivae, sed naturalis illius justitiae atque aequitatis, quae inscripta instituendis legibus describendisque formulis tribuit ex genuina moderatione substantiam.* [E, assim, é claro que sua principal tarefa neste livro é instituir a contemplação e a consideração da justiça e da equidade, não na forma positiva, mas na natural, que, embora não escrita devido à sua moderação inata, dá substância ao estabelecimento de leis e à escrita de fórmulas legais.]

Aqui o termo "positivo" está referido à justiça: o trecho quer dizer precisamente que o *Timeu* trata da "justiça natural" (isto é, das leis naturais que regem o cosmos e, portanto, da cosmologia, criação e constituição do universo) e não da "justiça positiva" (isto é, das leis que regulam a vida social). Como dissemos, a distinção conceitual entre direito natural e direito positivo já se encontra em Platão e Aristóteles. De fato, este último assim inicia a seção VII do Livro V da sua *Ética a Nicômaco**:

> Da justiça civil uma parte é de origem natural, outra se baseia na lei. Natural é a justiça que mantém por toda parte o mesmo efeito, e não depende do fato de parecer boa ou má a alguém; ao contrário, baseada na lei é a justiça cujas origens não importam nada; só importa como é, depois de ter sido estabelecida (Trad. A. Plebe, Ed. Laterza, p. 144-145).

Neste texto o direito positivo é chamado "direito legal" (*nomikón díkaion*) e o natural é dito *phusikón*: observemos que é impróprio traduzir o termo *díkaion* pela palavra "direito" (ainda que o façamos por motivos práticos), na medida em que o grego *díkaion* (como o latino *jus*) tem significado duplo, indicando ao mesmo tempo a ideia de "justo" e a de "direito". Dois são os critérios com base nos quais Aristóteles distingue o direito natural do positivo:

a) o direito natural é aquele que tem por toda parte (*pantachoû*) a mesma eficácia (o filósofo dá o exemplo do fogo, que queima por toda parte), ao passo que o direito positivo só tem eficácia nas comunidades políticas particulares em que estiver estabelecido;

b) o direito natural prescreve ações cujo valor não depende do juízo que dele seja dado pelo sujeito, mas existe independentemente do fato de que elas pareçam boas a uns ou más a outros. Em outras palavras, ele prescreve ações cuja bondade é objetiva (ações que são boas em si mesmas, diriam os escolásticos medievais). Ao contrário, o direito positivo é aquele que estabelece ações, as quais, antes de serem reguladas, é indiferente que sejam realizadas de um modo ou de outro, mas, uma vez que tenham sido reguladas pela lei, importa (ou seja, é justo e necessário) que sejam realizadas do modo que a lei prescreve. Aristóteles dá este exemplo: antes que

---

*. Obra publicada em *Clássicos Edipro*. (N.E.)

exista uma lei ritual, é indiferente sacrificar a uma divindade uma ovelha ou duas cabras; mas, uma vez que exista uma lei que ordene sacrificar uma ovelha, isto se torna obrigatório; ou seja, é justo sacrificar uma ovelha e não duas cabras, não porque tal ação seja boa por natureza, mas porque está em conformidade com uma lei que dispõe em tal sentido.

Esta dicotomia também se encontra no direito romano, no qual é formulada como distinção entre "direito natural" (e se deve notar que também o *jus gentium* muitas vezes está nele compreendido) e *jus civile* (não em sentido estrito – como contraposto ao *jus honorarium* –, mas em sentido lato – como contraposto ao *jus gentium* ou *jus naturale*). Assim, no início das *Istituzioni* [Instituições] encontra-se a tríplice distinção entre *jus naturale*, *jus gentium* e *jus civile*. A primeira categoria (*jus naturale*) – definida como "*quod natura omnia animalia docuit*" ["o que a natureza ensinou a todos os animais"] – não nos interessa, porque estamos examinando a categoria de *jus gentium*, que corresponde ao conceito de direito natural, assim como o *jus civile* corresponde ao nosso conceito de direito positivo. Formula-se a distinção entre *jus gentium* e *jus civile* nestes termos:

> *Jus naturale est quod natura omnia animalia docuit [...]. Jus autem civile vel gentium ita dividitur: omnes populi qui legibus et moribus reguntur, partim suo proprio, partim communi omnium hominum jure utentur; nam quod quisque populus ipse sibi jus constituit, id ipsius proprium civitatis est vocaturque jus civile, quasi jus proprium ipsius civitatis: quod vero* naturalis ratio *inter omnes homines constituit, id apud omnes populos peraeque custoditur vocaturque jus gentium, quasi quo jure omnes gentes utuntur.* [Direito natural é aquele que a natureza ensinou a todos os animais... O direito civil é, portanto, distinto do direito das gentes. Todo povo governado por leis e costumes usa em parte seu próprio direito e em parte o direito comum a toda a humanidade. O direito que *o próprio povo* faz para seu próprio governo pertence exclusivamente a esse povo e é chamado de direito civil, sendo o direito próprio daquela cidade. Mas o direito constituído pela *razão natural* à humanidade e observado igualmente por todos se chama direito das gentes, sendo o direito que todos os povos empregam.] (I, 1, 2, I)

O *jus gentium* e o *jus civile* correspondem à nossa distinção entre direito natural e direito positivo, na medida em que o primeiro se refere à natureza (*naturalis ratio*) e o segundo às estatuições do *populus*. Da distinção ora aduzida decorre que dois são os critérios para distinguir o direito positivo (*jus civile*) do direito natural (*jus gentium*):

a) o primeiro está limitado a um dado povo, enquanto o segundo não tem limites;

b) o primeiro é instituído pelo povo (isto é, por uma entidade social criada pelos homens), enquanto o segundo é instituído pela *naturalis ratio*.

Em trecho sucessivo introduz-se um terceiro critério distintivo:

Sed naturalia quidem jura, quae apud omnes gentes peraeque servantur, divina quadam providentia constituta semper firma atque immutabilia permanent: ea vero, quae ipsa sibi quaeque civitas constituit, saepe mutari solent vel tacito consensu populi vel alia postea lege lata. [Os direitos naturais, que são observados por quase todos os povos e estabelecidos pela sabedoria divina, permanecem sempre fixos e imutáveis. Os direitos que cada cidade constitui para si costumam ser alterados com frequência, seja pelo consentimento tácito do povo, seja por outra lei posterior.] (I, 1, 2, 11)

Portanto, enquanto o direito natural é imutável no tempo, o positivo muda (assim como no espaço) também no tempo, na medida em que uma norma pode ser anulada ou modificada seja por costume (costume ab-rogativo), seja por efeito de outra lei.

Encontra-se outra célebre definição em fragmento de Paulo referido no *Digesto*:

Jus pluribus modis dicitur: uno modo, cum id quod semper aequum ac bonum est jus dicitur, ut est jus naturale altero modo, quod omnibus aut pluribus in quaque civitate utile est, ut est jus civile. [Fala-se do direito de várias maneiras. Uma delas é chamar de direito ao que é sempre bom e justo, como o é o direito natural. Outra é chamar de direito o que é útil a todas ou à maioria das cidades, como o é o direito civil.] (D. 1,1, 11)

Dois são os critérios nos quais se baseia a distinção de Paulo entre direito natural e direito civil:

a) o direito natural é universal e imutável (*semper*), ao passo que o civil é particular (no tempo e no espaço);

b) o direito natural estabelece o que é bom (*bonum et aequum*), ao passo que o civil estabelece o que é útil: o juízo referente ao primeiro baseia-se em critério moral, enquanto o referente ao segundo baseia-se em critério econômico ou utilitário.

2. Direito natural e direito positivo no pensamento medieval

Segundo os resultados a que chegou Kuttner nas suas investigações, o primeiro uso da fórmula *jus positivum* encontra-se em um filósofo medieval, em fins do século XI, e precisamente em Abelardo (no entanto, segundo estudos precedentes de Kantorowicz, considerava-se que o primeiro uso deste termo remontava a Dâmaso, no século XII; e é provável que investigações mais acuradas permitam fazer remontar tal uso até antes de Abelardo). Este último autor assim escreve no seu *Dialogus inter philosophum, judaeum et christianum* [Diálogo entre um filósofo, um judeu e um cristão:]

> *Oportet autem in his quae ad justitiam pertinent, non solum naturalis, verum etiam positivae justitiae tramitem non excedere. Jus quippe aliud naturale, aliud positivum dicitur* (...). [No que diz respeito à justiça, não são apenas os limites da justiça natural, mas também os da justiça positiva que não devem ser ultrapassados. Um tipo de direito é chamado de natural, o outro, de positivo (...).]

Depois de definir o direito natural, assim o nosso filósofo prossegue definindo o positivo:

> *Positivae autem justitiae illud est quod ab hominibus institutum, ad utilitatem scil. vel honestatem tutius muniendum, aut sola consuetudine aut scripti nititur auctoritate.* [A justiça positiva, no entanto, é aquela instituída pelos humanos para proteger a utilidade e a honra de modo mais seguro ou para estendê-las. Repousa apenas no costume ou na autoridade escrita.] (*Patr. Lat.*, 178, p. 1.656)

Segundo Abelardo, portanto, o direito positivo "*illud est quod ab hominibus institutum*" ["é aquele instituído pelos humanos"]: isto é, sua característica é a de ser estatuído pelos homens, em contraste com o direito natural, que não é estatuído por eles, mas por alguma coisa (ou alguém) que está além deles, como a natureza (ou o próprio Deus).

Esta distinção entre direito natural e direito positivo encontra-se em todos os escritores medievais: teólogos, filósofos, canonistas. Na *Summa Theologica* (I.a II.ae, q. 90) de São Tomás, por exemplo, há uma longuíssima dissertação em torno dos vários tipos de lei. O autor especifica quatro, a saber, a "*lex aeterna*", a *lex naturalis*, a *lex humana* e a "*lex divina*". Deixando de lado a primeira e a quarta destas categorias (a *lex aeterna* e a *lex divina*) que aqui não nos interessam, examinemos a *lex naturalis* e a *lex humana*: elas correspondem à distinção entre direito natural e direito positivo; com efeito, São Tomás só não chama de positiva a *lex humana* pelo motivo de que também a *lex divina* é positiva.

A *lex naturalis* é definida pelo filósofo como:

Partecipatio legis aeternae in rationali creatura. [Participação da lei eterna na criatura racional.]

A *lex humana* – continua – deriva da natural por obra do legislador, que a institui e impõe, mas tal derivação pode acontecer segundo duas modalidades diversas, a saber, ou *per conclusionem* ou *per determinationem*.

a) tem-se a derivação *per conclusionem* quando a lei positiva é derivada da natural com base em processo lógico necessário (como se fosse a conclusão de um silogismo): por exemplo, a norma positiva de não prestar falso testemunho deduz-se da lei natural pela qual se deve dizer a verdade;

b) tem-se a derivação *per determinationem* quando a lei natural é muito geral (e genérica), de sorte que cabe ao direito positivo determinar o modo concreto pelo qual deve ser aplicada: por exemplo, a lei natural estabelece que os delitos devem ser punidos, mas a determinação da medida e do modo da punição é feita pela lei humana. É com referência essencialmente a esta segunda categoria que São Tomás afirma que a lei humana só vigora por causa do legislador que a institui ("*vigorem legis ex sola lege humana*" ["o vigor da lei só se dá por força das leis humanas"]).

3. Direito natural e direito positivo no pensamento dos jusnaturalistas dos séculos XVII e XVIII

A mais célebre distinção entre direito natural e direito positivo no pensamento moderno deve-se a Grócio (considerado o pai do direito internacional), o qual, no seu *De iuri belli ac pacis* (1, 10), formula tal distinção em termos de *jus naturale* e *jus voluntarium*:

> O direito natural é um ditame da reta razão, voltado para mostrar que um ato é moralmente torpe ou moralmente necessário, segundo esteja ou não em conformidade com a própria *natureza racional* do homem, e para fazer ver que tal ato é, em consequência, proibido ou ordenado por Deus como autor da natureza.

E acrescenta:

> Os atos em relação aos quais existe tal ditame da reta razão são *obrigatórios* ou *ilícitos por si mesmos*.

O direito civil é aquele que deriva do *poder civil*, e Grócio entende por poder civil o que controla o Estado, por Estado, a associação perpétua de homens livres, reunidos com o objetivo de gozar os próprios direitos e buscar a utilidade comum.

Nesta última afirmação encontramos interessante indicação sobre a origem do direito positivo, na medida em que se diz ser estabelecido pelo Estado. No entanto, observemos que, segundo Grócio, o Estado, é só uma das três instituições que podem estatuir o "direito voluntário"; as outras duas são: a primeira, inferior ao Estado, a família, que gera o direito familiar ou paterno (também Aristóteles falava do *dispotikón díkaion*, que se poderia traduzir como "direito patronal", como direito estabelecido pelo chefe da comunidade familiar); a outra instituição, superior ao Estado, é a comunidade internacional, a qual estabelece o *jus gentium*, entendido não no sentido (que vimos) de direito comum a todos os povos, mas no sentido de *jus inter gentes* (isto é, direito que regula as relações entre os povos ou os Estados).

Para dar um último exemplo da distinção entre direito natural e direito positivo, iremos escolhê-lo no limiar da época em que nasce o positivismo jurídico, isto é, em fins do século XVIII, em Glück, o qual, no seu *Commentario alle Pandette* [Comentário às Pandectas] (Milão, 1888, vol. 1, p. 61-62), assim afirma:

> O direito se distingue, segundo o modo pelo qual nos chega ao conhecimento, em *natural* e *positivo*. Diz-se direito natural o conjunto de todas as leis que, por meio da razão, nos são dadas a conhecer tanto pela natureza quanto por aquelas coisas que a natureza humana requer como condições e meios de obtenção dos próprios fins [...]. Direito positivo se chama, ao contrário, o conjunto das leis que só se baseiam na vontade declarada de um legislador e que se conhecem precisamente por meio de tal declaração.

Aqui parece que outro critério distintivo se apresenta, critério que não mais se refere à fonte, isto é, ao modo como um e outro direito são estatuídos, mas ao modo como os destinatários tomam conhecimento da norma: o direito natural é aquele de que tomamos conhecimento por meio da razão, na medida em que deriva da natureza das coisas; o positivo é aquele de que tomamos conhecimento por meio da declaração de vontade do legislador. Glück aduz como exemplo de direito positivo o usucapião, porque não deriva da natureza das coisas, mas é estatuído pelo legislador, e, como exemplos de direito natural, o princípio *"pacta sunt servanda"* e o dever do comprador de pagar ao vendedor o preço estipulado.

> Pode-se, pois, assinalar com toda a evidência o limite entre direito natural e direito positivo afirmando: a esfera do direito natural limita-se ao que se demonstra *a priori*; ao contrário, a esfera do direito positivo começa onde a decisão sobre se uma coisa constitui ou não direito depende da vontade do legislador.

4. Critérios de distinção entre direito natural e direito positivo

Agora tentemos extrair das várias definições anteriormente enunciadas um elenco o mais completo possível das características distintivas dos dois direitos.

Podemos especificar seis critérios de distinção:

a) o primeiro baseia-se na antítese *universalidade-particularidade* e contrapõe o direito natural, que vale por toda parte, ao positivo, que só vale em determinados lugares (Aristóteles, *Ist.* – 1ª definição);

b) o segundo baseia-se na antítese *imutabilidade-mutabilidade*: o direito natural é imutável no tempo, o positivo muda (Paulo, *Ist.* – 2ª definição). Esta característica nem sempre foi reconhecida: Aristóteles, por exemplo, sublinha a universalidade no espaço, mas não acolhe a imutabilidade no tempo, considerando que o direito natural também pode mudar no tempo;

c) o terceiro critério de distinção, um dos mais importantes, relaciona-se à fonte do direito, e gira em torno da antítese *natureza-potestas* ou *populus* (Grócio, *Ist.* – 1ª definição);

d) o quarto critério refere-se ao modo como o direito é conhecido, ao modo como chega até nós (isto é, aos destinatários), e gira em torno da antítese *ratio-voluntas* (Glück): o direito natural é aquele que conhecemos por meio da nossa razão. (Este critério está ligado a uma concepção racionalista da ética, segundo a qual os deveres morais podem ser conhecidos racionalmente, e, mais em geral, a uma concepção racionalista da filosofia). Em contraste, o direito positivo só se conhece por meio de uma declaração de vontade alheia (promulgação);

e) um quinto critério refere-se ao objeto dos dois direitos, isto é, aos comportamentos por eles regulados: os comportamentos regulados pelo direito natural são bons ou maus por si mesmos; os regulados pelo direito positivo são por si mesmos indiferentes e só assumem certa qualificação porque (e depois que) foram disciplinados de certo modo pelo direito positivo (é justo o que é comandado, é injusto o que é proibido) (Aristóteles, Grócio);

f) a última distinção refere-se ao critério de avaliação das ações enunciado por Paulo: o direito natural estabelece o que é bom, o direito positivo estabelece o que é útil.

CAPÍTULO 1

Pressupostos históricos

Sumário: 5. Relações entre direito natural e direito positivo • 6. O contexto histórico do positivismo jurídico. A posição do juiz quanto à formação do direito antes e depois do surgimento do Estado moderno • 7. Vicissitudes históricas do direito romano • 8. *Common law* e *statute law* na Inglaterra: *sir* Edward Coke e Thomas Hobbes • 9. A monopolização do direito por parte do legislador na concepção absolutista e na liberal. Montesquieu e Beccaria • 10. A sobrevivência do direito natural nas concepções filosófico-jurídicas do racionalismo no século XVIII. As "lacunas do direito"

5. Relações entre direito natural e direito positivo

Do breve panorama histórico que apresentamos depreende-se que, até fins do século XVIII, o direito é definido especificando-se duas espécies de direito, o natural e o positivo. Estas duas espécies de direito não são consideradas diversas quanto à sua qualidade ou qualificação: se uma diferença entre elas é indicada, tal diferença só se refere ao seu grau (ou gradação), no sentido de que uma espécie de direito é considerada superior à outra; em outras palavras, são postas em dois planos distintos.

O exame das várias concepções sobre a diversidade dos planos em que se colocam o direito natural e o direito positivo nos levaria muito longe. Limitando-nos a algumas referências, diremos que, na época clássica, o direito natural não era considerado superior ao positivo: de fato, o direito natural era concebido como "direito comum" (Aristóteles chama-o precisamente de *koinós nómos*) e o positivo como direito especial ou particular de uma dada *civitas*; portanto, com base no princípio pelo qual o direito particular prevalece sobre o direito geral ("*lex specialis derogat generali*"), o direito positivo prevalecia sobre o direito natural todas as vezes que entre os dois existisse conflito (basta recordar o caso de *Antígona*, em que o direito positivo – o decreto de Creonte – prevalece sobre o direito natural – o "direito não escrito", estabelecido pelos próprios deuses, a que a protagonista da tragédia recorre).

No Medievo, ao contrário, a relação entre as duas espécies de direito se inverte: o direito natural é considerado superior ao positivo na medida em que o primeiro não mais é visto como simples direito comum, mas como norma baseada na própria vontade de Deus e por este comunicada à razão humana, ou, como diz São Paulo, como a lei escrita por Deus no coração dos homens. Esta concepção do direito natural encontra sua consagração oficial na definição que dele é dada no *Decretum Gratiani* (que é a primeira grande compilação de direito canônico, a qual constituirá mais tarde a primeira parte do *Corpus juris canonici*):

> *Jus naturale est quod in Lege et in Evangelio continetur.* [O direito natural é aquele contido na Lei e no Evangelho.]

(isto é, o direito natural é o contido na lei mosaica do Velho Testamento e no Evangelho). Desta concepção do direito natural como direito de inspiração cristã derivou a tendência permanente no pensamento jusnaturalista a considerar tal direito como superior ao positivo. Esta superioridade está afirmada no próprio *Decretum Gratiani*, logo depois da passagem citada:

> *Dignitate vero jus naturale praeponitur legibus ac constitutionibus ac consuetudinibus.* [O direito natural, entretanto, é superior em dignidade às leis promulgadas e aos costumes.]

Mas, como dissemos, esta distinção de grau não implicava diversidade de qualificação: direito natural e direito positivo eram, ambos, qualificados como direito na acepção própria do termo.

Retomando o tema do nosso curso, o positivismo jurídico é uma concepção do direito que nasce quando "direito natural" e "direito positivo" não são mais considerados como direito na mesma medida, mas é considerado como direito em sentido próprio só o direito positivo. Em outros termos, por obra do positivismo jurídico ocorre a redução de todo o direito a direito positivo, e o direito natural é excluído da categoria de direito: o direito positivo é direito, o natural não é direito. A partir deste momento o acréscimo do adjetivo "positivo" ao termo "direito" torna-se um pleonasmo exatamente porque – se quisermos usar uma fórmula sintética – *o positivismo jurídico* é a *doutrina segundo a qual não existe outro direito a não ser o positivo*.

6. O contexto histórico do positivismo jurídico. A posição do juiz quanto à formação do direito antes e depois do surgimento do Estado moderno

Entramos assim no tema do nosso curso: trata-se de estabelecer por que, como e quando aconteceu esta passagem da concepção jusnaturalista à positivista que dominou o século XIX e ainda agora domina em grande parte. A origem desta concepção está ligada à formação do Estado moderno que surge da dissolução da sociedade medieval.

A sociedade medieval era uma sociedade pluralista, por ser constituída por uma pluralidade de grupos sociais, cada um dos quais tinha seu próprio ordenamento jurídico: nela o direito se apresentava como fenômeno social, produzido não pelo Estado, mas pela sociedade civil. Com a formação do Estado moderno, no entanto, a sociedade assume uma estrutura monista no sentido de que o Estado concentra em si todos os poderes, *in primis* o de criar o direito: ele não se satisfaz em contribuir para esta criação, mas quer ser o único a estabelecer o direito, ou diretamente por meio da lei, ou indiretamente mediante o reconhecimento e o controle das normas de formação consuetudinária. Assiste-se, pois, àquilo que em outro curso chamamos *processo de monopolização da produção jurídica por parte do Estado*.

A esta passagem no modo de formação do direito corresponde uma mudança no modo de conceber as categorias do próprio direito. Hoje estamos de tal modo habituados a considerar direito e Estado como a mesma coisa que temos certa dificuldade para conceber o direito como instituído não pelo Estado, mas pela sociedade civil. No entanto, originalmente e por longo tempo o direito não era instituído pelo Estado: basta pensar nas normas consuetudinárias e no seu modo de formação, devido a uma espécie de consenso manifestado pelo povo por meio de certo comportamento constante e uniforme acompanhado da chamada *"opinio juris ac necessitatis"* ["convicção de que um comportamento é justo e obrigatório"].

O Estado primitivo, em geral, não se preocupa em produzir normas jurídicas, mas deixa sua formação ao desenvolvimento da sociedade e, eventualmente, àquele que deve dirimir as controvérsias, o juiz, o qual tem a tarefa de fixar em cada caso a regra a ser aplicada. Aludimos ao juiz porque é justamente seguindo a modificação da sua posição e da sua função social que apreendemos a passagem do direito não estatal ao direito estatal, bem como a passagem, ligada a tal movimento, da concepção dualista do direito (direito natural, direito positivo) à monista (só direito positivo).

Com efeito, podemos definir o direito como o conjunto de regras consideradas (ou sentidas) como obrigatórias em determinada sociedade porque sua violação implicará provavelmente a intervenção de um "terceiro" (um magistrado ou eventualmente um árbitro) que dirimirá a controvérsia proferindo uma decisão seguida por sanção ao violador da norma. (A aplicação desta sanção é atribuída, em um primeiro momento, à contraparte e, no desenvolvimento que se segue, ao próprio Estado.) Em outros termos, falamos de direito quando, surgindo um conflito entre dois sujeitos, intervém um terceiro (juiz nomeado pelo Estado ou árbitro escolhido pelas partes) que estabelece uma regra (a qual provavelmente se tornará "precedente", isto é, será aplicada também em outros casos), com base na qual a controvérsia é resolvida. Se em uma sociedade não houver a intervenção deste "terceiro", não se poderá falar de direito em sentido estrito: dir-se-á que tal sociedade vive segundo usos, costumes (*mores*) etc. (É por isso que muitas vezes houve relutância em considerar direito em sentido próprio o ordenamento internacional, ou pelo menos enquanto este não apresentava órgãos internacionais, tais como os que hoje estão se consolidando, perante os quais se discutem as controvérsias, e só valia como regra de conduta entre os Estados.)

Se, portanto, definimos o ordenamento jurídico como o conjunto de regras acolhidas (ou que têm a possibilidade de ser acolhidas) por um juiz, e temos presente este esquema conceitual, compreendemos por que antes se falava de direito natural e direito positivo, quando agora só se fala de direito positivo. De fato, antes da formação do Estado moderno, o juiz, ao resolver as controvérsias, não estava obrigado a escolher exclusivamente normas promulgadas pelo órgão legislativo do Estado, mas tinha certa liberdade de escolha para determinar a norma a ser aplicada: podia extraí-las das regras do costume ou daquelas elaboradas pelos juristas, ou então podia resolver o caso com base em critérios equitativos, deduzindo a regra do próprio caso em questão com base em princípios da razão natural. Todas estas regras estavam no mesmo plano, de todas o juiz podia extrair normas a ser aplicadas e, portanto, todas eram na mesma medida "fontes de direito". Isto permitia aos juristas falar de duas espécies de direito, natural e positivo, uma vez que o juiz podia deduzir a norma a aplicar seja de regras já preexistentes na sociedade (direito positivo), seja de princípios de equidade e de razão (direito natural).

Com a formação do Estado moderno, no entanto, o juiz, de livre órgão da sociedade, torna-se órgão do Estado ou, antes, um verdadeiro funcionário do Estado. Segundo a análise histórica feita por Ehrlich na sua obra *La logica dei giuristi* [A lógica dos juristas], este fato transforma o juiz em titular de um dos poderes estatais, o judiciário, subordinado ao legislativo, e impõe ao juiz só resolver as controvérsias com base nas regras promulgadas pelo órgão legislativo ou que, seja como for (tratando-se de normas consuetudinárias ou de direito natural), possam estar sujeitas a reconhecimento por parte do Estado. As outras regras são descartadas e não mais encontram aplicação nos juízos: eis por que, com a formação do Estado moderno, o direito natural e o positivo não mais são considerados na mesma medida; eis por que só o direito positivo (o direito estatuído e aprovado pelo Estado) é considerado o único direito verdadeiro – o único que daí por diante encontra aplicação nos tribunais.

Em resumo: quando identificamos o direito com as normas estabelecidas pelo Estado, não damos uma definição geral do direito, mas sim outra definição deduzida de particular situação histórica, aquela em que vivemos. Com efeito, em uma etapa primitiva o Estado limitava-se a nomear o juiz que dirimia as controvérsias entre os indivíduos, extraindo a norma a aplicar ao caso em exame seja dos costumes, seja de critérios equitativos, e sucessivamente somou à função judiciária a coativa, cuidando ele mesmo de executar as decisões do juiz; no entanto, com a formação do Estado moderno subtraiu-se ao juiz a faculdade de extrair de normas sociais as regras a aplicar na resolução das controvérsias e se lhe impôs a obrigação de só aplicar as normas instituídas pelo Estado, que assim se torna o único criador do direito.

Deste estado de coisas encontramos reflexo na concepção dos jusnaturalistas que admitiam a existência de um estado de natureza, isto é, de uma sociedade em que entre os homens só existiam relações intersubjetivas, sem um poder organizado. Neste estado que teria precedido a instauração da sociedade política (ou Estado), eles admitiam a existência de um direito que era, exatamente, o direito natural. Nele, os homens cultivavam a terra e trocavam entre si os produtos, constituíam famílias, e o chefe de família tinha servos a seu dispor; com a morte do pai, seus haveres se transmitiam aos descendentes. Todas estas relações sociais estavam reguladas por normas jurídicas (havia assim os direitos reais, o direito das obrigações, o direito familiar e o das sucessões). Segundo os jusnaturalistas, a intervenção do Estado limita-se a tornar estáveis estas relações jurídicas; por exemplo, segundo Kant, o direito privado já existe no estado de natureza e a constituição do Estado só determina o surgimento do direito público; ele contrapõe o modo de ser do direito privado no estado de natureza àquele próprio do mesmo direito na sociedade política, afirmando que no primeiro momento se tem um "direito provisório" (isto é, precário) e no segundo momento um "direito peremptório" (isto é, definitivamente afirmado graças ao poder do Estado).

7. Vicissitudes históricas do direito romano

O processo de monopolização da produção jurídica por parte dos Estados modernos tem um grande precedente na compilação de Justiniano. O direito romano era tipicamente direito de formação "social", constituído pouco a pouco durante um desenvolvimento secular com base nos *mores*, na jurisdição pretória (cujos resultados foram consagrados no *Edictum perpetuum*) e, sobretudo, na elaboração dos jurisprudentes. Todo este conjunto de normas foi recolhido, por iniciativa de Justiniano, no *Corpus juris civilis*, de modo que elas perderam o caráter de direito de origem social para assumir o de direito que encontra o fundamento da sua validade na vontade do príncipe, segundo a fórmula do *Códex* (que é uma das quatro partes do *Corpus*) pela qual "*quod principi placuit legis habet vigorem*" ["o que agrada ao príncipe tem força de lei"], em que se inspira a outra fórmula, mais explícita ainda, pela qual "*solus princeps potest facere leges*" ["somente o príncipe pode fazer leis"]. E no desenvolvimento histórico sucessivo se verá precisamente o direito romano como direito instituído pelo Estado (ou, mais exatamente, pelo Imperador Justiniano).

O direito romano eclipsou na Europa Ocidental durante a Alta Idade Média, substituído pelos costumes locais e pelo novo direito próprio das populações germânicas (ou bárbaras). Mas, depois da obscuridade ocorrida em tal período – no mais, obscuridade comum a toda a cultura –, ele ressurge em torno do ano Mil, com o aparecimento da Escola Jurídica de Bolonha, e se difunde não só pelos territórios em que já se estendera o Império Romano, mas também por territórios por este jamais dominados: e isto sobretudo na Alemanha, onde ocorreu no início da era moderna o fenômeno da "recepção" graças à qual o direito romano penetrou profundamente na sociedade alemã (basta pensar que ainda no final do século XIX – antes da grande codificação havida no início do século XX – nos tribunais alemães se aplicava o direito do *Corpus juris* – naturalmente modernizado e alterado de acordo com as diversas exigências locais – com o nome de "*usus modernus Pandectarum*"); o direito romano, além disso, difundiu-se também nos Países Baixos, nos escandinavos e – embora em medida muito mais limitada – na própria Inglaterra.

Em quais bases ocorreu esta difusão? Os juristas medievais justificavam formalmente a validade do direito romano com base na consideração de que era direito do Império Romano que fora reconstituído por Carlos Magno com o nome de Sacro Império Romano: este raciocínio não tinha em conta a solução de continuidade que se verificara entre o Império romano-bizantino e o Império romano-germânico. Mas o verdadeiro fundamento da validade do direito romano era outro: nascia da consideração de tal direito como *ratio scripta*, isto é, como conjunto de regras racionalmente fundadas, que expressavam a própria essência da razão jurídica (*Juristenrecht*), e como tais adequadas para ser usadas para resolver todas as possíveis controvérsias, mediante, naturalmente, sábia manipulação das próprias normas pela ação dos intérpretes, mediante o recurso à aplicação analógica e às outras técnicas hermenêuticas que permitem aplicar as normas estabelecidas para um caso a casos diferentes. Em outras palavras, os juristas medievais, na sua ingênua e ilimitada admiração pelo direito romano – como, no mais, por tudo o que era romano: basta pensar no Virgílio de Dante –, pensavam que a sabedoria jurídica romana não havia simplesmente elaborado um direito próprio de dada *civitas*, mas enunciado normas jurídicas fundadas na natureza e na razão; desta forma, assumiam o direito romano como uma espécie de direito natural, que, em relação ao direito natural tal como é comumente entendido, apresentava a grande vantagem de ser escrito e codificado em compilação legislativa.

De fato, na Idade Média o direito romano difunde-se com o nome de "direito comum" (*jus commune*): esta fórmula liga-se à definição de direito natural dada pelos gregos (*koinói nómoi*, segundo a expressão aristotélica) e pelos romanos (*jus gentium*), como direito comum a todos os povos. Esta ligação é inconsciente mas não casual, na medida em que o direito romano na Idade Média tem exatamente valor de direito comum a todos os povos, sendo considerado expressão da própria razão. E assim como na antiguidade clássica o *jus gentium* contrapõe-se ao *jus civile*, também no Medievo o *jus commune* contrapõe-se ao *jus proprium*, isto é, ao direito próprio das várias instituições sociais. A sociedade medieval era, como dissemos, uma sociedade pluralista e, portanto, cada grupo social tinha seu próprio direito: havia o direito feudal, o direito das corporações, o direito das comunas ou *civitates* (dito "direito estatutário", porque os atos que o continham chamavam-se "estatutos") e o direito dos reinos. Em princípio, todos estes direitos estavam subordinados ao romano, assim como todas as organizações sociais estavam subordinadas ao Império. Mas, pouco a pouco, primeiro os "reinos" (especialmente o reino de França), depois as *civitates* (as comunas) proclamaram sua autonomia e independência do Império, declararam-se *jurisdictionem habentes* (isto é, dotados do poder de instituir o direito), definiram-se como *civitates* (ou reinos) *sibi principes* (para significar que eram independentes do "príncipe" por antonomásia, isto é, o Imperador).

Viria a criar-se, então, um conflito entre o *jus commune* e o *jus proprium*: neste conflito, o direito estabelecido pelo ente político organizado (comuna ou reino, isto é, Estado) pouco a pouco prevalece sobre o primeiro (o que se refere formalmente à autoridade do Império), até a afirmação final segundo a qual o direito comum só vigora e pode ser aplicado *permissione principis*, isto é, só se for aprovado pelo soberano; neste ponto, todo o direito está reduzido a direito do Estado. Este processo ocorre lentamente, mas já no século XIV um comentador dos estatutos comunais, o jurista Alberico da Rosato, afirmava:

Ubi cessat statutum habet locum jus civile.[1] [Onde cessa o direito próprio começa o direito comum.]

Se considerarmos o modo como se chega à afirmação do direito como estabelecido pelo Estado, seja no Império bizantino, seja nas monarquias do século XVII, perceberemos que este processo de monopolização da produção jurídica está estreitamente relacionado à formação do Estado absoluto (isto é, daquele Estado em que, como diz a fórmula justiniana, "*princeps legibus solutus* [*est*]" ["o príncipe não está sujeito à lei"]).

O termo final do contraste entre direito comum e direito estatal é representado pelas codificações (final do século XVIII – início do século XIX) por meio das quais o direito comum é totalmente absorvido no direito estatal. A partir da codificação começa a história do positivismo jurídico em sentido próprio.

8. *Common law* e *statute law* na Inglaterra: *sir* Edward Coke e Thomas Hobbes

Para esclarecer as origens do positivismo jurídico, é interessante ver também (ainda que por breves alusões) o desenvolvimento do direito na Inglaterra. Este país sofreu muito pouco a influência do direito comum romano; porém, nele também encontramos (como no mundo romano e na Europa continental medieval) o contraste entre um *jus commune* e um *jus particulare* (o que nos faz compreender que tal distinção não se coloca, na realidade, como distinção entre direito natural e direito positivo, mas distinção entre duas formas de direito positivo): o contraste apresenta-se na Inglaterra entre *common law* (direito comum ou consuetudinário) e *statute law* (direito estatutário ou legislativo).

---

1. Para estas e outras informações sobre a formação, o desenvolvimento e a decadência do direito comum na Europa, remeto ao volume de F. Calasso, *Introduzione al diritto comune*, Milão, 1951.

A *common law* não é o direito comum de origem romana, de que falamos na seção anterior, mas um direito consuetudinário tipicamente anglo-saxão que surge diretamente das relações sociais e é acolhido pelos juízes nomeados pelo Rei; em uma segunda fase ele se torna um direito de elaboração judiciária, na medida em que é constituído de regras acolhidas por juízes para resolver controvérsias individuais (regras que se tornam obrigatórias para os juízes sucessivos, segundo o sistema do precedente obrigatório). À *common law* se contrapõe o direito estatutário, instituído pelo poder soberano (isto é, pelo Rei e, em um segundo momento, pelo Rei junto com o Parlamento).

O desenvolvimento das relações entre estes dois direitos é diferente daquele que se tem na Europa continental entre *jus commune* e *jus proprium*. Com efeito, enquanto entre nós o segundo predomina sobre o primeiro até incorporá-lo, isto não acontece (ou acontece muito mais lentamente e em medida muito menor) na Inglaterra, onde se mantém o primado do direito comum mesmo quando a monarquia se reforça e se transforma de monarquia medieval em monarquia moderna. Na Inglaterra sempre permaneceu nominalmente em vigor o princípio pelo qual o direito estatutário vale enquanto não esteja em contraposição com o direito comum: o poder do Rei e do Parlamento devia ser limitado pela *common law*. Segundo uma distinção constitucional da Inglaterra medieval, o poder do soberano se distingue, de fato, em *gubernaculum* (poder de governo) e *jurisdictio* (poder de aplicar as leis): ora, o Rei, ao exercer a *jurisdictio* (através dos seus juízes), estava obrigado a aplicar a *common law*; esta última, portanto, limitava o poder do soberano. Isto explica por que a monarquia inglesa nunca teve poder ilimitado (diferentemente das monarquias absolutas continentais), por que na Inglaterra se desenvolveu a separação de poderes (transportada depois para a Europa graças à teorização que lhe foi dada por Montesquieu) e por que este país foi a pátria do liberalismo (entendido como a doutrina dos limites jurídicos do poder do Estado).

Dado este contraste entre direito comum e direito estatal, as tendências autoritárias e absolutistas tiveram na Inglaterra uma das suas típicas manifestações na polêmica contra a *common law*. Os soberanos absolutistas, como Jaime I e Carlos I, tentaram impor a preeminência absoluta do direito estatutário, negando aos juízes o poder de resolver as controvérsias com base no direito comum; mas encontraram firme oposição, cujo máximo porta-voz e expoente foi *sir* Edward Coke (autor de *Istituzioni del diritto inglese* [Instituições do direito inglês], obra considerada como a "suma" da *common law*).

No plano doutrinário um dos aspectos da polêmica é a crítica que Thomas Hobbes, teórico do poder absoluto e fundador da primeira teoria do Estado moderno, dirigiu a Coke. Hobbes combate a *common law* e afirma o poder exclusivo do soberano de instituir o direito, uma vez que isto é indispensável para assegurar o caráter absoluto do poder estatal; a polêmica deste autor contra a *common law* é só um aspecto particular e de segundo plano (e por isso mesmo pouco conhecido, ainda que muito interessante) da sua polêmica contra tudo o que limita o poder do Estado, *in primis* contra o poder eclesiástico.

O que diz Hobbes para justificar sua posição contra o direito comum é muito importante, tanto que pode ser considerado como o precursor direto do positivismo jurídico. Como bom jusnaturalista (como o eram todos os escritores políticos e jurídicos do século XVII), ele estuda a constituição do Estado e das suas leis, considerando a passagem do estado de natureza ao estado civil. No estado de natureza, segundo Hobbes, existem leis (direito natural): mas – pergunta-se – serão elas obrigatórias? Sua resposta é digna de ser sublinhada porquanto constitui raciocínio paradigmático para todos os juspositivistas: segundo Hobbes, o homem é obrigado a respeitá-las na consciência (isto é, diante de si mesmo e, se acreditar em Deus, diante de Deus), mas terá obrigação diante dos outros? Em face do outro – afirma o filósofo – só sou obrigado a respeitar as leis naturais se e nos limites em que o outro as respeita em face de mim. Tomemos, por exemplo, a norma *"pacta sunt servanda"* ou aquela, mais fundamental, "não matar": que sentido haveria se mantivesse os pactos estipulados com o outro, se este outro não os mantivesse em relação a mim? Ou se não matasse o outro, se este quisesse me matar? Este comportamento seria razoável, isto é, conforme ao fim pelo qual as leis são instituídas? (Observemos como Hobbes formula o problema em termos de ética utilitarista, isto é, referindo-se ao cálculo do próprio interesse.) O autor responde que tal comportamento não seria razoável, porque só sou obrigado externamente a não matar o outro se este não me mata; portanto, se considero que o outro quer me matar, o razoável não é que não o mate, mas matá-lo antes que ele possa me matar. (É mais ou menos nestes termos que se põe, ou melhor, se punha antes da recente constituição de organismos internacionais permanentes, o problema do direito internacional e da sua observação nas relações entre os Estados: o Estado agressor nunca diz que viola o dever de não agredir, mas que se defende prevenindo uma agressão por parte de outro Estado.)

Portanto – continua Hobbes –, neste estado de natureza, em que todos os homens são iguais e em que cada qual tem o direito de usar a força necessária para defender os próprios interesses, jamais existe a certeza de que a lei será respeitada por todos e, portanto, a lei mesma perde toda a eficácia: o estado de natureza constitui um estado de anarquia permanente, em que todo homem luta contra os demais, em que – segundo a fórmula hobbesiana – tem-se um *"bellum omnium contra omnes"* [uma "guerra de todos contra todos"]. Para sair desta condição, é preciso criar o Estado, isto é, é preciso atribuir toda a força a uma só instituição: o soberano. Em tal caso, de fato, eu posso (e devo) respeitar os pactos, não matar etc., obedecer em geral às leis naturais porque sei que também o outro as respeitará, na medida em que existe alguém a quem não podemos nos opor, cuja força é inquestionável e irresistível (o Estado), que o forçaria a respeitá-las se não o quisesse fazer voluntariamente. Mas esta monopolização do poder coercitivo por parte do Estado comporta correspondente monopolização do poder normativo: com efeito, por uma parte o Estado possui o poder de estatuir normas reguladoras das relações sociais porque surgiu exatamente para tal fim; por outra, só as normas estatuídas por tal Estado são normas jurídicas porque são as únicas que são respeitadas graças à coação do Estado. Portanto, a partir do momento em que se constitui o Estado, deixa de ter valor o direito natural (que, na realidade, não era respeitado nem antes, no estado de natureza) e o único direito que vale é o civil ou estatal.

Com base nesta concepção, Hobbes passa a negar a legitimidade da *common law*, isto é, de um direito preexistente ao Estado e deste independente (como se fosse uma espécie de direito natural). A esta polêmica contra a *common law* o autor dedicou uma obra da sua tarda velhice, intitulada *Dialogo fra un filosofo e uno studioso del diritto comune d'Inghilterra* [*Diálogo entre um filósofo e um jurista*]*, em que o filósofo (que é o próprio Hobbes) combate a *common law*, e o especialista em leis (que é um discípulo de *sir* Edward Coke) a defende. Nesta obra Hobbes põe na boca do filósofo a seguinte afirmação explícita:

> Não é a sabedoria, mas a autoridade que cria a lei.[2]

Esta proposição toma nitidamente partido entre as duas concepções típicas do direito, a que considera o direito como fruto da razão e a que o considera obra da vontade (neste sentido, os medievais contrapunham, com expressivo jogo de palavras, o direito que vale *imperio rationis* ao que vale *ratione imperii*); para Hobbes, o direito é expressão de quem tem o poder e, por isso, ele nega valor à *common law*, que é o produto da sabedoria dos juízes. De fato, o filósofo prossegue:

> Na minha opinião, o autor [ou seja, Coke] quer dizer que tal *summa ratio* e o direito em sentido próprio nada mais são do que a razão do juiz, ou de todos os juízes juntos, independentemente do Rei; coisa que nego, porque só pode fazer leis quem é dotado de poder legislativo. Que o direito seja elaborado por indivíduos doutos e graves, ou seja, pelos jurisconsultos, é evidentemente falso; porquanto foram os Reis da Inglaterra a fazer todas as leis do País, consultando-se com a nobreza e os comuns reunidos em parlamento; e, destes, sequer um entre vinte era douto homem de lei.

Pouco depois destas afirmações, encontramos no mesmo *Diálogo* uma definição do direito dada pelo filósofo que podemos considerar como típica da concepção positivista:

> Direito é aquilo que quem detém o poder soberano ordena aos seus súditos, proclamando em público e com palavras claras quais coisas podem e quais não podem fazer.

---

*. Obra publicada pela Edipro em 2015. (N.E.)
2. Th. Hobbes, *Opere politiche*, Turim, 1959, vol. 1, p. 417.

Nesta concepção encontramos duas características típicas da concepção positivista do direito, a saber, o formalismo e o imperativismo:
  a) *Formalismo*. Como se vê, na definição não se faz referência nem ao conteúdo nem à finalidade do direito: não se define o direito com qualquer referência às ações que são disciplinadas ou ao conteúdo de tal disciplina (não se diz, por exemplo, que o direito regula as relações externas ou as intersubjetivas) nem com qualquer referência aos resultados que o direito pretende conseguir (não se diz que é constituído pelas normas instituídas para realizar a paz, a justiça ou o *bonum commune*). Em vez disso, a definição do direito é dada só com base na autoridade que institui as normas e, portanto, com base em elemento puramente formal;
  b) *Imperativismo*. O direito é definido como o conjunto de normas com que o soberano ordena ou proíbe determinados comportamentos aos seus súditos: o direito é um comando. Também para Hobbes se verifica o que observamos anteriormente, a saber, que a concepção positivista do direito está estreitamente ligada à concepção absolutista do Estado.

Como se explica a defesa desta concepção por parte de Hobbes? Pretendemos procurar não uma justificação moral ou política, mas uma justificação em termos históricos. Ora, deste ponto de vista o processo de formação do Estado absoluto se explica como reação e resposta ao estado permanente de anarquia em que se encontrava naquela época a Inglaterra – e a Europa em geral – por causa das guerras de religião. Quando Hobbes descreve o estado de natureza, não pensa em uma condição hipotética ou, de todo modo, pré-histórica da humanidade, mas tem diante da própria mente o estado de guerra civil quando o poder central se dissolve e, por causa das lutas internas, passam a faltar a ordem e a paz: a guerra civil, para Hobbes, é um retorno ao estado de natureza. Pois bem, ele, para reagir a tal estado, escreve suas obras com a intenção de contribuir para devolver a paz e a ordem ao seu país e à Europa.

9. A monopolização do direito por parte do legislador na concepção absolutista e na liberal. Montesquieu e Beccaria

Hobbes, ao reagir à anarquia provocada pelas guerras de religião, foi ao extremo oposto: ele propõe eliminar o conflito entre as várias igrejas ou confissões, eliminando a causa mais profunda do conflito, isto é, a distinção entre o poder do Estado e o da Igreja; de fato, ele pretende que não haja outro poder fora daquele do Estado e que a religião seja reduzida a um serviço.

Além desta resposta, era possível outra, a liberal (que exigiria maior amadurecimento e processo mais longo e mais lento). A resposta liberal baseia-se no conceito de tolerância religiosa: o Estado liberal não elimina as partes em conflito, mas deixa que o contraste mesmo se desenvolva nos limites do ordenamento jurídico estabelecido pelo próprio Estado. Encontramos situação análoga à do século XVII nos nossos dias, em que o Estado se vê diante de conflito não mais entre confissões religiosas, mas entre classes sociais. Também aqui o Estado pode assumir duas posições: ou eliminar o conflito social, identificando-se com uma das duas partes em luta (e é nesta solução que se inspira o conceito de "ditadura do proletariado"), ou então deixar que o conflito se desenvolva no quadro do ordenamento jurídico do Estado que o controla e o disciplina. Naturalmente, também neste caso, a escolha entre as duas soluções não pode ser feita por capricho, mas será condicionada pelas circunstâncias históricas; em uma sociedade em que os conflitos de classe sejam profundos e violentos, é provável que não haja outra solução além da ditadura.

Fizemos este paralelo entre concepção absolutista e concepção liberal porque a passagem de uma para outra não implica contraste tão drástico, como comumente se considera, em relação ao problema que aqui nos interessa. Com efeito, a concepção liberal acolhe a solução dada pela concepção absolutista ao problema das relações entre legislador e juiz: a saber, o chamado dogma da *onipotência do legislador* (a teoria da monopolização da produção jurídica por parte do legislador). As codificações, que representam o máximo triunfo celebrado por este dogma, não são produto do absolutismo, mas do iluminismo e da concepção liberal do Estado. Como acontece esta passagem da concepção absolutista para a liberal da teoria da onipotência do legislador? Para compreendê-la, devemos observar que a teoria em questão apresenta dois aspectos, duas faces, uma absolutista, outra liberal. Por uma parte, de fato, tal teoria elimina os poderes intermediários e atribui poder pleno, exclusivo e ilimitado ao legislador: e este é o aspecto absolutista. Mas esta eliminação dos poderes intermediários tem também um aspecto liberal, porque protege o cidadão contra as arbitrariedades de tais poderes: a liberdade do juiz de estatuir normas, extraindo-as do próprio senso de equidade ou da vida social, pode gerar arbítrio em relação aos cidadãos, ao passo que o legislador, estabelecendo normas iguais para todos, representa uma barreira contra o arbítrio do poder judiciário.

Resta, naturalmente, o problema de proteger o cidadão contra as arbitrariedades do próprio poder legislativo, arbitrariedades que podem ser muito mais graves e perigosas porque, se o juiz abusa do seu poder, só sofrem a consequência as partes cuja controvérsia ele resolve; mas, se o legislador abusa do seu poder, sofre com isso toda a sociedade. Para barrar as arbitrariedades do legislador, o pensamento liberal arquitetou alguns expedientes constitucionais, dos quais os principais são dois:

a) a *separação dos poderes*, pela qual o poder legislativo não é atribuído ao "príncipe" (isto é, ao poder executivo), mas a um corpo colegiado que age ao lado dele, com a consequência de que o governo fica subordinado à lei;

b) a *representatividade*, pela qual o poder legislativo não mais é a expressão de restrita oligarquia, mas de toda a nação, mediante a técnica da representação política: de tal modo, sendo o poder exercido por todo o povo (ainda que não diretamente, mas através dos seus representantes), é provável que seja também exercido não arbitrariamente, mas para o bem do próprio povo. Este segundo expediente representa a passagem da concepção estritamente liberal para a democrática. Esta última, tal como elaborada por Rousseau (teoria da "vontade geral"), não difere da absolutista (de Hobbes) quanto à definição do poder do Estado e à afirmação do seu caráter ilimitado: as diferenças entre as duas concepções referem-se à individualização do detentor do próprio poder e ao modo do seu exercício.

A estreita relação entre concepção absolutista e concepção liberal a propósito da teoria da monopolização do direito por parte do Estado (e, portanto, a propósito da doutrina do positivismo jurídico) pode ser demonstrada pelo fato de que frequentemente os antipositivistas modernos dirigiram sua polêmica não tanto contra os teóricos do absolutismo quanto contra os pensadores tipicamente liberais. Assim, por exemplo, Ehrlich (na sua obra, já citada, *La logica dei giuristi* [A lógica dos juristas]) considera responsáveis pela estatização do direito Montesquieu e Beccaria, que estão entre os maiores expoentes das concepções político-jurídicas de inspiração iluminista e tiveram influência muito grande nos ambientes político-culturais liberais: como se sabe, Montesquieu é o teórico da separação dos poderes e Beccaria é o precursor de uma concepção liberal do direito (especialmente em relação ao direito penal). Por que estes dois autores são considerados responsáveis pela monopolização do direito por parte do legislador?

Montesquieu assim se expressa sobre as relações entre poder judiciário e poder legislativo no seu *O espírito das leis* (1748), Livro XI (em que expõe a teoria da separação dos poderes, comentando a Constituição inglesa – um pouco idealizada – que considera como uma constituição perfeita porque garante a liberdade, bem supremo dos cidadãos):

> Se os tribunais não devem ser fixos, as sentenças devem sê-lo a tal ponto que não sejam nada mais do que um texto preciso da lei.[3]

Segundo Montesquieu, pois, a decisão do juiz deve ser reprodução fiel da lei: ao juiz não deve ser permitida nenhuma liberdade de exercer sua fantasia legislativa porque, se pudesse modificar a lei com base em critérios equitativos ou outros, o princípio da separação dos poderes estaria invalidado pela presença de dois legisladores: o verdadeiro e o juiz, que estabeleceria sub-repticiamente suas normas, anulando assim as do legislador. Com efeito, prossegue Montesquieu:

---

3. Citação da edição da Utet, Turim, 1952, vol. I, p. 279.

Se as sentenças fossem uma opinião particular dos juízes, viver-se-ia em sociedade sem saber precisamente os compromissos que nela se assumem.

A subordinação dos juízes à lei tende a garantir um valor muito importante: a segurança do direito, de modo que o cidadão saiba com certeza se o próprio comportamento está ou não conforme à lei.

Estes conceitos são retomados por Beccaria na sua célebre obra *Dos delitos e das penas* (1764). No § 3, uma das passagens mais célebres e muitas vezes citadas na polêmica antipositivista diz:

> A primeira consequência destes princípios é que só as leis podem estabelecer a pena de cada delito, e esta autoridade só pode residir *no legislador*, que representa a sociedade unida por um contrato social. [Aqui Beccaria apela à concepção contratualista para demonstrar que o poder do legislador não é arbitrário, mas está baseado na sociedade e é feito para a sociedade.] Nenhum magistrado, que é parte da sociedade, pode com justiça infligir pena [que não seja estatuída pela lei] contra outro membro da mesma sociedade. Uma pena acrescida além do limite fixado pelas leis é a pena justa mais outra pena; portanto, não pode um magistrado, sob qualquer pretexto de zelo ou de bem público, aumentar a pena estabelecida contra um cidadão delinquente.

Beccaria enuncia aqui o princípio dito de "estrita legalidade do direito penal", que se expressa na máxima: *"nullum crimen, nulla poena sine lege"* ["não há crime nem pena sem lei (anterior que os defina)"]. No sucessivo § 4, leva mais adiante suas afirmações sobre as relações entre o juiz e a lei: o juiz não pode irrogar penas a não ser nos casos e nos limites previstos pela lei, assim como não pode sequer interpretar a norma jurídica, porque a interpretação dá à lei um sentido diverso daquele dado pelo legislador (esta é uma posição extremista que hoje nem o mais encarniçado positivista estaria disposto a aceitar):

> Quarta consequência: nem mesmo a autoridade de interpretar as leis penais pode residir nos juízes dos crimes pela mesma razão de não serem legisladores. Os juízes não receberam as leis dos nossos antepassados como tradição doméstica e testamento que só deixasse aos pósteros o cuidado de obedecer, mas recebem-nas da sociedade viva, ou do soberano representante dela, como legítimo depositário do atual resultado da vontade de todos; recebem-

-nas não como obrigações de antigo juramento, nulo, porque ligava vontades não existentes, iníquo, porque reduzia os homens do estado de sociedade ao estado de rebanho, mas como efeitos de tácito ou expresso juramento que as vontades reunidas dos vivos fizeram ao soberano, como vínculos necessários para frear e reger o fermento intestino dos interesses particulares. [...]
Quem será, pois, o legítimo intérprete da lei? O soberano, isto é, o depositário das atuais vontades de todos, ou o juiz, cujo ofício é só examinar se tal homem praticou ou não uma ação contrária às leis?
Em todo delito deve o juiz fazer um silogismo perfeito: a [premissa] maior deve ser a lei geral; a menor, a ação conforme ou não à lei; a consequência, a liberdade ou a pena. Quando o juiz for obrigado ou quiser fazer ainda que só dois silogismos, abrir-se-á a porta para a incerteza.
Não há coisa mais perigosa do que o axioma comum segundo o qual é preciso consultar o espírito da lei. Esta é barreira que se rompe à torrente de opiniões.

Aqui Beccaria expõe a "teoria do silogismo", bem conhecida dos juristas, segundo a qual o juiz, ao aplicar as leis, deve fazer como quem extrai a conclusão de um silogismo: assim fazendo, ele não cria nada de novo, mas só torna explícito o que já está implícito na premissa maior. Beccaria pretende precisamente que o silogismo seja "perfeito": tal não seria o raciocínio do jurista que se baseasse em interpretação analógica de uma norma jurídica (neste caso, de fato, o silogismo é logicamente imperfeito).

10. A sobrevivência do direito natural nas concepções filosófico-jurídicas do racionalismo no século XVIII. As "lacunas do direito"

Vimos que os escritores racionalistas do século XVIII teorizaram a onipotência do legislador: mas com eles ainda não chegamos ao positivismo jurídico em sentido próprio. Com efeito, não devemos esquecer que naquele século o direito natural está ainda vivo e, aliás, tem uma das suas florações mais importantes não só no plano doutrinário, mas também no prático: basta recordar a influência que o pensamento jusnaturalista teve na formação da Constituição americana e das Constituições da Revolução Francesa. No pensamento do século XVIII ainda têm pleno valor os conceitos-base da filosofia jusnaturalista, como o estado de natureza, a lei natural (concebida como conjunto de normas que se põe ao lado – ou melhor, acima – do ordenamento positivo), o contrato social. No contexto da realidade do Estado ainda domina o direito natural: de fato, o Estado se constitui com base no estado de natureza, por obra do contrato social, e na própria organização estatal os homens ainda conservam certos direitos naturais fundamentais.

As consequências desta concepção manifestam-se particularmente em caso muito importante e interessante, que assinala o limite da onipotência do legislador: o caso em que o próprio legislador tenha se abstido de regular determinadas relações ou situações, isto é, para usar a fórmula típica, o caso da "lacuna da lei". Enquanto os juspositivistas, para ser coerentes até o fim, excluindo o recurso ao direito natural, negarão a própria existência de lacunas, os escritores dos séculos XVII e XVIII não as negam de modo algum e afirmam, antes, que em tal caso o juiz deve resolver a controvérsia aplicando o direito natural. Esta solução é perfeitamente lógica para quem admite que o direito positivo se baseia (por meio do Estado e do contrato social que o faz surgir do estado de natureza) no direito natural; efetivamente, estando a faltar o primeiro, é evidente que deve ser aplicado o segundo. Para usar imagens, diremos que o direito positivo não destrói, mas recobre ou faz submergir o direito natural: logo, se há um "buraco" no direito positivo, através dele se vê aflorar o natural; ou, se se preferir, a "submersão" do direito natural não é total porque, acima do nível do direito positivo, dele ainda afloram algumas pequenas ilhas.

A função sub-rogadora do direito natural no caso de lacuna do direito positivo é concepção tão difusa entre os escritores dos séculos XVII e XVIII que podemos verdadeiramente considerá-la como *communis opinio*. Veja-se, por exemplo, o que diz Hobbes: consideramos este escritor como precursor do juspositivismo; na realidade, ele, se é positivista para o seu tempo, ainda é jusnaturalista em face do positivismo jurídico em sentido próprio. Hobbes, pois, afirma no *De cive* [*Do cidadão*]*, cap. XIV, § 14:

> Como é impossível prescrever leis gerais com que se possam prever todas as controvérsias que acaso surjam, e são infinitas, torna-se evidente que, em todo caso não contemplado por leis escritas, deve-se seguir a lei da equidade natural que ordena atribuir a pessoas iguais coisas iguais; o que se cumpre por força da lei civil, que pune também os transgressores materiais das leis naturais, quando a transgressão ocorra consciente e voluntariamente (*op. cit.*, p. 276-277).

(Hobbes vê, portanto, como limite à onipotência do legislador humano o fato de que este, não sendo Deus, não pode prever todas as circunstâncias.) Afirmação semelhante é feita por Leibniz, em obra que assinala uma virada no estudo sistemático do direito, *Nova methodus discendae docendaeque jurisprudentiae* ["Novo método para aprender e ensinar jurisprudência"]: falando da "jurisprudência polêmica" (isto é, daquela que serve para resolver as controvérsias), declara:

> *In iis casibus, de quibus lex se non declaravit, secundum jus naturae esse judicandum.* [Naqueles casos em que a lei não é declarada aplicável, deve-se julgar de acordo com o direito natural] (§ 71)

A mesma solução é dada em tratado escolástico de direito natural, intitulado *Jus naturae in usum auditorum* [Direito natural: para estudantes] (7ª ed., 1774), de Achenwall. Segundo este autor, o direito natural vigora particularmente em três campos:

a) aplica-se *principaliter* (isto é, normalmente) nas relações entre os Estados;

b) aplica-se, também *principaliter*, às relações entre príncipe e súditos (no Estado absoluto, sendo o príncipe livre das leis positivas – *legibus solutus* –, suas relações com os súditos não podem ser reguladas pelo direito positivo, mas só pelo natural, isto é, em substância, por normas de natureza moral);

---

*. Obra publicada pela Edipro em 2016. (N.E.)

c) por fim, aplica-se *subsidiarie* (subsidiariamente) no caso de lacunas do direito positivo (portanto, também a quem está submetido ao poder do Estado):

Vero ad dijudicandas actiones et terminandas lites etiam allorum omnium qui certo juri humano subsunt, uti hoc humanum scil. jus plane deficit, quippe tum, si opus fuerit, ad jus naturale est recurrendum. [Subsidiariamente: julgar as ações e também acabar com os conflitos de todos aqueles que estão sob uma certa lei humana quando esta lei humana é claramente insuficiente, porque então, se necessário, será preciso recorrer ao direito natural.]

Esta concepção do direito natural como instrumento para resolver as lacunas do direito positivo sobreviveu até o período das codificações; aliás, deixa muitíssimas ramificações na própria codificação: no art. 7º do Código austríaco de 1811, estabelece-se que, se um caso não puder ser decidido com base em precisa disposição de lei nem em recurso à aplicação analógica, *deverá decidir-se segundo os princípios do direito natural*. (Mas, como veremos, diferente é a solução do Código Napoleônico, de que se origina o mais rigoroso positivismo jurídico.)

capítulo 2

As origens do positivismo jurídico na Alemanha

Sumário: 11. A "Escola Histórica do Direito" como preparadora do positivismo jurídico. Gustav Hugo • 12. As características do historicismo. De Maistre, Burke, Möser • 13. A Escola Histórica do Direito. F. C. Savigny • 14. O movimento pela codificação do direito. Thibaut • 15. A polêmica entre Thibaut e Savigny sobre a codificação do direito na Alemanha

11. A "Escola Histórica do Direito" como preparadora do positivismo jurídico. Gustav Hugo

Para que o direito natural desapareça inteiramente, é necessário outro passo, a saber, é necessário que a filosofia jusnaturalista seja criticada a fundo e que as concepções, ou, se se preferir, os "mitos" jusnaturalistas (estado de natureza, lei natural, contrato social...) desapareçam da consciência dos doutos. Aqueles mitos estavam ligados a uma concepção filosófica racionalista (a filosofia iluminista, que tinha sua matriz no pensamento cartesiano); ora, foi justamente no quadro geral da polêmica antirracionalista conduzida na primeira metade do século XIX pelo historicismo (movimento filosófico-cultural de que falaremos na próxima seção) que se deu a "dessacralização" do direito natural.

O surgimento do positivismo jurídico teria de se dar em meio a esta polêmica travada no clima do romantismo: a passagem foi magistralmente descrita por Meinecke na sua obra *Le origini dello storicismo* [As origens do historicismo] (que logo teremos ocasião de citar novamente). No campo filosófico-jurídico, de fato, o historicismo deu origem à Escola Histórica do Direito, que surgiu e se difundiu particularmente na Alemanha entre o final do século XVIII e o início do século XIX, e cujo máximo expoente foi Savigny. Observe-se bem que "Escola Histórica" e "positivismo jurídico" não são de modo algum a mesma coisa: mas a primeira preparou o segundo por meio da sua crítica radical ao direito natural.

Com efeito, a primeira obra que se pode considerar expressão (ou, talvez melhor, antecipação) da Escola Histórica é um escrito de Gustav Hugo (também alemão, como Savigny, ainda que seus nomes sejam de origem francesa) de 1798, cujo título é bastante sintomático e interessante: *Lehrbuch des Naturrechts als einer Philosophie des positiven Rechts* [Tratado do direito natural como filosofia do direito positivo] (3ª ed., Berlim, 1809). O que significa este título? Significa que o direito natural não é mais concebido como sistema normativo em si mesmo, como conjunto de regras distinto e destacado do sistema de direito positivo, mas como conjunto de considerações filosóficas sobre o próprio direito positivo. De fato, Hugo assim define a "filosofia do direito positivo" logo no início da sua obra:

> A filosofia do direito positivo ou da jurisprudência é o conhecimento racional por meio de conceitos daquilo que pode ser direito no Estado (p. 1).

O autor, entendendo o direito natural como filosofia do direito positivo, define-o como conjunto de conceitos jurídicos gerais elaborados com base no direito positivo (não do direito positivo de um Estado específico, mas do que existe, ou pode existir, em qualquer Estado). Usando terminologia moderna, podemos dizer que Hugo elabora, mais do que uma "filosofia do direito", uma "teoria geral do direito". Com a redução do direito natural a filosofia do direito positivo, a tradição jusnaturalista está exaurida (ainda que, naturalmente, vá ressurgir por outras vias): a obra de Hugo, portanto, assinala o ponto de passagem da filosofia jusnaturalista à (*lato sensu*) juspositivista.

Hugo indica como exemplos precedentes de "filosofia do direito positivo" o pensamento de Montesquieu (com uma perspectiva de dois séculos, a obra do escritor francês se mostra a nós bem diferente daquela do autor alemão e até parece difícil encontrar um ponto de contato entre elas, uma vez que *O espírito das leis* constitui o que hoje chamaríamos, antes, de estudo de sociologia jurídica). De todo modo, Hugo evoca Montesquieu porque a obra deste não se interessa em absoluto pelo direito natural, mas pelas concretas experiências jurídicas dos vários povos, da época bárbara até a época civilizada: ela é um estudo comparado das legislações feito com o objetivo de conhecer o "espírito das leis", isto é, com o objetivo de determinar a função do direito, suas relações com a sociedade, as leis históricas que regulam sua evolução.

Hugo se pergunta o que é exatamente o direito positivo e responde que é o direito instituído pelo Estado: portanto, o direito internacional, como direito *entre* os Estados (e não instituído pelo Estado), não é direito em sentido próprio, mas uma espécie de norma moral (o autor antecipa de tal modo a concepção do direito internacional que será desenvolvida também por Austin). Observemos, porém, que para Hugo "direito instituído pelo Estado" não significa necessária e exclusivamente direito instituído pelo legislador (como sustentará o positivismo jurídico no sentido estrito e limitado do termo). De fato, o autor, no § 134 da sua obra (dedicado às "fontes" do direito), se pergunta:

> Devem todas as normas jurídicas repousar na vontade expressa, ou pelo menos na vontade tácita, do legislador, ou existe, além desta, também outra fonte do direito positivo, assim como para a língua e os costumes de um povo, a qual assim pode aqui chamar-se direito consuetudinário, doutrina científica ou jurisprudência?

Hugo não responde em termos afirmativos, mas problemáticos, formulando duas concepções:

Tanto nos Estados que tendem ao despotismo, quanto [...] nos lugares em que se antepõe a certeza do direito a qualquer outra coisa, responde-se muitas vezes afirmativamente à primeira alternativa; inversamente, em favor da outra opinião estão não só a história natural da constituição de todo e qualquer direito positivo, e o exemplo de todos os povos civilizados, mas também a maior probabilidade de que um direito livremente aceito pelo próprio povo seja aplicável e apropriado, e até a absoluta impossibilidade de abraçar todos os casos com leis expressas (p. 135).

Pelos termos usados, parece que Hugo se inclina pela segunda solução formulada.

A obra aqui examinada é importante, mais do que pelo seu valor intrínseco, pelo novo modo de considerar o direito, o qual exercerá notável influência sobre o pensamento de John Austin, considerado o fundador do positivismo jurídico em sentido estrito: com efeito, este estudioso inglês dará como subtítulo à sua obra fundamental (de 1832) o mesmo título do livro de Hugo (ao qual faz referência expressa), isto é, *Filosofia del diritto positivo* [Filosofia do direito positivo].

12. As características do historicismo. De Maistre, Burke, Möser

Para compreender o que é o historicismo, nada melhor do que ler algumas páginas de Meinecke, contidas no Prefácio de *Le origini dello storicismo* [As origens do historicismo] (trad. it., Florença, Sansoni, 1954), em que, entre outras coisas, encontramos célebre definição do significado e da função do jusnaturalismo:

Digamos aqui brevemente o que é o essencial [...]. O princípio primeiro do historicismo consiste em substituir uma consideração generalizante e abstrata das forças histórico-humanas pela consideração do seu caráter individual [...]. [Os jusnaturalistas] acreditavam que o homem, com sua razão e suas dores, com suas virtudes e seus vícios, tivesse permanecido em todos os tempos substancialmente o mesmo. Esta opinião contém certamente um germe de verdade, mas não compreende as profundas transformações que a vida moral e espiritual do indivíduo e da comunidade sofre e assume, não obstante a permanência inalterada de fundamentais qualidades humanas. A atitude jusnaturalista do pensamento, predominante desde a antiguidade, inculcava a fé na imutabilidade da natureza humana, ou melhor, da razão humana [...].

Este jusnaturalismo [...] *foi a estrela polar em meio a todas as tempestades da história, constituiu para o homem pensante um ponto firme na vida*, tanto mais forte se fosse sustentado pela fé na Revelação (Prefácio, p. X-XI).

Portanto, o que caracteriza o historicismo é o fato de que considera o homem na sua individualidade e em todas as variedades que tal individualidade comporta, em contraposição ao racionalismo (um tanto simplificado por motivos de conveniência no modo pelo qual os historicistas o representam) que considera a humanidade abstrata. Tentemos explicar algumas características fundamentais do historicismo:

1) O sentido da *variedade da história devido à variedade do próprio homem*: não existe o Homem (com "H" maiúsculo) com certas características sempre iguais e imutáveis, como pensavam os jusnaturalistas; existem muitos homens, diferentes entre si, segundo a raça, o clima, o período histórico... De Maistre (considerado antecipador do historicismo), adepto do *ancien régime* e opositor da Revolução Francesa, em seu panfleto antirrevolucionário, *Considérations sur la France*, falando da Constituição Francesa de 1795, que foi difundida pelos franceses em toda a Europa invadida pelos exércitos da Revolução, tem uma afirmação que expressa incisivamente esta atitude dos historicistas em polêmica com os racionalistas:

> A Constituição de 1795 é feita para o homem. Ora, não existem homens no mundo. Vi, na minha vida, franceses, italianos, russos etc.; e sei, graças a Montesquieu, que se pode ser persa; mas, quanto ao homem, declaro não tê-lo jamais encontrado na minha vida; se existe, certamente é sem meu conhecimento.

2) O sentido do *irracional na história*, contraposto à interpretação racionalista da história própria dos iluministas: a mola fundamental da história não é a razão, o cálculo, a avaliação racional, mas a não razão, o elemento passional e emotivo do homem, o impulso, a paixão, o sentimento (deste modo, o historicismo torna-se Romantismo, que exalta o que de misterioso, obscuro, turvo, existe na alma humana). Os historicistas, assim, zombam das concepções jusnaturalistas, como a ideia de que o Estado tenha surgido depois de decisão racionalmente ponderada de dar origem a uma organização política que corrigisse os inconvenientes do estado de natureza. Em relação a esta concepção historicista, que torna protagonista da história não a razão, mas o irracional, o marxista húngaro Lukács falou polemicamente de "destruição da razão".

3) Estreitamente ligada à ideia de irracionalidade da história é a do seu caráter trágico (*pessimismo antropológico*): enquanto o iluminista é fundamentalmente otimista porque crê que o homem possa com sua razão melhorar a sociedade e transformar o mundo, o historicista é pessimista porque não compartilha esta confiança, não crê nos "destinos magníficos e progressivos" da humanidade. Esta atitude está bem exemplificada por uma afirmação de Burke, o mais lúcido destes pensadores (que geralmente tinham atitudes mentais misticizantes), o qual, na sua obra *Reflexões sobre a revolução na França*,[*] critica exatamente o imoderado desejo dos revolucionários de mudar o estado de coisas existente:

> A história consiste em grande parte em miséria, que a soberba, a ambição, a avareza, a vingança, a lascívia, a rebelião, a hipocrisia, a cobiça incontrolada e as paixões desenfreadas difundiram pelo mundo [...]. Tais vícios são a causa destas tempestades. Religião, moral, leis, privilégios, liberdades, direitos do homem são os pretextos de que se servem os poderosos para poder governar a massa humana, explorando e manipulando suas paixões.[4]

---

[*]. Obra publicada pela Edipro em 2014. (N.E.)
[4]. Este trecho é citado por Meinecke, *op. cit.*, p. 227-228.

Nestas poucas palavras está inscrita a atitude profundamente pessimista dos historicistas: a história é uma contínua tragédia. (A referência feita por Burke aos "direitos do homem", considerados como simples "pretexto", destaca a matriz ideológica e social do historicismo, que está estreitamente ligado a interesses e a uma mentalidade conservadora; não por acaso desenvolve-se sobretudo na Alemanha, o país da Restauração.)

4) Outra característica do historicismo é *o elogio e o amor ao passado*: não tendo confiança no melhoramento futuro da humanidade, os historicistas, em compensação, têm grande admiração pelo passado que não pode voltar e aos seus olhos aparece idealizado. Por isso, interessam-se pelas origens da civilização e pelas sociedades primitivas. Também este ponto de vista está em nítido contraste com os iluministas, os quais, ao contrário, desprezam o passado e ironizam a ingenuidade e a ignorância dos antigos, exaltando inversamente as "luzes" da época racionalista: este contraste entre racionalistas e historicistas se inflama sobretudo a propósito do Medievo, considerado pelos primeiros uma época obscura e bárbara, mas revalorizado pelos segundos como a época em que se realizou uma civilização profundamente humana que expressa o espírito do povo e a força dos sentimentos mais altos.

Esta temática é particularmente desenvolvida por Justus Möser: trata-se de um obscuro estudioso da segunda metade do século XVIII, amigo de Goethe, o qual o cita frequentemente em suas *Colloqui* [*Conversações*], em seguida descoberto e revalorizado pela historiografia da Escola Histórica (Savigny cita-o, ao lado de Hugo, como precursor das suas ideias). Möser era típico estudioso "provinciano", que vivia em ambiente social fechado e isolado em relação às correntes da cultura contemporânea: dedicou-se ao estudo da história da sua terra (Osnabrück). Suas obras principais, *Osnabrükische Geschichte* [História osnabrückense] (1768) e *Patriotische Phantasien* [Fantasias patrióticas] (1764), representam o fruto de buscas e escavações na história da sua província, com o fito de evidenciar certas características negligenciadas pela historiografia oficial. E os resultados a que chega são estes: a verdadeira civilização germânica é representada pela antiga "liberdade saxã", destruída pela conquista carolíngia. Depois de Carlos Magno não houve mais nada de bom e de válido na história do seu país; é preciso, pois, voltar ao passado para reencontrar na floresta e ao longo dos rios da Alemanha a essência da civilização alemã, a liberdade dos antigos saxões.

Nesta ordem de ideias, o mais importante representante do primeiro historicismo alemão foi Herder, cujas obras principais são: *Ancora una filosofia della storia per l'educazione dell'umanità* [Outra filosofia da história para a educação da humanidade] e *Idee per la filosofia della storia dell'umanità* [Ideias para a filosofia da história da humanidade].

5) Característica ulterior do historicismo é *o amor à tradição*, isto é, às tradições e aos costumes existentes na sociedade e formados por meio de lento, secular desenvolvimento. Esta ideia é expressa tanto por Herder quanto por Burke, o qual elabora o conceito de "prescrição" histórica: tal como o exercício efetivo de um direito por longo período de tempo leva a adquirir tal direito, ainda que originalmente seu exercício não estivesse baseado em título jurídico válido, assim também ocorre com todas as instituições sociais; vale o que se formou no curso da história, o que foi consagrado pelo tempo, só pelo fato de existir há muito tempo. O tempo cura as feridas da história. Deste modo, a propósito das turbulências ocorridas na França, Burke defende o princípio de legitimidade e a hereditariedade dos cargos.

Também esta posição historicista está em antítese com a dos iluministas, que desprezavam a tradição: para eles, era suspeito aquilo que os homens repetiam mecanicamente, unicamente por força da inércia, e queriam que o homem aplicasse seu espírito inovador para reformar as instituições e os costumes sociais, adequando-os às exigências da razão (basta recordar a polêmica de Voltaire contra as superstições).

13. A Escola Histórica do Direito. F. C. Savigny

Se considerarmos as características do historicismo como foram enunciadas na seção anterior e as aplicarmos ao estudo dos problemas jurídicos, poderemos ter uma ideia bastante precisa da doutrina da Escola Histórica do Direito, cujo maior expoente é Friedrich Carl von Savigny:

1) *Individualidade e variedade do homem*. Aplicando este princípio ao direito, daí deriva a afirmação pela qual não existe um direito único, igual em todos os tempos e todos os lugares: o direito não é ideia da razão, mas produto da história. Ele nasce e se desenvolve na história, tal como todos os fenômenos sociais, e, portanto, varia no tempo e no espaço.

2) *Irracionalidade das forças históricas*. O direito não é fruto de avaliação e de cálculo racional, mas origina-se imediatamente do sentimento de justiça. Existe um sentimento de justo e injusto esculpido no coração do homem, que se expressa diretamente por meio das formas jurídicas primitivas, populares, tal como se encontram na origem da sociedade, por baixo das incrustações artificiais sobre o direito criadas pelo Estado moderno.

3) *Pessimismo antropológico*. A desconfiança na possibilidade do progresso humano e na eficácia das reformas induz a afirmar que, também no campo do direito, devem-se conservar os ordenamentos existentes e desconfiar das novas instituições e das inovações jurídicas que se pretendem impor à sociedade, porque por trás delas só se escondem improvisações nocivas. Assim, a Escola Histórica se opôs, como veremos melhor em seguida, ao projeto de codificar o direito germânico, julgando não adequada à civilização e ao povo alemães a cristalização do direito em uma única compilação legislativa: os expoentes desta escola venceram sua batalha contra os defensores do direito instituído pelo legislador, tanto é verdade que a codificação ocorreu um século depois em relação a outros países, isto é, no princípio do século XX.

4) *Amor ao passado*. Para os juristas partidários da Escola Histórica, este amor significou a tentativa de remontar além da "recepção" do direito romano na Alemanha, para redescobrir, revalorizar e, possivelmente, fazer reviver o antigo direito germânico (houve assim os "germanistas", isto é, os estudiosos deste direito, em contraposição aos "romanistas"). De fato, aos olhos dos juristas partidários do historicismo, a recepção aparecia como tentativa de inspiração tipicamente iluminista de transplantar para a Alemanha um direito estrangeiro, não adaptado ao povo alemão, um direito que era ilusório e arbitrário pretender considerar como *ratio scripta*.

5) *Sentido da tradição*. Para a Escola Histórica, este sentimento significa revalorização de uma particular forma de produção jurídica, isto é, do costume, na medida em que as normas consuetudinárias são precisamente expressão de uma tradição, formam-se e se desenvolvem por lenta evolução na sociedade: em outras palavras, o costume é um direito que nasce diretamente do povo e expressa o sentimento e o "espírito do povo" (*Volksgeist*). Deste modo inverte-se a clássica relação entre as duas fontes do direito, a reflexiva (a lei) e a espontânea (o costume), uma vez que geralmente se considera que a primeira prevalece sobre a segunda.

Se quisermos encontrar de modo expresso a "suma" doutrinária da Escola Histórica do Direito, basta ler o pequeno e célebre volume do chefe de escola, Friedrich Carl von Savigny, *Della vocazione del nostro tempo per la legislazione e la giurisprudenza* [Da vocação do nosso tempo para a legislação e a jurisprudência] (*Vom Beruf unserer Zeit für Gesetzgebung und Rechtswissenschaft*) – livreto escrito precisamente por ocasião da polêmica contra o projeto de codificação, do qual transcrevemos aqui alguns trechos salientes do capítulo em cujo término se encontram citados Hugo e Möser como precursores da Escola Histórica:

> Em cada nação que tenha uma história induvidosa, vemos o direito civil revestir-se de caráter determinado, inteiramente peculiar àquele povo, tal como sua língua, seus costumes, sua constituição política. Todas estas diferentes manifestações não têm nenhuma existência separada. O que faz com que tudo isso forme um só todo é a crença universal do povo, o

sentimento uniforme de intuições e necessidades, o qual exclui toda ideia de origem meramente acidental e arbitrária.

O autor prossegue afirmando que

[...] tais atividades fazem de cada povo um indivíduo [...]

e que

[...] a infância da sociedade [não] se passou numa condição de todo animalesca [...], [mas é] um período em que o direito vive tal como a língua na consciência popular [...].
Mas esta natural dependência do direito em face dos costumes e do caráter do povo conserva-se também com o progredir do tempo, não diferentemente da linguagem [...].
O direito progride com o povo, aperfeiçoa-se com ele e por fim perece quando o povo perde seu caráter (*Della vocazione...*, Verona, 1857, p. 103-104).

14. O movimento pela codificação do direito. Thibaut

Como já observamos, a Escola Histórica do Direito (e o historicismo em geral) só podem ser considerados precursores do positivismo jurídico no sentido de que representam uma crítica radical do direito natural, tal como o concebia o iluminismo, isto é, como direito universal e imutável extraído da razão. Ao direito natural a Escola Histórica contrapõe o direito consuetudinário considerado como a forma genuína do direito por ser expressão imediata da realidade histórico-social e do *Volksgeist*. A posição antijusnaturalista é inerente a todo pensamento jurídico que tenha trazido ao primeiro plano o costume. Recordamos que na Inglaterra, onde a fonte principal do direito era a *common law*, o estudo do direito natural estava negligenciado a tal ponto que um comentador de Bracton afirma (com uma formulação que se tornaria proverbial):

In Anglia minus curatur de jure naturali quam in aliqua regione de mundo. [Na Inglaterra, dá-se menos atenção ao direito natural do que em qualquer outra parte do mundo.]

Mas, dito isso, é preciso destacar que a Escola Histórica do Direito deve ser considerada precursora não tanto do positivismo jurídico quanto de certas correntes filosófico-jurídicas (como a escola sociológica e a realista, que se desenvolveram sobretudo no mundo anglo-saxão) que no final do século XIX e no início do século XX adotaram posição crítica em relação ao juspositivismo.

Ao contrário, o fato histórico que constitui a causa próxima do positivismo jurídico deve ser buscado nas grandes codificações, ocorridas entre o fim do século XVIII e o princípio do século XIX, que representaram a realização política do princípio da onipotência do legislador: em relação a este movimento, a Escola Histórica assume posição de nítida hostilidade, como veremos na próxima seção. As codificações representam o resultado de longa batalha conduzida na segunda metade do século XVIII por um movimento político-cultural claramente iluminista, o qual assim operou o que poderíamos chamar "a positivação do direito natural". Segundo este movimento, o direito é expressão ao mesmo tempo da autoridade e da razão: é expressão da autoridade porquanto não é eficaz, não vale, se não for estatuído e posto em vigor pelo Estado (e nisso, exatamente, deve-se ver o movimento pela codificação como uma raiz do positivismo jurídico); mas o direito estatuído pelo Estado não é fruto de mero arbítrio, ao contrário é a expressão da própria razão (da razão do príncipe e da razão dos "filósofos", isto é, dos doutos que o legislador deve consultar).

Os iluministas submetem a uma crítica demolidora o direito consuetudinário (tão caro à Escola Histórica), considerando-o como pesada e danosa herança da vituperada Idade Média (o tempo das trevas), como contrário às exigências do homem civilizado e da sociedade inspirada nos princípios da *civilisation*, por ser expressão não da razão, mas da irracionalidade inerente a toda tradição. Eles julgam possível e necessário substituir o emaranhado de normas consuetudinárias pelo direito constituído por um conjunto sistemático de normas jurídicas deduzidas da razão e impostas por meio da lei: o movimento pela codificação representa assim o desenvolvimento extremo do racionalismo que estava na base do pensamento jusnaturalista, uma vez que à ideia de um sistema de normas descobertas pela razão associa a exigência de consagrar tal sistema em um Código estatuído pelo Estado.

CAPÍTULO 2 – AS ORIGENS DO POSITIVISMO JURÍDICO NA ALEMANHA | 67

Estas ideias, por apelar não só à razão mas também à autoridade do Estado, encontraram acolhimento favorável nas monarquias absolutas setecentistas e são também expressão do fenômeno histórico conhecido com o nome de *absolutismo iluminado*. A estreita relação entre iluminismo (mais exatamente, entre jusnaturalismo racionalista e estatal) e codificações está bem evidenciada por algumas afirmações feitas pelas autoridades políticas por ocasião das próprias codificações. Assim, Frederico II da Prússia, no ato de encarregar o jurista Cocceius de preparar um projeto de Código Civil para seus Estados, expressava a ideia de que o novo direito prussiano devia basear-se "na razão" (*auf die Vernunft*) e constituir um *jus certum et universale* [Direito imutável e universal]. De modo análogo, o artigo primeiro (depois suprimido na redação definitiva) do projeto preliminar do Código Civil francês declarava:

> Existe um direito universal e imutável, fonte de todas as leis positivas: não é mais do que a razão natural, uma vez que governa todos os homens.

(Observemos que a expressão *raison naturelle* deste artigo ecoa, ou melhor, traduz fielmente a *naturalis ratio* de Gaio: a continuidade histórica do direito natural expressa-se por meio desta terminologia que – mesmo assumindo gradativamente significados diversos – resta inalterada através dos séculos.)

Quando os exércitos da França revolucionária ocuparam parte da Alemanha, nela aplicaram também o Código Napoleônico, que, pelo fato de acolher o princípio da "igualdade formal" de todos os cidadãos (isto é, o princípio da sua igualdade diante da lei, ainda que suas posições econômico-sociais sejam diversas), constituía inovação autenticamente revolucionária em um país ainda semifeudal tal como a Alemanha daquele tempo, em que a codificação prussiana de 1797 ainda conservava a distinção da população entre três castas ou "estados": nobreza, burgueses e camponeses. Entre os muitos fermentos provocados na Alemanha pela ocupação napoleônica, houve também um movimento que propugnava a criação de um direito único e codificado para toda a Alemanha (seja estendendo a aplicação do próprio Código Napoleônico, seja deliberadamente redigindo outro segundo seu modelo), de modo a eliminar as graves dificuldades que a pluralidade e o fracionamento do direito causavam à práxis jurídica.

Estes propósitos suscitaram a oposição dos ambientes conservadores que, em nome da defesa das características nacionais da civilização alemã, defendiam na realidade os privilégios que uma legislação de tipo francês ameaçaria. Fez-se porta-voz desta oposição Rehberg (típico reacionário à moda da velha Alemanha), que em 1813 escreveu artigo intitulado "Sobre o Código Napoleônico e sua introdução na Alemanha".

Tal escrito provocou uma resenha crítica publicada, em 1814, nos *Annali di Heidelberg* [Anais de Heidelberg]: a resenha era anônima, mas seu autor era um dos maiores juristas alemães da época, Anton Friedrich Justus Thibaut (1772-1840, portanto da mesma geração de Hugo, nascido em 1774, e de Savigny, nascido em 1779).

Thibaut escrevera em 1798 uma obra intitulada *Sopra l'influsso della filosofia nell'interpretazione delle leggi positive* [Sobre a influência da filosofia na interpretação das leis positivas]. Por causa do título desta obra, a escola que se refere a este autor é chamada "Escola Filosófica", mas se trata de denominação inteiramente imprópria de vez que tal escola se poderia chamar "positivista". De fato, caso se leia atentamente a obra ora citada, vê-se que seu autor não pretende de modo algum dar sobrevida às ideias do jusnaturalismo ao velho estilo (que contrapunha o verdadeiro direito, imutável porque baseado na razão, ao direito mutável produzido pelo desenvolvimento histórico): ao contrário, ele refuta a ideia de que se possa extrair todo um sistema jurídico a partir de alguns princípios racionais *a priori*. Por "influência da filosofia na interpretação do direito" Thibaut entendia algo muito mais simples (e até mais banal, podemos acrescentar, de sorte que não era o caso de apelar ao termo "filosofia"): com linguagem mais moderna, podemos dizer que o autor pretendia evidenciar a incidência do raciocínio lógico-sistemático na interpretação do direito. Para interpretar uma norma – ele dizia –, não basta conhecer como se formou, mas é preciso relacioná-la ao conteúdo das outras normas; em outros termos, é preciso analisá-la logicamente e enquadrá-la sistematicamente (não por acaso Thibaut escreveu em 1799 outra obra significativamente intitulada *Sull'interpretazione logica delle leggi* [Sobre a interpretação lógica das leis], de que existe antiga tradução italiana, Nápoles, 1872).

CAPÍTULO 2 – AS ORIGENS DO POSITIVISMO JURÍDICO NA ALEMANHA | 69

Thibaut, no mais, não assumia nenhuma atitude extremista: para ele, a interpretação "filosófica" (isto é, lógico-sistemática) não se contrapõe à interpretação histórica, mas a complementa. Em outras palavras, tentava assumir posição moderada, de conciliação, entre história e razão – como se deduz desta afirmação:

> Sem filosofia não há nenhuma história completa; sem história, nenhuma aplicação segura da filosofia.

(Esta formulação faz lembrar a posição do nosso grande filósofo da história e do direito, G. B. Vico, segundo o qual no estudo da história deve-se unir "filosofia" e "filologia".)

Para Thibaut, pois, importava não ressuscitar o jusnaturalismo, mas construir um sistema de direito positivo: de fato, escreveu em 1803 um *System des Pandektenrechts* [*Sistema do direito das Pandectas*], que representa a primeira tentativa de ordenar sistematicamente o direito positivo (especialmente o privado). Pouco depois (1807) apareceu obra análoga de Heise: *Grundriss eines Systems des gemeinen Zivilrechts* [*Lineamentos de um sistema do direito civil comum*]. Estas duas obras representam o início da escola alemã que, na primeira metade do século XIX, sistematizou cientificamente o direito comum vigente na Alemanha e que leva o nome de "Escola Pandectista".

A definição mais exata da posição de Thibaut foi dada por Landsberg, que, na sua monumental *Storia della scienza giuridica-tedesca* [História da ciência jurídica alemã], chama o pensamento deste autor de *positivismo científico* (*wissenschaftlicher Positivismus*).

15. A polêmica entre Thibaut e Savigny sobre a codificação do direito na Alemanha

Voltando à resenha do artigo de Rehberg escrito por Thibaut, nela, entre outras coisas, o resenhista afirmava:

Os alemães estão há muitos séculos paralisados, oprimidos, separados uns dos outros por causa de um labirinto de costumes heterogêneos, em parte irracionais e perniciosos. Justamente agora se apresenta ocasião inesperadamente favorável para a reforma do direito civil tal como não se tem apresentado e talvez não se apresente mais em mil anos [...]. A convicção de que a Alemanha padeceu até agora de muitos males, de que pode e deve melhorar, é universal. O precedente domínio francês contribuiu para isso. Ninguém que queira ser imparcial pode negar que nas instituições francesas estão contidas muitas coisas boas e que o *Code*, as discussões e os discursos sobre ele, assim como o Código prussiano e o austríaco trouxeram à nossa filosofia mais vida nova e arte civil do que o alarido em torno dos nossos tratados sobre o direito natural. Se agora os príncipes alemães entrassem em acordo para a redação de um Código geral alemão civil, penal e processual, e empregassem só por cinco anos o que custa meio regimento de soldados, não poderíamos deixar de receber algo de notável e sólido. A utilidade de tal Código seria incalculável (LANDSBERG, *op. cit.*, vol. III, p. 79).

Thibaut, depois deste escrito polêmico, volta ao tema da codificação do direito com um ensaio publicado poucos meses depois e intitulado "Sobre a necessidade de um direito civil geral para a Alemanha" (Heidelberg, 1814). Este ensaio, muito importante porque expressa a posição da chamada "Escola Filosófica do Direito" e porque provoca a tomada de posição contrária de Savigny, iniciava falando do renascimento da nação alemã, fazendo o elogio do povo alemão e se perguntando o que deveriam fazer os príncipes alemães para favorecer este processo de renovação. Uma das principais tarefas que o autor atribui aos soberanos alemães é exatamente promover a codificação do direito:

Sou da opinião de que nosso direito civil [...] precisa de completa, rápida transformação, e de que os alemães não poderão se tornar felizes nas suas relações civis enquanto todos os príncipes alemães, com suas forças reunidas, não tentarem redigir um Código válido para toda a Alemanha e subtraído ao arbítrio de cada Estado.[5]

---

5. Citação do volume *Thibaut und Savigny*, Berlim, 1914, que por ocasião do centenário da disputa recolheu todos os escritos mais importantes sobre o tema. O trecho transcrito encontra-se na p. 41.

Thibaut prossegue esclarecendo os dois requisitos fundamentais que deve ter uma boa legislação, isto é, a *perfeição formal* e a *perfeição substancial*: a legislação deve ser perfeita formalmente, vale dizer, deve enunciar as normas jurídicas de modo claro e preciso; e deve ser perfeita substancialmente, vale dizer, deve conter normas que regulem todas as relações sociais. Na Alemanha, infelizmente – afirma o autor –, não existe nenhuma legislação que tenha estes requisitos: não os tem o direito de origem germânica, que é insuficiente, obscuro e primitivo; não os tem o direito canônico, que é tosco e de difícil interpretação; e não os tem sequer o direito comum romano, que é complicado e incerto (de fato, ele observa como Justiniano, ao compilar o *Corpus*, deformou o genuíno pensamento dos juristas clássicos, cuja reconstrução por parte dos estudiosos modernos gera infinitas controvérsias e é, portanto, fonte de incerteza). Diante desta desoladora situação do direito alemão, Thibaut afirma a necessidade de uma legislação geral, isto é, de uma autêntica codificação, e enuncia suas vantagens para os juízes, para os estudiosos de direito e para os simples cidadãos; além disso, a codificação traria algumas vantagens políticas, ao dar impulso decisivo à unificação da Alemanha.

O autor prevê também as objeções que poderiam ser dirigidas ao seu projeto, especialmente aquela segundo a qual a codificação é algo de *inatural*, por constituir como que uma capa de chumbo imposta sobre a vida do direito que resseca suas fontes e paralisa seu desenvolvimento (e, com efeito, esta é a objeção que será levantada por Savigny). Thibaut responde afirmando que, na realidade, nas matérias importantes para a vida social, as variações do direito são muito menores do que se acredita:

> Muitas partes do direito civil são, por assim dizer, uma espécie de pura matemática jurídica sobre a qual o lugar não pode ter nenhum influxo decisivo, como a doutrina da propriedade, da sucessão, as hipotecas etc. (*op. cit.*, p. 62).

Ele aqui retoma um tema tipicamente iluminista, afirmando que nos institutos fundamentais do direito se encontra uma disciplina universal (que tem sua justificação na universalidade da natureza humana); e assim inverte a clássica argumentação da Escola Histórica. Enquanto para a Escola Histórica, a codificação (tendendo a impor um direito universal) é algo de artificial e arbitrário, para Thibaut, ao contrário, as diversidades locais do direito não têm nada de natural, mas se devem unicamente ao arbítrio dos vários príncipes que impõem tais diversidades.

A inspiração iluminista de Thibaut se vê claramente nas últimas páginas do seu escrito, em que entra em polêmica contra a excessiva deferência com a tradição, afirmando que o homem não deve ser dominado por ela mas deve superá-la e renová-la, fechando esta sua peroração com a citação do lema: *sapere aude*. Estas palavras de Horácio foram celebrizadas pelos escritores mais audaciosos do iluminismo, que as consideraram como o grito de batalha do próprio iluminismo, adotando-as – em contraposição à advertência paulina *noli autem sapere, sed time* [Não tenha orgulho, tenha medo.] (Rom. 11, 20) – como referência e estímulo à coragem intelectual, como incitação a não se deixar amarrar pelas formas tradicionais do saber e a enfrentar todos os problemas com a própria razão.

Antes de Thibaut, este lema fora acolhido por Kant, o qual, em um escrito de 1784 intitulado "O que é o iluminismo?" (*Was ist Aufklärung?*), escreveu:

> *O iluminismo é a saída do homem do estado de menoridade, que ele deve imputar a si mesmo. Menoridade* é a incapacidade de valer-se do próprio intelecto sem a guia de outro. *Imputável* a si mesmo será esta menoridade, se sua causa não depender da falta de inteligência, mas da falta de decisão e coragem para usar o próprio intelecto sem ser guiado por outro. *Sapere aude*! Tem a coragem de te servires da *tua própria* inteligência! Este é o mote do iluminismo (KANT, *Scritti politici*, Utet, 1956, p. 141).

(A propósito do uso do lema *sapere aude* na cultura iluminista, houve recentemente um interessante debate na *Rivista storica italiana* entre dois professores da nossa Universidade, Franco Venturi e Luigi Firpo. Venturi encontrou este mote gravado em medalha cunhada em 1736 para o Círculo dos Aletófilos de Berlim; Firpo já o encontrou citado um século antes, por parte do francês Gassendi, filósofo epicurista, por meio do diário de seu amigo Sorbière, o qual afirma que Gassendi o citava para expressar a própria atitude filosófica).

CAPÍTULO 2 – AS ORIGENS DO POSITIVISMO JURÍDICO NA ALEMANHA | 73

Voltando ao escrito de Thibaut, seu aparecimento suscitou ampla discussão, levando a uma tomada de posição em sentido contrário por parte de Savigny, que no mesmo ano (1814) traz à luz seu opúsculo *Della vocazione del nostro tempo per la legislazione e la giurisprudenza* [Da vocação do nosso tempo para a legislação e a jurisprudência] (já citado no final da seção 13). Savigny nascera em 1779 e, quando publicara este escrito, já era conhecido como um dos maiores juristas alemães do seu tempo: em 1803 publicara o *Trattato sul possesso* [Tratado sobre a posse], uma das suas principais monografias, e em 1810 fora chamado para ensinar na Universidade de Berlim.

Neste seu pequeno livro (importante porque contém a primeira enunciação das teorias da Escola Histórica), o autor declara não ser contrário à codificação do direito por questão de princípio, mas só por causa do particular momento histórico em que então se encontrava a Alemanha: ele considerava que o próprio tempo não estava maduro para obra de tal importância. Para justificar esta sua posição, recorre a uma afirmação de Bacon, segundo a qual só se deve proceder à instauração de novo sistema jurídico em uma época cujo nível civil e cultural seja amplamente superior ao das épocas precedentes:

> *Optandum esset ut hujusmodi legum instauratio illis temporibus suscipiatur, quae antiquioribus, quorum acta et opera tractant, literis et rerum cognitione praestiterint [...]. Infelix namque res est, cum ex judicio et delectu aetatis minus prudentis et eruditae antiquorum opera mutilantur et recomponuntur.*[6] [Seria desejável que a reforma de tais leis fosse realizada em um momento que excedesse a erudição e o conhecimento universal dos antigos... É algo muito lamentável que as obras dos antigos sábios e eruditos sejam mutiladas e novamente reunidas pelo juízo de uma era menos prudente e erudita.]

Portanto, Savigny afirma que a Alemanha da sua época não se encontra em condições culturais particularmente felizes que tornem possível uma codificação, mas, ao contrário, passa por período de decadência sobretudo em termos de ciência jurídica.

---

6. Esta passagem de Bacon encontra-se no pequeno tratado *De Fontibus juris*, af. 64.

Se analisarmos um pouco mais a fundo o pensamento do autor, veremos, no entanto, que por trás da hostilidade em relação à codificação por motivos históricos, há real oposição de princípio: de fato, para que tal oposição não fosse absoluta, Savigny deveria indicar uma fase histórica favorável para uma obra de legislação geral; mas, segundo ele, tal época favorável não existe nunca. Efetivamente, não é oportuno proceder à codificação em época juridicamente primitiva – isto é, em que o direito está em vias de formação –, uma vez que, assim fazendo, bloquear-se-ia o natural processo de desenvolvimento e organização do direito. Na fase de maturidade do direito, quando ele passa das mãos dos sacerdotes ou do povo para as dos juristas laicos (isto é, dos cientistas do direito), em tal fase a codificação seria possível, mas não é nem necessária nem oportuna, porque os objetivos por ela perseguidos estão perfeitamente assegurados pelo direito científico (isto é, pelo direito elaborado pelos juristas ou *Juristenrecht*). Em uma época de declínio da civilização jurídica, por fim, a codificação é danosa porque cristaliza e perpetua um direito já decadente; assim, a compilação justiniana legou aos pósteros o direito romano não na sua pureza clássica, mas tal como estava a se corromper nos últimos séculos do Império.

Ora, segundo Savigny, também a Alemanha, no início do século XIX, encontrava-se em uma época de decadência da civilização jurídica; por isso, a codificação, em vez de remediar os males universalmente lamentados, os agravaria e perpetuaria. Em contraposição, para sanar o estado de coisas existente, era necessário, segundo o autor, promover vigorosamente o renascimento e o desenvolvimento do direito científico, isto é, da elaboração do direito por obra da ciência jurídica. Assim, com efeito, ele conclui sua obra, referindo-se aos propósitos de Thibaut:

> Quanto ao escopo, convergimos: queremos o fundamento de um direito induvidoso, seguro contra as usurpações do arbítrio e os assaltos da injustiça, um direito igualmente comum a toda a nação, bem como a concentração dos esforços científicos desta última. Para tal escopo desejam um Código, o qual, porém, só traria a ansiada unidade a uma metade da Alemanha; a outra metade restaria cada vez mais humilhada. Quanto a mim, vejo o verdadeiro caminho do meio *em uma ciência do direito organiza-*

da e progressiva, que possa ser comum a toda a nação (*Della vocazione...*, *op. cit.*, 201-202).

Para Savigny, as fontes do direito são substancialmente três: o direito popular, o direito científico, o direito legislativo. O primeiro é próprio das sociedades na sua formação; o segundo, das sociedades mais maduras; o terceiro, das sociedades em decadência. Ele considerava, portanto, que o único modo de superar a decadência jurídica consistia em promover um direito científico mais vigoroso por obra dos juristas, ao passo que o efeito mais seguro da codificação seria o de tornar ainda mais grave a crise da ciência jurídica na Alemanha.

CAPÍTULO 3

O Código Napoleônico e as origens do positivismo jurídico na França

Sumário: 16. O significado histórico do Código Napoleônico. A codificação justiniana e a napoleônica • 17. As concepções filosófico-jurídicas do iluminismo inspiradoras da codificação francesa. As declarações programáticas das Assembleias revolucionárias • 18. Os projetos de codificação de inspiração jusnaturalista: Cambacérès • 19. A elaboração e a aprovação do projeto definitivo: Portalis • 20. As relações entre o juiz e a lei segundo o art. 4º do Código Civil. O discurso preliminar de Portalis • 21. A Escola da Exegese: as causas históricas do seu advento • 22. A Escola da Exegese: seus maiores expoentes e suas características fundamentais.

16. O significado histórico do Código Napoleônico. A codificação justiniana e a napoleônica

Em 1804, na França, entrou em vigor o Código Napoleônico: trata-se de um acontecimento fundamental, que teve ampla repercussão e profunda influência no desenvolvimento do pensamento jurídico moderno e contemporâneo. Hoje estamos habituados a pensar o direito em termos de codificação, como se devesse necessariamente estar contido em um Código: trata-se de atitude mental particularmente enraizada no homem comum, e da qual os jovens que iniciam os estudos jurídicos devem tentar libertar-se. Com efeito, a ideia da codificação surgiu, por obra do pensamento iluminista, na segunda metade do século XVIII e se realizou no século XIX: portanto, há apenas dois séculos o direito tornou-se direito codificado. Por outra parte, não se trata de uma condição comum a todo o mundo e a todos os países civilizados: basta pensar que a codificação não existe nos países anglo-saxões. Na realidade, ela representa uma experiência jurídica dos últimos dois séculos típica da Europa continental.

Podemos dizer que duas são as codificações que tiveram influência fundamental no desenvolvimento da nossa civilização jurídica: a justiniana e a napoleônica. Na obra de Justiniano baseou-se a elaboração do direito comum romano no Medievo e na época sucessiva; o Código Napoleônico teve fundamental influência na legislação e no pensamento jurídico dos últimos dois séculos, porque os Códigos de muitos países foram modelados de acordo com ele: basta recordar a codificação belga e as várias codificações ocorridas na Itália. (No mesmo período em que surgiu o Código Napoleônico aconteceram também codificações em outros países, a saber, na Prússia e na Áustria: mas o Código prussiano – alguns anos anterior ao francês – não teve particular significado histórico, estando todo voltado para o passado; e também o Código austríaco – surgido em 1811 – tem importância secundária quanto à influência por ele exercida na legislação fora da Áustria.)

Embora tenhamos comparado a codificação justiniana à napoleônica, não se deve acreditar que tenham características idênticas. Só com a legislação napoleônica temos um Código em sentido estrito, tal como o entendemos hoje, isto é, um corpo de normas sistematicamente organizadas e deliberadamente elaboradas. Ao contrário, o *Corpus juris civilis* é uma compilação de leis precedentes: e mesmo o *Digesto* (uma das suas quatro partes) não é Código em sentido próprio, mas, antes, antologia jurídica, sendo constituído por trechos (ditos "fragmentos") dos principais jurisconsultos romanos, distribuídos por matéria e muitas vezes ligados entre si e adaptados às exigências da sociedade bizantina com o sistema das "interpolações" (isto é, acréscimos, modificações ou cortes feitos pelos compiladores).

Os franceses têm plena consciência do significado do seu Código e em 1904, por ocasião do centenário da promulgação, publicaram uma obra em dois volumes, intitulada *Le livre du centenaire* [O livro do centenário], para a qual contribuíram todos os maiores juristas da França e que celebra justamente a importância histórica da codificação napoleônica. Na introdução a esta publicação o historiador da Revolução Francesa, Albert Sorel, entoa um hino ao Código e a Napoleão, que tal Código propusera, considerando esta obra legislativa como a obra maior de Bonaparte (no mais, o próprio Napoleão costumava repetir que o Código era o que, da sua obra política, não iria perecer).

17. As concepções filosófico-jurídicas do iluminismo inspiradoras da codificação francesa. As declarações programáticas das Assembleias revolucionárias

Falando da polêmica sobre a codificação na Alemanha entre a Escola Filosófica e a Escola Histórica, vimos que a exigência da codificação nascia de concepção puramente iluminista, como demonstra o lema *sapere aude* citado por Thibaut. Também na França (e, aliás, com mais razão, sendo este país a pátria maior do Iluminismo) a ideia da codificação é fruto da cultura racionalista e se aqui ela pôde se tornar realidade é exatamente porque as ideias iluministas se encarnaram em forças histórico-políticas, produzindo a Revolução Francesa. De fato, exatamente durante o desenvolvimento desta (entre 1790 e 1800) é que a ideia de codificar o direito adquire consistência política.

Este projeto nasce da convicção de que possa existir um *legislador universal* (isto é, um legislador que dita leis válidas para todos os tempos e todos os lugares) e da exigência de realizar *um direito simples e unitário*. A *simplicidade* e a *unidade* do direito é o *leitmotiv*, a ideia básica, que guia os homens de lei que neste período se batem pela codificação: trata-se de exigência que na França era particularmente sentida (até chegar a extremos paroxísticos), porque a sociedade francesa não tinha um único ordenamento jurídico civil, penal e processual, mas uma multiplicidade de direitos territorialmente limitados. Em particular, ela estava dividida em duas partes: a setentrional, em que vigoravam os costumes locais (*droit coutumier*), e a meridional, em que vigorava o direito comum romano (*droit écrit*). Ora, a concepção racionalista considerava a multiplicidade e a complicação do direito como fruto do arbítrio da história: as velhas leis, portanto, deviam ser substituídas por um direito simples e unitário, tal como seria ditado pela *ciência da legislação*, uma nova ciência que, interrogando a natureza do homem, estabeleceria quais eram as leis universais e imutáveis que deveriam regular a conduta do homem. Efetivamente, os iluministas estavam convencidos de que o direito histórico, constituído por uma selva de normas complicadas e arbitrárias, fosse apenas uma espécie de direito "fenomênico", e de que, além dele, baseado na natureza das coisas cognoscível pela razão humana, existisse o verdadeiro direito: ora, a natureza profunda, a essência verdadeira da realidade, é simples, e suas leis são harmoniosa e unitariamente ligadas; por isto, também o direito, o verdadeiro direito baseado na natureza, podia e devia ser simples e unitário.

Esta concepção jurídica representa um aspecto daquela *volta à natureza*, daquele contraste entre natureza e história, que é típico do pensamento iluminista; tal atitude tem sua expressão mais peculiar em Rousseau, o qual, na sua primeira obra, *Discurso sobre a origem e os fundamentos da desigualdade entre os homens*[*], considerou a civilização e seus costumes como a causa da corrupção do homem, que é "naturalmente

---

[*]. Obra publicada pela Edipro em 2015. (N.E.)

bom". Inspirando-se exatamente nas concepções rousseaunianas e iluministas em geral, os juristas da Revolução Francesa propõem-se eliminar o emaranhado de normas jurídicas produzidas pelo desenvolvimento histórico e instaurar no seu lugar um direito baseado na natureza e adaptado às exigências humanas universais. Dissemos que, sendo, segundo estes juristas racionalistas, a natureza das coisas simples e unitária, também o direito devia ser tal: e é sobretudo na simplicidade que insistem, até transformar esta exigência em um autêntico mito. Seu lema é: "poucas leis". A multiplicidade das leis é fruto de corrupção.

Esta ideia (ou esta ilusão) da simplicidade revela-se claramente em inúmeros documentos da época revolucionária. Assim, por exemplo, Saint-Just (cujos apontamentos político-filosóficos – que deviam servir para realizar um estudo sobre as "instituições republicanas" – foram publicados há alguns anos pela editora Einaudi com o título *Frammenti delle istituzioni repubblicane* [Fragmentos das instituições republicanas]) escreve nestes seus *Fragmentos*:

> Leis extensas são calamidades públicas. A monarquia afogava-se nas leis; e, como todas as vontades e paixões dos senhores tornaram-se leis, não havia mais nenhum entendimento.
>
> São necessárias poucas leis. Onde há muitas delas, o povo é escravo [...]. Quem dá ao povo leis em demasia é tirano (*op. cit.*, p. 45).

A ideia da codificação breve, simples e unitária encontra-se em vários textos legislativos e projetos de lei do período revolucionário. Já na "Lei sobre o ordenamento judiciário", de 16 de agosto de 1790 (título II, art. 19), dispõe-se:

> As leis civis serão revistas e reformadas pelos legisladores e será feito um Código geral de leis simples, claras e adaptadas à Constituição.

O princípio da codificação seria em seguida expressamente consagrado na Constituição (aprovada pela Assembleia Constituinte) de 5 de setembro de 1791. Com efeito, no final do Título I (intitulado "Disposições fundamentais garantidas pela Constituição" e colocado depois da "Declaração dos direitos"), estabelece-se:

> Far-se-á um Código de leis civis comuns a todo o reino.

O mesmo princípio está contido no art. 85 (intitulado "Da justiça civil") da Constituição de 24 de junho de 1793 (a segunda das três principais Constituições da Revolução):

> O Código de leis civis e criminais é uniforme por toda a República.

A ideia de que, uma vez realizada a codificação, o direito se tornaria simples, claro e acessível a todos, foi expressa de modo particularmente vivo e significativo em debate de 1790 na Assembleia Constituinte para a instauração de *júris populares* (isto é, do instituto judiciário composto não por juízes togados, mas por simples cidadãos, os quais devem julgar questões de fato, especialmente nas causas penais; trata-se de instituição de inspiração democrática). Siéyès, para aduzir um argumento em favor de tal instituição, sustentou que, no dia em que se realizasse a codificação, o procedimento judiciário só consistiria em um *juízo de fato* (isto é, na apuração para saber se se verificaram os fatos previstos pela lei), porquanto o direito seria tão claro que a *quaestio juris* (isto é, a determinação da norma jurídica a aplicar no caso em exame) não apresentaria nenhuma dificuldade: todas as questões de direito que o juízo tradicionalmente comportava (e que requeriam a intervenção dos técnicos do direito) eram exclusivamente fruto da multiplicidade e da complicação irracional da leis. Portanto, quando fosse realizada a codificação – afirmava Siéyès –, qualquer cidadão poderia ser eleito membro do júri; nesta expectativa, ele propunha, no art. 84 de projeto de lei por ele apresentado (e que não foi jamais aprovado), que só pudessem ser eleitos como juízes populares especialistas em direito:

> No presente, e enquanto a França não estiver livre dos diferentes costumes que a dividem e um novo Código *completo* e *simples* não for promulgado para todo o reino, todos os cidadãos conhecidos com o nome de juristas (*gens de loi*) e atualmente empregados nesta qualidade serão de direito inscritos no registro dos que podem ser eleitos para os júris.

O art. 32 deste mesmo projeto repetia o princípio programático da codificação:

> Os legisladores sucessivos cuidarão de dar aos franceses novo Código uniforme de legislação e novo procedimento, reduzidos um e outro à sua mais perfeita simplicidade.

18. Os projetos de codificação de inspiração jusnaturalista: Cambacérès

Depois de examinar o clima filosófico e ideológico em que nasceu a ideia da codificação, vejamos agora como se realizou esta ideia após uma série de tentativas que não chegaram a resultados definitivos: neste estudo iremos perceber que o *Código Civil*, ao se realizar, afastou-se progressivamente da inspiração original, claramente iluminista e jusnaturalista, para se reaproximar decididamente, ao contrário, da tradição jurídica francesa do direito romano comum.

O projeto definitivo, aprovado em 1804, foi precedido de alguns outros projetos, nascidos no clima da Convenção e, portanto, com caráter nitidamente iluminista, os quais, porém, como se mencionou, jamais foram aprovados. O protagonista desta primeira fase da história da codificação francesa foi Cambacérès (1753-1824): tratava-se ao mesmo tempo de jurista e político sagaz, a ponto de ter sabido atravessar ileso toda a Revolução e conseguir posto eminente no período do Império. Foi inicialmente magistrado em Montpellier, em seguida advogado em Paris: aqui foi eleito membro da Convenção e, nesta condição, foi um dos "regicidas", isto é, participou da sessão da Convenção que decidiu a condenação à morte de Luís XVI. Mas, mesmo sendo radical, Cambacérès não era extremista fanático, tanto que se opôs a Robespierre: isso fez com que, ao cair este, não corresse nenhum perigo; permaneceu um pouco na sombra durante o Diretório; voltou, porém, rapidamente ao primeiro plano, já que, depois do golpe de Estado de Napoleão em 18 Brumário, foi nomeado segundo cônsul; e quando Napoleão, o primeiro cônsul, coroou-se Imperador, ele foi nomeado arquichanceler do Império. Cambacérès permaneceu fiel a Bonaparte inclusive durante os Cem Dias, desempenhando naquele curto período a função de presidente da Câmara dos Pares; esta fidelidade acarretou-lhe três anos de exílio depois da queda definitiva do Imperador (1815-1818), mas, em seguida, pôde retornar a Paris, onde viveu tranquilamente até a morte, ocorrida em 1824.

Durante a Convenção e o Diretório, Cambacérès apresentou, em menos de quatro anos, três projetos de Código Civil de inspiração jusnaturalista. Para ter ideia das concepções jurídicas deste personagem, lembraremos o que disse por ocasião do debate (já recordado na seção precedente) sobre a instituição dos júris populares. Ele assumiu posição bastante afim à de Siéyès, sustentando que, com a codificação, as questões de direito perderiam toda importância:

> Observareis, cidadãos, que uma das grandes objeções contra a medida que vos proponho é a impossibilidade de separar o fato do direito [...]. Pois bem, respondo que no futuro os processos quase nunca apresentarão pontos de direito a esclarecer e que a maior parte deles será encerrada por um relatório de especialistas ou uma prova testemunhal.

É também significativo o que Cambacérès afirmou em 4 de junho de 1793, por ocasião da apresentação de seu projeto de lei para a equiparação dos filhos naturais aos ilegítimos (tratava-se de proposta radicalmente inovadora em relação à tradição jurídica baseada no princípio da distinção entre filhos legítimos e filhos naturais; ela se inspirava, de fato, na concepção iluminista-revolucionária da família, fundamentada nos três princípios da igualdade dos cônjuges, da possibilidade de dissolver com simplicidade o matrimônio mediante o divórcio, e da comunidade patrimonial entre os próprios cônjuges). Naquele seu discurso ele afirmou:

> Existe uma lei superior a todas as outras, uma lei eterna, inalterável, própria a todos os povos, conveniente a todos os climas: a lei de natureza. Eis o Código das nações, que os séculos não puderam alterar nem os comentadores desfigurar. É só a ele que se deve consultar.

(Observemos como esta formulação tão explícita e intransigente ecoa a célebre definição ciceroniana do direito natural; e observe-se, na afirmação de que tal direito é "conveniente a todos os climas", a alfinetada polêmica contra Montesquieu, segundo o qual até as variações do clima têm influência determinante sobre os regimes políticos e as leis.)

Cambacérès apresentou seu primeiro projeto de Código Civil em agosto de 1793, declarando que se inspirava em três princípios fundamentais: reaproximação da natureza, unidade e simplicidade. Este projeto, que compreendia 719 artigos e se dividia em duas partes dedicadas, respectivamente, às *pessoas* e aos *bens*, estava inspirado na concepção individualista-liberal, de que pretendia garantir dois postulados essenciais: a igualdade de todos os cidadãos diante da lei e a liberdade pessoal (que, no campo do direito privado, significava, antes de mais nada, liberdade contratual, em contraste com as inúmeras limitações estabelecidas pelo regime corporativo e pelo *Ancien Régime* à livre troca comercial). Este projeto não andou muito adiante, seja porque nesse tempo à Convenção *majora premebant*, havendo questões bem mais candentes a discutir, seja porque não encontrou a simpatia dos deputados, que o consideravam muito pouco "filosófico" e demasiadamente "jurídico" (no sentido de fazer concessões excessivas às particularidades técnicas caras aos juristas), tanto é verdade que foi submetido ao exame de uma comissão de filósofos.

O segundo projeto foi apresentado por Cambacérès em 9 de setembro de 1794 (um mês e meio após a queda de Robespierre): este é um projeto menos técnico, mais simples (287 artigos), que o próprio autor qualifica como "Código de leis fundamentais" (no sentido de nele só estarem fixados os princípios essenciais em que se deveriam inspirar tanto os legisladores sucessivos quanto os juízes, para estabelecer a norma específica a ser aplicada ao caso em exame). Ao apresentar este projeto, seu autor afirma inspirar-se em três princípios fundamentais, correspondentes às três exigências que o homem tem na sociedade:

a) ser dono da própria pessoa;

b) ter bens para poder satisfazer as próprias necessidades;

c) poder dispor destes bens no interesse próprio e no da própria família.

A estes três princípios correspondem as três partes do projeto, dedicadas, respectivamente, às pessoas, aos direitos reais e às obrigações.

Também este projeto teve pouca fortuna: dele só se discutiram 10 artigos, depois do que o propositor mesmo se deu conta de que suscitara muita hostilidade e o abandonou.

O terceiro projeto foi apresentado pelo nosso personagem em 24 de junho de 1796, durante o Diretório, ao Conselho dos Quinhentos. Ele assinala um passo adiante (do ponto de vista de maior elaboração técnico-jurídica e maior aderência à experiência jurídica tradicional) ou, caso se prefira, um passo atrás (do ponto de vista do abandono dos princípios do jusnaturalismo racionalista): Cambacérès, de fato, percebera que a oposição dos juristas tradicionalistas (que, no clima moderado do Diretório, readquiriram voz no capítulo) tornava impossível a realização de um "Código de natureza", simples e unitário, tal como imaginara. Portanto, o projeto de 1796 apresenta, de um lado, maior elaboração técnica (compunha-se de 1.004 artigos) e, de outro, notável diluição das ideias jusnaturalistas.

Também este terceiro projeto não foi aprovado: todavia, teve maior importância histórica por ter sido o único entre os três projetos apresentados por Cambacérès que exerceu certa influência na elaboração do projeto definitivo do Código Civil (por mais que os membros da comissão preparatória tenham tentado colocar na sombra as relações do seu projeto com todos os precedentes).

Na pré-história do Código Napoleônico, resta por fim mencionar, a título de pura curiosidade, um quarto projeto, obra quase exclusivamente pessoal do juiz Jacqueminot, apresentado em 1799, mas que nem sequer foi discutido.

19. A elaboração e a aprovação do projeto definitivo: Portalis

O projeto definitivo do Código Civil foi obra de comissão instalada por Napoleão como primeiro cônsul, em 1800, e composta por quatro juristas: Tronchet, Maleville, Bigot-Préameneau e Portalis.

CAPÍTULO 3 – O CÓDIGO NAPOLEÔNICO E AS ORIGENS DO POSITIVISMO (...) | 87

O papel mais importante nesta comissão foi desempenhado por Portalis. Jean-Étienne-Marie Portalis (1746-1807) era também, como Cambacérès, homem de lei e político, mas, à diferença deste último, era liberal moderado: por causa das suas posições políticas foi preso sob Robespierre, enquanto durante o Diretório alcançou posição política de notável relevo; mas em 1797 foi acusado (ao que parece, injustamente) de manter contato com os emigrados políticos e, para fugir à condenação, esteve três anos no exílio (1797-1800); de volta à pátria, subiu mais uma vez à ribalta política e foi senador e ministro durante o Consulado e o Império.

No exílio, Portalis escreveu uma obra cujo título nos diz logo qual era sua orientação (e, indiretamente, qual foi a inspiração do Código Napoleônico): de fato, este escrito (que foi publicado postumamente pelos filhos do autor em 1820 e de que se fez, alguns decênios depois, uma tradução italiana) intitula-se *Dell'uso e dell'abuso dello spirito filosofico durante il secolo XVIII* [Do uso e do abuso do espírito filosófico durante o século XVIII]. O espírito filosófico, a que o autor se refere, é o espírito iluminista (os racionalistas, com efeito, no século XVIII eram considerados os "filósofos" por antonomásia): parte considerável desta obra está dedicada à refutação do pensamento kantiano (com o qual Portalis entrara em contato no exílio que transcorreu primeiro na Suíça, depois na Alemanha) e representa, pois, a primeira crítica de Kant do ponto de vista da mentalidade "latina" e, em particular, francesa. Neste seu escrito, Portalis acentua aquilo que, a seu ver, foi o abuso do espírito filosófico, isto é, a crítica indiscriminada conduzida pelo racionalismo contra toda a cultura passada, crítica que levou à destruição da tradição, ao ateísmo e ao materialismo, bem como à parte mais nefasta da Revolução Francesa (o autor tem páginas de condenação ao terror que antecipam os temas contrarrevolucionários caros aos escritores da Restauração).

Esta obra (embora seja particularmente infeliz pela sua extensão e pelo seu estilo pesado e verdadeiramente indigesto) tem certo significado na história das ideias, porque representa o ponto de passagem da filosofia iluminista da Revolução para aquela (de inspiração espiritualista-romântica) da Restauração: a atitude filosófica de Portalis pode ser considerada expressão do *espiritualismo eclético* que teve como maiores expoentes Victor Cousin e nosso Rosmini; Lavollée, seu biógrafo, compara-o com muita audácia a Chateubriand.

A comissão de redação do projeto de Código Civil elaborou um projeto submetido ao Conselho de Estado, em que foi discutido em memoráveis sessões muitas vezes presididas pelo próprio Napoleão (57 de um total de 102), o qual participou ativamente do exame das disposições do Código, demonstrando saber encontrar a solução para as controvérsias surgidas com maior agudeza e celeridade do que os juristas consumados que constituíam o Conselho (este é um dos temas mais caros à hagiografia napoleônica; mas talvez se possa recordar que a celeridade do primeiro cônsul em resolver as controvérsias jurídicas se devia não só à sua intuição fulgurante mas também ao fato de que sua palavra era lei). À medida que se aprovavam os vários títulos do projeto, eram promulgados como leis separadas (34 ao todo): estas foram reunidas em 1804 e promulgadas com o nome *Code civil des Français*; e só na segunda edição, de 1807, receberam o nome (com que nos foram legadas pela História) *Code Napoléon*.

O projeto definitivo abandonou resolutamente a concepção jusnaturalista (que nem Cambacérès, então membro do Conselho de Estado, defendeu mais): o último resíduo de jusnaturalismo, representado pelo art. 1º do Título I (cujo texto já foi referido na seção 14), foi eliminado depois de viva discussão no Conselho de Estado. O Código Napoleônico representa, na realidade, a expressão orgânica e sintética da tradição francesa do direito comum: em particular, ele foi elaborado com base no *Trattato di diritto civile* [Tratado de direito civil] de Pothier, o maior jurista francês do século XVIII. Esta derivação do Código francês a partir de Pothier foi esclarecida particularmente por Fenet, que, no seu estudo *Pothier e il Codice civile* [Pothier e o Código Civil], desenvolveu um exame dos trechos paralelos, demonstrando que as disposições do *Código* coincidem na maior parte dos casos com as soluções dadas por Pothier aos vários problemas jurídicos.

20. As relações entre o juiz e a lei segundo o art. 4º do Código Civil. O discurso preliminar de Portalis

A passagem dos projetos revolucionários para o redigido pela comissão napoleônica, para ser plenamente compreendida, deve ser enquadrada no seu contexto histórico, isto é, no desenvolvimento do movimento revolucionário desde sua fase culminante, nos anos da Convenção (1793-1794), à da sua conclusão, nos anos do Consulado (1800-1804). Os projetos inspirados nas ideias do jusnaturalismo racionalista representavam a Revolução no ponto culminante da parábola, quando ela pretendia fazer *tabula rasa* de todo o passado: o retorno à natureza, em que tais projetos se inspiravam, queria exatamente ser um desafio ao passado, à disciplina jurídica que o direito romano, a monarquia francesa e as outras instituições tradicionais vieram a criar ao longo dos séculos. Ao contrário, nas intenções da comissão napoleônica, o novo Código não deveria constituir um início, um ponto de partida absolutamente novo e exclusivo, mas antes um ponto de chegada e de partida ao mesmo tempo, uma síntese do passado que não deveria excluir a sobrevivência e a aplicação do direito precedente (costume e direito comum romano), pelo menos naqueles casos para os quais a nova legislação não estabelecesse alguma norma.

Se o Código Napoleônico foi considerado o início absoluto de nova tradição jurídica que sepultou completamente a precedente, isto se deveu aos primeiros intérpretes e não aos redatores do próprio Código: de fato, é àqueles, e não a estes, que se deve o acolhimento do princípio da onipotência do legislador, princípio que constitui, como já se disse muitas vezes, um dos dogmas fundamentais do positivismo jurídico (é precisamente por sua incidência no desenvolvimento desta doutrina jurídica que estamos nos ocupando da história do Código francês).

A diferente posição dos redatores e dos intérpretes do Código Napoleônico em relação ao dogma ora recordado se deduz do significado diferente que uns e outros atribuíram ao art. 4º do próprio Código (o único dos vários artigos de caráter geral contidos no projeto que foi mantido no texto legislativo). Este artigo dispõe:

> O juiz que se recusar a julgar sob pretexto de silêncio, obscuridade ou insuficiência da lei poderá ser processado como réu de denegação de justiça.

Este artigo, portanto, estabelece que o juiz deve em todo caso resolver a controvérsia que lhe for submetida, estando excluída a possibilidade de abster-se de decidir (o chamado juízo de *non liquet*), buscando argumento no fato de que a lei não oferece nenhuma *regula decidendi*. Em particular, dispõe sob três conceitos os casos que poderiam pôr o juiz em dificuldade:

a) *obscuridade* da lei: neste caso o juiz deve tornar clara, por meio de interpretação, a disposição legislativa que parece obscura;

b) *insuficiência* da lei, quando esta não resolve completamente um caso, deixando de considerar alguns de seus elementos: em tal caso, o juiz deve completar o disposto legislativo (*complementação* da lei);

c) *silêncio* da lei, quando esta cala sobre determinada questão (é este o caso típico das "lacunas", as quais, no mais, se verificam também no caso de insuficiência da lei): neste caso, o juiz deve *suprir* a lei, deduzindo de algum modo a regra para resolver a controvérsia em exame.

No caso de silêncio (e também de insuficiência) da lei, o problema fundamental é este: o juiz, que necessita de uma regra para suprir (ou complementar) a lei, deve buscar tal regra *dentro* do próprio sistema legislativo (recorrendo à aplicação analógica ou aos princípios gerais do ordenamento jurídico) ou *fora* dele, deduzindo-a de um juízo pessoal de equidade (o que significa: recorrendo a um sistema normativo – o moral ou o do direito natural – diferente do sistema do direito positivo)? Os modernos teóricos do direito chamam a primeira solução *autocomplementação* e a segunda *heterocomplementação* do ordenamento jurídico. A solução acolhida pelo positivismo jurídico em sentido estrito é a primeira: de fato, o dogma da onipotência do legislador implica que o juiz deve sempre encontrar a resposta para todos os problemas dentro da própria lei, uma vez que nela

CAPÍTULO 3 – O CÓDIGO NAPOLEÔNICO E AS ORIGENS DO POSITIVISMO (...)

estão contidos os princípios que, por meio da interpretação, permitem individualizar uma disciplina jurídica para todo e qualquer caso. Em outras palavras, o dogma da onipotência do legislador implica outro dogma estreitamente ligado ao primeiro, o da *completude do ordenamento jurídico*.

No entanto, a solução que os redatores do art. 4º tinham em vista era a segunda: deixar aberta a possibilidade de *livre criação do direito por parte do juiz*. Esta intenção fica claríssima no célebre discurso proferido por Portalis para apresentar o projeto de Código diante do Conselho de Estado, do qual damos aqui o resumo e os trechos mais relevantes para nosso tema.[7]

O orador afirma, entre outras coisas, que *não se trata de simplificar até reduzir as leis a poucos princípios gerais*, porquanto tal redução só se verifica nos Estados despóticos em que

[...] existem mais juízes e carrascos do que leis (*op. cit.*, p. 3).

(Observar-se-á como esta afirmação contrasta com os critérios inspiradores dos projetos que tinham sido apresentados na Convenção; e até o curioso raciocínio aduzido para sustentá-la representa a inversão daquele de Saint-Just que referimos na seção 17.)

Mas – continua Portalis – não se trata tampouco de estabelecer um Código que preveja todos os casos possíveis:

Faça-se seja o que for, as leis positivas jamais poderão substituir inteiramente o uso da razão natural nos assuntos da vida (*op. cit.*, p. 3).

E isto seja porque muitas particularidades escapam necessariamente ao legislador, seja porque, enquanto as leis não mudam, a vida social que devem regular está em contínuo desenvolvimento:

Uma grande quantidade de coisas, portanto, fica abandonada ao império do costume, à discussão dos homens cultos, ao arbítrio dos juízes (*op. cit.*, p. 3).

---

7. As citações foram extraídas de: "*Discours préliminaire du Premier Projet de Code Civil, présenté en l'an IX par MM. Portalis, Tronchet, Bigot-Préméneau et Maleville*", in *Recueil complet des discours prononcés lors de la présentation du Code civil par les divers orateurs du Conseil d'État et du Tribunal*, Paris, 1855, vol. I, p. 1-23.

Cabe ao juiz, pois, "penetrado pelo espírito geral das leis", decidir sobre os detalhes, aplicando os critérios estabelecidos pelas próprias leis: assim, em todas as nações civilizadas, ao lado do santuário das leis, forma-se um depósito de máximas, de decisões e de doutrina que constituem verdadeiro suplemento delas. Poderia parecer desejável que todas as matérias fossem reguladas pelas leis;

> [...] mas, à falta de um texto preciso sobre toda matéria, *um uso antigo, constante e bem estabelecido, uma série ininterrupta de decisões semelhantes, uma opinião ou uma máxima acolhida* fazem as vezes de lei. Quando não se está guiado por nada daquilo que está estabelecido ou conhecido, quando se trata de fato absolutamente novo, remonta-se aos princípios do *direito natural*. Porque, se a previdência dos legisladores é limitada, a natureza é infinita; ela se aplica a tudo o que pode afetar os homens (*op. cit.*, p. 4).

A complementação das leis deve ocorrer – prossegue Portalis –, recorrendo ao juízo de equidade, a propósito do qual afirma (polemizando com quem pretende que as decisões do juiz, não só em matéria penal, mas também civil, sejam sempre baseadas em lei, já que a equidade é subjetiva e, portanto, arbitrária):

> O arbítrio aparente da equidade ainda é melhor do que o tumulto das paixões (*op. cit.*, p. 5).

(O orador percebe a relatividade do juízo de equidade baseado em avaliação pessoal e subjetiva do juiz, mas considera perfeitamente preferível resolver uma controvérsia mediante a decisão de um juiz que age segundo critérios racionais do que deixá-la às reações emotivas das partes em conflito.)

Que a intenção dos redatores do art. 4º fosse a de deixar uma porta aberta ao poder criador do juiz fica claro com o teor do art. 9º do *Livro preliminar* do projeto (artigo que foi eliminado do texto definitivo por intervenção do Conselho de Estado):

> Nas matérias civis, o juiz, à falta de leis precisas, é guardião da equidade. A equidade é um retorno à lei natural e aos costumes acolhidos no silêncio da lei positiva.

(Observe-se como neste artigo, como, no mais, no discurso de Portalis, distingue-se o direito civil do penal; é só com referência ao primeiro que se admite o recurso a critérios diversos da norma positiva; o segundo deve estar baseado exclusivamente na lei, em homenagem ao princípio fundamental do pensamento jurídico iluminista-liberal *nullum crimen, nulla poena sine lege* [Não há crime nem pena sem lei (anterior que os defina).], princípio que visa a garantir a liberdade do indivíduo contra o arbítrio do poder estatal; em matéria penal, portanto, o caso de falta de norma positiva não se pode verificar, existindo a norma geral exclusiva pela qual tudo o que não é proibido pela lei é permitido.)

No seu discurso Portalis repete quase literalmente o conceito de equidade expresso no art. 9º ora citado (que verossimilmente ele mesmo redigira):

> Quando a lei é clara, deve-se segui-la; quando é obscura, devem-se aprofundar suas disposições. *Se falta a lei, deve-se consultar o costume ou a equidade. A equidade é o retorno à lei natural, no silêncio, na oposição ou na obscuridade das leis positivas* (op. cit., p. 5).

A *ratio* do art. 4º do Código Napoleônico, na intenção dos seus compiladores, era evitar os inconvenientes de uma prática judiciária instaurada durante a Revolução, pela qual os juízes, quando não dispunham de precisa norma legislativa, abstinham-se de decidir a causa e remetiam os autos ao poder legislativo para obter disposições a respeito: e isto em muitos casos era imposto pela própria lei revolucionária que queria levar até o extremo o princípio da separação dos poderes; em outros casos era sugerido ao juiz por critérios de prudência política, para evitar que, com a variação das relações de força entre os vários grupos revolucionários, ele fosse considerado responsável pela aplicação de uma lei promulgada por um grupo para combater outro.

Os redatores do Código Napoleônico quiseram eliminar este inconveniente, estabelecendo o art. 4º, que impunha ao juiz decidir em todo e qualquer caso, e o art. 9º, que indicava os critérios com base nos quais decidir no silêncio ou, fosse como fosse, na incerteza da lei. Eliminado o segundo artigo, o primeiro – considerado isoladamente e prescindindo dos motivos históricos que o sugeriram – foi entendido pelos primeiros intérpretes do Código de modo completamente diverso: a saber, ele foi interpretado no sentido de que se devia sempre deduzir da própria lei a norma para resolver qualquer controvérsia. Tal artigo, de fato, constituiu um dos argumentos mais frequentemente citados pelos juspositivistas para demonstrar que, do ponto de vista do legislador, a lei compreende a disciplina de todos os casos (isto é, para demonstrar a chamada *completude da lei*).

Neste modo de entender o art. 4º é que se baseou a escola dos intérpretes do Código Civil conhecida como "Escola da Exegese" (*École de l'Exégèse*); ela foi acusada de *fetichismo da lei*, porque considerava o Código Napoleônico como se tivesse sepultado todo o direito precedente e contivesse em si as normas para todos os possíveis casos futuros, e pretendia fundamentar a resolução de qualquer questão na intenção do legislador.

A esta nova escola se contrapôs, no final do século XIX, uma nova corrente, dita "Escola Científica do Direito", que criticou a fundo a precedente e, com ela, as concepções do positivismo jurídico.

21. A Escola da Exegese: as causas históricas do seu advento

Na realidade dos fatos, portanto, o art. 4º não desempenhou a função de válvula de segurança que garantisse o poder criador do direito por parte do juiz, como estava na intenção dos seus redatores e, em particular, de Portalis; inversamente, verificou-se aquele fenômeno histórico que Savigny, escrevendo *Della vocazione del nostro tempo per la legislazione e la giurisprudenza* [Da vocação do nosso tempo para a legislação e a jurisprudência], previra e temera caso se realizasse a codificação na Alemanha, isto é, a brusca interrupção do desenvolvimento da tradição jurídica e, sobretudo, da ciência jurídica, bem como a perda por parte desta última da sua capacidade criadora. Isto aconteceu efetivamente na França com a *Escola da Exegese*, cujo nome nos diz como se limitava a uma interpretação passiva do Código, enquanto a que a sucedeu, a *Escola Científica*, adotou este nome exatamente para sublinhar que se propunha uma autônoma elaboração de dados e conceitos jurídicos, cuja validade fosse independente do próprio Código.

Se buscarmos as causas que provocaram o advento da Escola da Exegese, parece-nos que poderemos agrupá-las em cinco pontos:

a) A primeira causa está representada pelo *fato mesmo da codificação*: de fato, ela serve como uma espécie de prontuário para resolver, se não todas, pelo menos as principais controvérsias. Como esclareceu Ehrlich na sua obra já citada *La logica dei giuristi* [A lógica dos juristas], os operadores do direito (juízes, administradores públicos, advogados) buscam sempre o caminho mais simples e mais curto para resolver dada questão: ora, é indiscutível que, existindo um Código, o caminho mais simples e mais curto consiste em buscar a solução no próprio Código, negligenciando as outras fontes de que se poderia extrair uma norma de decisão (costumes, precedentes judiciários, doutrina etc.), sendo estas mais complexas e difíceis de manejar do que o direito codificado.

b) Uma segunda razão está representada pela *mentalidade dos juristas* dominada pelo princípio de autoridade: o argumento fundamental que guia os operadores do direito no seu raciocínio jurídico é o *princípio de autoridade*, isto é, a vontade do legislador que estabeleceu a norma jurídica; pois bem, com a codificação, a vontade do legislador está expressa de modo seguro e completo, e para eles é suficiente ater-se à disposição da autoridade soberana. Esta mentalidade está expressa de modo paradigmático no parecer formulado pelo Tribunal de Apelação de Rouen a propósito do discurso preliminar de Portalis (de que falamos amplamente na seção precedente), discurso que fora distribuído junto com o texto do projeto de Código aos órgãos judiciários da França para ter sua avaliação.

> Este discurso parece conceder espaço demasiado para o juiz. Não há necessidade de recordar, de provocar, por assim dizer, as inter-

pretações, os comentadores, as jurisprudências locais. Estes flagelos destruidores da lei, que primeiro a enfraquecem, em seguida a minam pouco a pouco e terminam por usurpar-lhe os direitos, reaparecerão muito rapidamente. Pobre da época em que, como no passado, se buscará menos o que diz a lei, mais o que a ela se faz dizer! Em que a opinião de um homem [...] terá a mesma autoridade da lei! Em que um erro cometido por alguém, e sucessivamente adotado pelos demais, tornar-se-á a verdade! Em que uma série de preconceitos reunidos por compiladores, cegos ou servis, violentará a consciência dos juízes e sufocará a voz do legislador.[8]

c) Uma terceira causa, que pode considerar-se como a justificação jurídico-filosófica da fidelidade ao Código, está representada pela *doutrina da separação dos poderes* que constitui o fundamento ideológico da estrutura do Estado moderno (baseada na distribuição das competências, isto é, na atribuição das três funções estatais fundamentais – a legislativa, a executiva e a judiciária – a três distintos órgãos constitucionais): com base nesta teoria, o juiz não poderia criar o direito, de outro modo invadiria a esfera de competência do poder legislativo, mas deveria, segundo a imagem de Montesquieu, ser só a boca através da qual fala a lei (observe-se como esta imagem reaparece na expressão do Tribunal de Rouen, segundo a qual a referência a elementos normativos estranhos ao Código *sufocaria a voz do legislador*).

d) Outro fator de natureza também ideológica está representado pelo *princípio da certeza do direito*, segundo o qual os membros de uma sociedade só podem obter do direito um critério seguro de certeza conhecendo antecipadamente, com precisão, as consequências do seu comportamento. Ora, a certeza só é garantida quando há um corpo estável de leis e os que devem resolver as controvérsias baseiam-se nas normas nele contidas e não em outros critérios: em caso contrário, a decisão torna-se arbitrária e o cidadão não mais pode prever com segurança as consequências das próprias

---

8. R. Saleilles, "*Le code civil et la méthode historique*", in *Le livre du centenaire*, vol. I, p. 102.

ações (recordem-se as célebres palavras ditas a este propósito por Montesquieu e por Beccaria). A exigência da certeza do direito faz com que o juiz deva renunciar a toda e qualquer contribuição criadora na interpretação da lei, para limitar-se simplesmente a tornar explícito, por meio de procedimento lógico (silogismo), o que já está implicitamente estabelecido pela lei.

A influência do princípio da certeza do direito na interpretação puramente exegética das normas jurídicas codificadas evidencia-se claramente nos conceitos expressos por um filósofo do direito do século XIX (que foi professor na nossa Universidade), Matteo Pescatore, nos seus estudos sobre a *lógica do direito*.[9] Pescatore, tendo em altíssimo conceito o significado histórico da codificação, divide a história do direito em quatro épocas, a última das quais começa com a Revolução Francesa e é constituída, exatamente, pela fase do direito codificado.

> A codificação é uma verdadeira revolução na ciência da legislação: ela convoca a um só tempo todas as instituições jurídicas seculares e imemoriais a prestar contas de si mesmas; ela é o triunfo da razão jurídica natural (*op. cit.*, Prefácio, p. 6).

Pescatore, depois de repetir no texto da sua obra este conceito, assim define as relações entre codificação e ciência jurídica:

> A codificação [...] depura e estabelece nos ordenamentos civis o predomínio seguro da razão jurídica natural, armada de lógica, ajudada e protegida pela legalidade [...]. Não que a codificação destrua todos os elementos do passado que não empregue neste momento: não, ela só os põe à parte; mais tarde, a doutrina, a lógica do direito, a jurisprudência os reexaminarão pouco a pouco e serenamente, insuflarão nova vida e forma aos que não tiverem perdido toda e qualquer razão de ser, incorporando-os e coordenando-os no novo organismo (*op. cit.*, p. 231).

A codificação representa, assim, uma etapa, não uma interrupção no desenvolvimento do direito: tarefa da doutrina é utilizar a tradição jurídica, operando no interior da codificação, absorvendo tal tradição e

---

9. Matteo Pescatore, *La logica del diritto*, 2. ed., Turim, Utet, 1883.

incorporando-a ao sistema legislativo. Pescatore chama de *lógica do direito* a ciência jurídica exatamente por considerar que ela só tem uma tarefa puramente explicativa, e não criadora, só deve extrair consequências de pressupostos que não são assentados pela própria ciência, mas exclusivamente pelo legislador; só assim a doutrina jurídica pode garantir a certeza do direito. De fato, no capítulo VII da sua obra, intitulado *Della logica del diritto e del principio di legalità* [Da lógica do direito e do princípio da legalidade], depois de estabelecer a premissa pela qual

> [...] a forma do direito é uma regra certa; sua razão é aquele processo lógico que fixa um princípio e daí deduz todas as consequências (*op. cit.*, p. 64),

ele assim afirma:

> Desacompanhado desta forma, o direito perde, por assim dizer, toda consistência objetiva e desaparece. Os cidadãos não encontram uma norma igual para todos, uma norma segura para seus atos civis; as disposições subjetivas dos juízes, os erros, as opiniões preconcebidas (caso se elimine a *juris ratio*, a forma lógica do direito, a regra certa) tomam o lugar do direito mesmo. A inspiração torna-se arbítrio, e o arbítrio torna-se beneplácito e favor, sempre injusto na administração da justiça, mesmo quando não esteja torpemente viciado por corrupção. Foi o gênio da jurisprudência que introduziu a lógica do direito, e um admirável magistério impôs à justiça e à equidade a disciplina da razão jurídica (*op. cit.*, p. 65).

e) Último – mas não menos importante – motivo é de natureza política: está representado pelas *pressões exercidas pelo regime napoleônico* sobre os reorganizados institutos de ensino superior do direito (as velhas faculdades jurídicas das universidades foram substituídas pelas *escolas centrais* por obra da República, transformadas a seguir, sob o Império, em *escolas de direito* e postas sob o controle direto das autoridades políticas), a fim de que só se ensinasse o direito positivo e se deixassem de lado as teorias gerais do direito e as concepções jusnaturalistas (todas coisas inúteis ou perigosas aos olhos do governo napoleônico, que, não esqueçamos, era francamente autoritário). A influência exercida pelo poder político sobre o desenvolvimento das tendências positivistas está exemplarmente exemplificada pela mudança radical de orientação no próprio ensino realizada entre 1804 e 1805 por um jurista da época, Morand. Segundo nos é dito em discurso de homenagem póstuma,[10] este jurista (que tinha sido antes matemático) inicialmente ensinara, como titular de uma *cátedra de legislação* (que os próprios participantes não sabiam bem a que disciplina se referia), uma espécie de teoria geral do direito (por ele chamada *direito natural*) que pretendia identificar "o modelo ideal de todas as leis positivas" (BONNECASE, *op. cit.*, p. 19). Pois bem, apesar destes seus interesses claramente especulativos, entre 1804 e 1805, por ocasião da organização das escolas de direito, Morand "converteu-se à exegese" e foi nomeado professor de Código Civil na escola de Paris. Como explica Blondeau,

[...] a missão dos primeiros professores destas escolas era substituir o vago ensino criado pela lei de Brumário por um ensino positivo e prático. Todos ficaram demasiadamente impregnados desta missão; negligenciaram a filosofia e a história [...] (*op. cit.*, p. 21).

Este *novo curso* era fruto de precisas instruções vindas de cima, tanto é verdade que, como narra Blondeau,

[...] um substituto que, em Paris, respondia *ad interim* por uma cátedra de direito romano, tendo ousado abandonar os passos de Heineccius e falar aos seus alunos das classificações de Bentham e da história de Hugo, recebeu uma censura da autoridade superior e foi convidado a abster-se daí por diante das doutrinas alemãs (*op. cit.*, p. 21).

Podemos, então, concluir com Bonnecase:

Evidencia-se bem, a partir do discurso de Blondeau, que o governo imperial praticamente ordenou a exegese, tendo as faculdades de direito por primeiro objetivo lutar contra as tendências filosóficas que se manifestaram, aliás pobremente na maior parte do tempo, no curso de legislação das escolas centrais (*op. cit.*, p. 19).

---

10. Trata-se da cerimônia realizada em 1839 por Blondeau, decano da Faculdade de Direito de Paris, citada por Julien Bonnecase, *L'école de l'exégèse en droit civil*, Paris, 1924, nota 1, p. 18-22, de que extraí as informações e as teses em torno da Escola da Exegese, no restante desta seção.

O espírito e o método da Escola da Exegese estão expressos em uma afirmação que se atribui a um expoente secundário de tal escola, Bugnet, o qual teria declarado:

> Eu não conheço o Direito Civil, eu ensino o Código Napoleônico (BONNECASE, *op. cit.*, p. 29-30).

Os alunos assim descrevem o modo como Bugnet concebeu e praticou a exegese no seu ensino:

> Partidário do método analítico, comentava o Código na sua ordem. Tomava cada artigo, lia-o atentamente, dissecava-o, para usar sua expressão original, destacava cada palavra essencial; em seguida, para eliminar da teoria o tanto de abstração que possuía, [...] dava o exemplo vivo, animado, atraente (BONNECASE, *op. cit.*, nota 1, p. 30-31).

22. A Escola da Exegese: seus maiores expoentes e suas características fundamentais

A Escola da Exegese deve o nome à técnica adotada pelos seus primeiros expoentes no estudo e na exposição do Código Napoleônico, técnica que consiste em adotar na análise científica o mesmo sistema de distribuição da matéria seguido pelo legislador e, na realidade, reduzir tal análise a comentário, artigo por artigo, do próprio Código.

A interpretação exegética, no mais, é sempre o primeiro momento com que se inicia a elaboração científica de um direito que tenha sido codificado *ex novo* pelo legislador (veja-se, por exemplo, a Escola dos Glosadores, que constituiu na Idade Média a primeira fase do desenvolvimento do direito comum baseado na compilação justinianea).

Há um episódio característico que mostra o quanto estava enraizada a interpretação exegética na mentalidade dos juristas franceses da primeira metade do século XIX: o primeiro estudo do Código Napoleônico em que se abandonou a ordem legislativa para seguir outra diferente, estabelecida segundo critérios científicos, deve-se a um alemão, Karl S. Zachariae (homem de imensa cultura e de interesses multiformes, que iam da filosofia – foi inicialmente um kantiano de estrita observância – até a história e o direito; seu interesse pelo Código se explica por ter este se difundido muito na Alemanha devido à influência exercida pela ocupação napoleônica); pois bem, quando o *Trattato sul diritto civile francese* [Tratado sobre o direito civil francês], de Zachariae (uma das melhores obras sobre o tema, por reconhecimento dos próprios franceses), foi traduzido pela primeira vez em francês (como veremos, houve também uma segunda e mais importante tradução), os tradutores (Massé e Vergé), para adequar a obra às concepções predominantes na França, abandonaram a ordem sistemática e voltaram à do Código.

A história da Escola da Exegese (para cujo conhecimento são fundamentais a obra já citada de Bonnecase e a monografia *"Les interprètes du Code civil"*, de Charmont e Chausse, contida no *Livre du centenaire*, vol. I) pode ser dividida, segundo Bonnecase em três períodos: o início (de 1804 a 1830); o apogeu (de 1830 a 1880); o declínio (a partir de 1880, até o final do século XIX). Os maiores expoentes desta escola, cujas obras aparecem precisamente durante a segunda fase da sua história, são:

– Alexandre Duranton (que foi professor em Paris), cuja obra fundamental é o *Cours de droit français suivant le Code Civil* [Curso de direito francês segundo o Código Civil], em 21 volumes, publicados entre 1825 e 1837.

– Charles Aubry e Frédéric Charles Rau (professores da Universidade de Estrasburgo), um binômio indissolúvel, cuja obra-prima é o *Cours de droit civil français* [Curso de direito civil francês], em 5 volumes, publicados na sua primeira edição entre 1838 e 1844. Esta obra suscitou muitas polêmicas acerca da sua originalidade e das suas relações com o *Trattato* [Tratado] de Zachariae, porque nas suas duas primeiras edições foi apresentada como tradução deste último: na realidade, nas sucessivas edições, foi aos poucos radicalmente reelaborada pelos dois autores franceses, de modo a constituir obra autônoma e original.

- Jean Ch. F. Demolombe, cujo *Cours de Code Napoléon* [Curso de Código Napoleônico] em 31 volumes, publicados entre 1845 e 1876, gozou no seu tempo de fama extraordinária.
- E, por fim, Troplong, autor de *Il diritto civile spiegato seguendo l'ordine degli articoli del Codice* [O direito civil explicado segundo a ordem dos artigos do Código], obra em 27 volumes, publicada a partir de 1833; ele é considerado "o filósofo", isto é, o teórico da Escola da Exegese.

As características fundamentais da Escola da Exegese (como se deduzem sobretudo dos Prefácios das obras dos seus maiores expoentes e da análise dos problemas de particular interesse teórico, tais como o das fontes, o do método de interpretação etc.) podem, seguindo a análise de Bonnecase, ser fixadas em cinco pontos:

a) *Inversão das relações tradicionais entre direito natural e direito positivo*: diante da bimilenar tradição cultural de juristas, filósofos, teólogos relativa ao direito natural, os expoentes da Escola Exegética sentem-se um tanto intimidados e não ousam negar *sic et simpliciter* tal direito, mas desvalorizam sua importância e significado prático, reduzindo-o a noção privada de interesse para o jurista. Assim, por exemplo, Aubry e Rau, mesmo sem negar "a existência de certos princípios absolutos e imutáveis, anteriores e superiores a toda legislação positiva", afirmaram, no entanto, que "o direito natural não constitui um corpo completo de preceitos absolutos e imutáveis", uma vez que tais princípios absolutos são muito vagos e só podem ser determinados pelo direito positivo, ao qual exclusivamente deve dirigir-se o jurista; o lema de Aubry era, com efeito: "toda a lei [...], mas nada além da lei" (BONNECASE, *op. cit.*, p. 161). Particularmente característica é a opinião de Demolombe, segundo o qual, apesar de existir o direito natural distinto do positivo, ele será irrelevante para o jurista enquanto não estiver incorporado à lei:

> O jurisconsulto não deve aferrar-se a um modelo mais ou menos perfeito, a um tipo mais ou menos ideal; [...] o direito natural, para ele, nem sempre é o melhor ou o mais excelente, mas sim o direi-

to natural possível, praticável, realizável, aquele sobretudo que se conforma e se assimila melhor ao espírito, aos princípios e às tendências gerais da legislação escrita; eis por que penso ser sempre nesta mesma legislação que se deve buscar, direta ou indiretamente, todas as regras das soluções jurídicas (BONNECASE, *op. cit.*, nota 1, p. 170).

Demolombe, pois, opera inversão tipicamente positivista das relações entre direito natural e direito positivo: em vez de medir a validade do direito positivo com base na sua conformidade com o natural, afirma que este último só é relevante quando consagrado pelo primeiro. Esta inversão leva, sem dúvida, a uma formulação logicamente contraditória, quando o autor diz que o direito natural não é necessariamente o direito melhor, dado que a definição mesma de direito natural comporta a ideia da sua excelência e da sua superioridade em relação ao positivo.

A Escola da Exegese refuta a concepção tradicional das relações entre direito natural e direito positivo também quanto a outro problema, o da possibilidade de aplicar subsidiariamente o direito natural em caso de lacunas no direito positivo. Segundo a interpretação a ele dada por Portalis no seu discurso preliminar (ver a seção 20), o art. 4º do Código Napoleônico admitia tal função subsidiária do direito natural; mas a Escola da Exegese altera a interpretação deste artigo, afirmando que com base nele o juiz deve basear-se unicamente na lei para resolver qualquer controvérsia. Assim, Demolombe escreve:

> Parece-me que também em matéria civil, se o sujeito só invoca, em apoio à sua pretensão, uma pura regra de direito natural, não sancionada sequer indireta ou implicitamente pela lei, o juiz não deverá conceder-lhe o benefício das suas conclusões [isto é, não deverá acolher suas demandas];

e, depois de mencionar alguns aspectos da interpretação do art. 4º, o autor conclui que, com base nele,

> [...] o juiz não pode legalmente pretender que a lei não lhe dê os meios para resolver a causa que lhe foi submetida (BONNECASE, *op. cit.*, p. 168).

A interpretação do art. 4º dada por Demolombe leva, portanto, a afirmar o princípio da completude da lei.

b) Uma segunda característica é representada pela *concepção rigidamente estatal do direito*, segundo a qual jurídicas são exclusivamente as normas estabelecidas pelo Estado ou, de um modo ou de outro, passíveis de reconhecimento por parte deste: tal concepção implica *o princípio da onipotência do legislador*, de que tantas vezes já falamos; este princípio não coincide com a genérica negação do direito natural, porque importa também a negação de todo tipo de direito positivo diferente daquele estatuído pela lei, como o direito consuetudinário, o direito judiciário e, sobretudo, o direito científico. As seguintes afirmações de Mourlon podem ser consideradas uma *summa* das concepções do juspositivismo francês sobre o problema das fontes do direito:

> Para o jurisconsulto, para o advogado, para o juiz, um só direito existe, o direito positivo [...]. Define-se assim: *conjunto das leis que o legislador promulgou* para regular as relações dos homens entre si [...]. As leis naturais ou morais não são, com efeito, obrigatórias a não ser quando sancionadas pela lei escrita [...]. Unicamente ao legislador cabe o direito de determinar, entre as regras tão numerosas e às vezes tão controversas do direito natural, as que são também obrigatórias [...]. *Dura lex, sed lex; um bom magistrado humilha sua razão diante daquela da lei*: porque ele é instituído para julgar segundo a lei e não para julgá-la. Nada está acima da lei e eludir suas disposições sob o pretexto de que a equidade natural a contraria não é mais do que prevaricar. Em jurisprudência não existe, não pode existir razão mais razoável, equidade mais equitativa do que a razão ou a equidade da lei (BONNECASE, *op. cit.*, p. 150).

Portanto, está claro que, segundo a Escola da Exegese, a lei não deve ser interpretada segundo a razão e os critérios valorativos de quem deve aplicá-la, mas, ao contrário, este deve submeter-se completamente à razão expressa na própria lei; neste sentido, um expoente de tal escola, D'Argentré, sentenciava:

Stulta sapientia quae vult lege sapientior esse [É ignara a sabedoria que pretende ser mais sábia que a lei.](BONNECASE, *op. cit.*, p. 151).

c) Desta atitude diante da lei nasce uma terceira característica do positivismo jurídico francês: *a interpretação da lei baseada na intenção do legislador*. Trata-se de concepção da interpretação que tem grande importância na história e na prática da jurisprudência, sendo seguida até nossos dias. Ela é perfeitamente coerente com os postulados fundamentais da Escola da Exegese: se o único direito é aquele contido na lei, entendida como manifestação escrita da vontade do Estado, então se torna natural conceber a interpretação do direito como *a busca da vontade do legislador* nos casos (obscuridade ou lacuna da lei) em que ela não se depreende imediatamente do próprio texto legislativo, e todas as técnicas hermenêuticas – estudo dos trabalhos preparatórios, das finalidades pelas quais a lei foi promulgada, da linguagem legislativa, das relações lógico-sistemáticas entre dada disposição legislativa e outras disposições etc. – são utilizadas para conseguir este objetivo. Distingue-se a vontade do legislador em *vontade real* e *vontade suposta*: investiga-se a vontade real do legislador no caso em que a lei disciplina efetivamente dada relação, mas o teor de tal disciplina não fica claro a partir do texto legislativo (então se busca, com investigações de caráter essencialmente histórico, o que o autor da lei pretendia efetivamente dizer); ao contrário, investiga-se a vontade suposta do legislador (o que se torna em última análise ficção jurídica) quando o legislador deixou de regular dada relação (lacuna da lei); então, recorrendo à analogia e aos princípios gerais do direito, busca-se estabelecer qual seria a vontade do legislador se houvesse previsto o caso em questão.

À interpretação baseada na vontade do legislador se contrapõe, no final do século XIX, àquela baseada na *vontade da lei*: enquanto o primeiro método se baseia em uma concepção *subjetiva* da vontade da lei (entendida como vontade do legislador que historicamente a estabeleceu), o segundo se baseia em uma concepção *objetiva* da vontade da lei (entendida como o conteúdo normativo que a lei tem em si mesma, a prescindir das intenções dos seus autores); enquanto o primeiro método associa a interpretação da lei ao momento da sua promulgação e, portanto, comporta uma interpretação *estática* e *conservadora*, o segundo método desvincula a interpretação da lei do contexto em que surgiu e permite uma interpretação *progressiva* ou *evolutiva*, isto é, uma interpretação que leva em conta a mudança das condições histórico-sociais.

d) A identificação do direito com a lei escrita importa como quarta característica o *culto ao texto da lei*, pelo qual o intérprete deve estar rigorosamente – e, podemos bem dizer, religiosamente – subordinado às disposições dos artigos do Código. Esta exposição está expressa exemplarmente nas seguintes palavras de Demolombe:

> Assim, meu lema, minha profissão de fé é: *os textos acima de tudo*! Eu publico um *Curso de Código Napoleônico*; tenho por objetivo, pois, interpretar, explicar o Código Napoleônico mesmo, considerado como lei viva, como lei aplicável e obrigatória, e minha preferência pelo método dogmático não me impedirá de tomar sempre como base os próprios artigos da lei (BONNECASE, *op. cit.*, p. 129).

e) A última característica da Escola da Exegese que devemos salientar é *o respeito ao princípio de autoridade*. A tentativa de demonstrar a justeza ou a verdade de uma proposição apelando à afirmação de um personagem cuja palavra não pode ser posta em discussão é permanente e geral na história das ideias: basta recordar o *ipse dixit*, isto é, o apelo ao ensinamento de Aristóteles (o Filósofo por excelência), com que até o limiar da época moderna se pretendia resolver qualquer questão científica ou filosófica. No pensamento científico e filosófico moderno o princípio de autoridade foi completamente abandonado: não teria sentido, hoje, apelar à palavra de um mestre (por maiores que sejam seus méritos) para demonstrar a validade de uma proposição.

No entanto, o recurso ao princípio de autoridade ainda é comumente praticado no campo do direito e, antes, tal princípio é da máxima importância para compreender a mentalidade e o comportamento jurídicos. Tal recurso não se deve a mau vezo dos juristas (isto é, ao fato de que o pensamento jurídico tenha permanecido em fase pré-científica), mas à natureza mesma do direito, que é uma técnica de organização social encarregada de estabelecer, de modo vinculante para todos os membros de uma sociedade, o que é lícito e o que não é lícito: se os juristas tivessem de proceder exclusivamente com base em afirmações racional ou empiricamente verificáveis, não poderiam cumprir sua função, uma vez que nem sempre seria possível chegar a juízo unânime sobre o que é lícito e o que não é lícito. Por isso, torna-se necessário atribuir a alguma pessoa o poder de estabelecer o que é justo e o que é injusto, de modo que sua decisão não possa ser posta em discussão e, como consequência, os juristas tenham um seguro *ubi consistam* no seu raciocínio: este personagem é, exatamente, o legislador.

Ora, na Escola da Exegese o recurso ao princípio de autoridade é particularmente pronunciado não só pelo absoluto respeito que seus expoentes têm pela lei, mas também pela grande autoridade de que gozaram alguns dos primeiros comentadores do Código, cujas afirmações foram acolhidas pelos juristas sucessivos como se também fossem dogmas.

CAPÍTULO 4

As origens do positivismo jurídico na Inglaterra: Bentham e Austin

Sumário: 23. Bentham: notas biográficas. A inspiração iluminista da sua ética utilitarista • 24. Bentham: a crítica à *common law* e a teoria da codificação • 25. Austin: a tentativa de mediação entre a Escola Histórica alemã e o utilitarismo inglês • 26. Austin: sua concepção do direito positivo • 27. Austin: a distinção entre direito legislativo e direito judiciário; a crítica ao direito judiciário • 28. Austin: o problema da codificação.

23. Bentham: notas biográficas. A inspiração iluminista da sua ética utilitarista

Depois de comentar os mais significativos movimentos filosófico-jurídicos na Alemanha e na França, concluamos com este capítulo nosso giro de horizonte sobre as origens do positivismo jurídico, examinando a contribuição que para o surgimento desta doutrina deu a Inglaterra.

Observemos o curioso destino da ideia da codificação: na Alemanha não se realizou (no período histórico por nós examinado), porque os juristas que a ela eram contrários (sobretudo Savigny, que poderíamos chamar de teórico da anticodificação) conseguiram fazer prevalecer seu ponto de vista; na França houve a codificação, sem que tenha havido teoria da codificação (os juristas da Revolução propugnaram, de fato, a codificação, sem, no entanto, teorizá-la; e Montesquieu, o maior filósofo do direito do iluminismo francês, não pode certamente ser considerado teórico da codificação); na Inglaterra, ao contrário, onde já no século XVII surgiu o maior teórico da onipotência do legislador (Thomas Hobbes), não houve a codificação, mas elaborou-se a mais ampla teoria da codificação, que foi a de Jeremy Bentham, chamado precisamente de "Newton da legislação".

O pensamento de Bentham teve enorme influência em todo o mundo civilizado: na Europa, na América, até na Índia, mas não da mesma forma na Inglaterra. Na realidade, o destino histórico-cultural deste autor é menos estranho do que pode parecer: se não obteve favor na Inglaterra, isto se deve ao fato de que algumas influências que sofreu não eram inglesas, mas continentais, sobretudo francesas. De fato, seu pensamento insere-se na corrente do iluminismo. Ele sofreu, entre outros, a influência de um nosso pensador, Beccaria, como demonstra não só sua ideia da soberania da lei e da subordinação a ela por parte do juiz (que tinha sido efetivamente teorizada por Beccaria – cf. seção 9), mas o próprio postulado fundamental do seu utilitarismo, que expressava com a fórmula *a maior felicidade do maior número*, fórmula que repete quase literalmente a de Beccaria, *a maior felicidade dividida pelo maior número*.

Esta inspiração iluminista do pensamento de Bentham pode parecer em questão por causa da sua aberta oposição ao jusnaturalismo, doutrina tipicamente iluminista. Na realidade, ele era contrário a esta doutrina só porque se mostrava inconciliável com seu empirismo, estando enraizada na metafísica, baseada em um conceito – o da *natureza humana* – não suscetível de conhecimento experimental. Mas ele tem em comum com os filósofos racionalistas a ideia fundamental de que nasce o jusnaturalismo: a convicção da possibilidade de estabelecer uma *ética objetiva*, isto é, uma ética fundamentada em princípio objetivamente estabelecido e cientificamente verificado do qual se podem extrair todas as regras para o comportamento humano, que passam assim a ter o mesmo valor das leis descobertas pelas ciências matemáticas e naturais (ao passo que os partidários da *ética subjetiva* consideram que os critérios com base nos quais se formulam os juízos de valor estão fundados exclusivamente no próprio sujeito judicante e não podem ser referidos a um princípio objetivamente verificável). A diferença entre Bentham e os jusnaturalistas consiste só em que ele situa este princípio fundamental e objetivo não na natureza do homem, mas no fato empiricamente verificável de que *todo homem persegue a própria utilidade*: a ética torna-se, assim, o conjunto das regras segundo as quais o homem pode conseguir do melhor modo o próprio benefício.

Toda a obra de Bentham orienta-se pela convicção de que seja possível estabelecer uma ética objetiva: é exatamente esta convicção que justifica sua fé no legislador universal, isto é, na possibilidade de estatuir leis racionais válidas para todos os homens; e esta também é ideia tipicamente iluminista (um racionalista francês, Helvetius, afirmava que as leis podem ser deduzidas de princípios certos, como os da geometria). O parentesco espiritual de Bentham com o pensamento jurídico dos iluministas franceses é claramente evidenciado por estas suas afirmações, que indicam como qualidades essenciais da lei a *clareza* e a *brevidade*, as mesmas qualidades nas quais insistiram os redatores franceses nos primeiros projetos de codificação (cf. seções 17 e 18):

> O escopo das leis é dirigir a conduta dos cidadãos. Duas coisas são necessárias para a realização deste fim: 1) que a lei seja clara, isto é, que faça nascer na mente uma ideia que represente exatamente a vontade do legislador; 2) que a lei seja concisa, a fim de que se fixe facilmente na memória. Clareza e brevidade: eis as duas qualidades essenciais (*Traités de législation civile et pénale*, 1802, cap. XXXIII).

A atitude iluminista de Bentham também é realçada pela sua atitude diante da Revolução Francesa: de fato, ele pertence ao restrito grupo de intelectuais progressistas ingleses que (em contraste com a hostilidade geral que os acontecimentos da França suscitaram na Inglaterra; basta recordar a posição assumida por Burke – cf. seção 12) simpatizaram com a primeira fase da Revolução, quando parecia que se limitaria a introduzir na França o sistema constitucional próprio da Grã-Bretanha (mas diante dos desdobramentos sucessivos – regicídio, proclamação da república etc. – também estes intelectuais, Bentham inclusive, mudaram de posição). Em 1791, nosso autor escreveu para seus amigos da Assembleia Nacional um *Saggio di tattica politica* [Ensaio de tática política] com o fito de comunicar aos franceses os resultados da experiência inglesa em termos de política constitucional; no mesmo ano, enviou à Assembleia Francesa um projeto de prisão moderna que permitiria vigiar simultaneamente todos os detidos a partir de um ponto de vista estratégico (e como Bentham tinha, além da mania das invenções de caráter social, também a de cunhar novos termos – atribui-se-lhe a introdução na língua inglesa dos termos *codification* e *international* –, este projeto foi por ele batizado *Panopticon*). Ao mesmo tempo, criticava a *Declaração dos direitos do homem e do cidadão* (porque se referia às concepções do direito natural), bem como o projeto apresentado à Assembleia Nacional para a reorganização do poder judiciário.

Em agosto de 1792 a Assembleia Legislativa concedeu a cidadania francesa a alguns intelectuais ingleses simpatizantes da Revolução, entre os quais Bentham, que, no entanto, acolheu tal honra com frieza porque naquele momento seu entusiasmo pelo movimento revolucionário já se extinguira.

Bentham viveu de 1748 até 1832: tinha caráter um tanto misantropo, vivia sempre fechado nos seus pensamentos e nos seus estudos, cultivava pouco as relações sociais e tinha escassa experiência da vida real; o maior estudioso inglês do utilitarismo, Stephen, diz que ele era "o mais sem prática (*unpractical*) dos filósofos que se ocuparam de coisas práticas". É difícil indicar as obras principais de Bentham porque ele, que escrevia a jato e continuamente, jamais se preocupou em publicá-las, de modo que circulavam como manuscritos entre seus amigos e discípulos. Foi exatamente um destes, o suíço Dumont, relacionado com nosso filósofo desde 1778, que cuidou da sua publicação, difundindo-as na Europa em língua francesa. Particular importância tiveram os *Traités de législation civile et pénale* (que recolhem os principais estudos benthamianos de filosofia do direito) publicados em 1802 e, numa segunda edição, em 1823. Finalmente, outro discípulo, o inglês Bowing, utilizando diretamente os manuscritos, publicou todas as obras de Bentham em 11 volumes entre 1838 e 1843. Ao contrário, poucos são os escritos de Bentham publicados logo após sua redação e, entre eles, devem-se recordar particularmente: *Fragment on Government* [Fragmento sobre o governo], de 1776; *Defence of Usury* [Defesa da usura], de 1787; e *Introduction to Principles of Morals and Legislation* [*Introdução aos princípios da moral e da legislação*], de 1798. Nesta última já está contido em grande parte o pensamento benthamiano, salvo o que se refere ao problema da codificação.

As concepções de Bentham a propósito da codificação só amadureceram completamente por volta de 1811, após longo período de gestação que pode dividir-se em três fases.

Em um primeiro momento ele se propõe uma reforma e uma reorganização sistemática do direito inglês nos seus vários ramos. O direito inglês era – e ainda é – um direito não codificado, cujo desenvolvimento se confiava essencialmente à obra dos juízes; em outras palavras, não se baseava em leis gerais, mas em "casos", segundo o sistema do precedente obrigatório: era, pois, radicalmente assistemático por não apresentar uma linha uniforme de desenvolvimento legislativo, mas, antes, uma pluralidade de linhas de desenvolvimento judiciário, cada uma das quais em certo ponto se interrompia para ser substituída por outra, havendo sempre a possibilidade de se retomar aquela anteriormente abandonada. Esta situação mostrava-se intoleravelmente caótica para a mente de um pensador racionalista como Bentham, o qual, depois de realizar os estudos jurídicos e seguir a carreira forense, abandonou a atividade prática (até porque estava desgostoso com o baixo nível moral dos advogados) para dedicar-se inteiramente ao estudo dos problemas fundamentais relativos à reforma legislativa. No início desta seção comparamos Bentham a Hobbes. Tal como Hobbes, no século XVII, sustentara suas convicções em favor da produção legislativa do direito contra um jurista, Coke, defensor da *common law*, Bentham, da mesma forma, desenvolve sua crítica em relação a esta última entrando em polêmica contra o maior estudioso do seu tempo do direito inglês, Blackstone, que fora seu mestre nos estudos universitários e, em 1765, publicara *Commentari sul diritto comune inglese* [Comentários sobre o direito comum inglês], em que o sistema da *common law* era considerado, com grande otimismo, como perfeito porque se baseava no direito natural e o realizava completamente.

Na segunda fase, Bentham projeta uma espécie de Digesto do direito inglês que deveria conter, sistematicamente expostas, as regras de direito que constituem os princípios fundamentais do ordenamento jurídico inglês.

Por fim, na terceira fase (a partir de 1811), projeta uma radical reforma do direito mediante codificação completa que deveria sistematizar toda a matéria jurídica em três partes: direito civil, direito penal e direito constitucional. Entre os projetos de codificação elaborados, particularmente importante é, além daquele do Código Penal, o do Código Constitucional, que contém os princípios em que se inspirarão as constituições democrático-liberais do século XIX. Politicamente, Bentham pode ser considerado o mestre do radicalismo democrático do século XIX.

A codificação projetada por Bentham (e que ele batizou inicialmente como *Pandikaion* e em um segundo momento como *Pannomion*) deveria ser verdadeiramente universal, no sentido de deveria servir não só ao seu país, mas a todo o mundo civilizado. Com efeito, ele tentou, na verdade sem êxito, realizar seus projetos de reforma entrando em contato com governantes e políticos de vários Estados, oferecendo-lhes seus serviços de reformador. Em 1811, escreveu ao presidente dos Estados Unidos, Madison, para sugerir-lhe um projeto de renovação integral do sistema jurídico, baseado na *common law*, que a América havia herdado da Inglaterra: em 1816 (5 anos depois), o presidente lhe respondeu com uma cortês carta de recusa, dando como justificativa que não estava entre seus poderes constitucionais transmitir ao Congresso as propostas enviadas pelo filósofo inglês. Mais sorte teve Bentham com o governador da Pensilvânia, o qual transmitiu ao Senado do seu estado o projeto benthamiano acompanhado de uma mensagem; mas o Senado rechaçou as propostas de reforma.

Em seguida ele entrou em contato com o czar Alexandre, da Rússia, que constituíra comissão de juristas com a missão de proceder a uma compilação dos decretos e das resoluções imperiais (isto é, de compilar um Código no sentido justiniano do termo); o czar respondeu convidando o filósofo a se pôr em contato diretamente com a comissão legislativa, proposta que rechaçou com desdém porque, como veremos, tinha franca hostilidade por comissões legislativas compostas de juristas. Em 1820, por ocasião da revolução espanhola que estabeleceu as *Cortes* (órgão legislativo representativo), Bentham estabeleceu relações epistolares com alguns políticos espanhóis, em particular com o conde Toreno, propondo projeto de reforma do direito penal; mas estas relações permaneceram em plano puramente privado, sem nenhuma consequência política de relevo. Maior sucesso obteve nas suas tentativas com Portugal: recebeu público agradecimento pelas suas propostas, que foram submetidas ao exame das Cortes, mas a contrarrevolução sufocou as instituições parlamentares e, com elas, os projetos de reformas.

Das ambições reformadoras de Bentham permaneceram assim só os escritos que tratam deste problema, dos quais os principais são: *Papers upon Codification and Public Instruction* [Apontamentos sobre a Codificação e a Instrução Pública], de 1817; *Lettere al conte Toreno sul progetto di codice penale* [Cartas ao conde Toreno sobre o projeto de Código Penal], publicadas em 1822; *Codification Proposals* [Propostas de codificação], de 1823, que constituem o ensaio principal para o conhecimento da teoria de Bentham sobre a codificação; e, por fim, uma publicação organizada por Dumont em 1823, em que se refundiram vários escritos seus sobre este tema, com o título *De l'organisation judiciaire et de la Codification* [Da organização judiciária e da codificação].

24. Bentham: a crítica à *common law* e a teoria da codificação

Como já mencionamos, os projetos de codificação de Bentham nascem da sua crítica radical ao sistema da *commom law*, isto é, à produção judiciária do direito. Eis o que afirma a este propósito no prefácio à *Introduzione ai principi della morale e della legislazione* [Introdução aos princípios da moral e da legislação]:

> O direito comum, como se diz na Inglaterra, o direito judiciário, como mais justamente se chama em outros lugares tal composição fictícia, que não tem nenhuma pessoa conhecida como seu autor nem um conjunto conhecido de palavras como seu conteúdo, forma por todo lado a parte principal do edifício legal: como o éter imaginário que, à falta de matéria sensível, permeia o universo. Trechos e fragmentos do direito real, reunidos sobre aquela base imaginária, compõem o aparato de todo Código nacional. Com qual consequência? A de que quem [...] deseje um exemplo de corpo completo de leis a que se referir deve começar por fazer um (*op. cit.*, p. XI).

Cinco são os defeitos fundamentais que Bentham aponta na sua crítica à *common law*, como se deduz da *Introdução* supracitada:

a) *Incerteza da common law*: o direito judiciário não satisfaz a exigência fundamental de toda sociedade, isto é, a *certeza do direito*, que permite ao cidadão prever as consequências das próprias ações:

> Onde quer que se deixe subsistir uma jurisprudência não escrita, um direito consuetudinário ou o que se chama na Inglaterra direito comum, não há segurança para os direitos dos indivíduos ou, pelo menos, só existe um grau de segurança muito inferior ao que se pode obter sob leis escritas (*De l'organisation judiciaire et de la Codification*, p. 391).

O grau diferente de certeza do direito legislativo e do direito judiciário decorre do fato de que, enquanto está claramente estabelecida a fonte e, portanto, o autor do primeiro, não é de modo algum possível indicar a fonte e, portanto, o autor do segundo; com efeito, pode-se considerar o juiz como o autor da *common law*? Segundo Blackstone, o juiz está vinculado pelo precedente, desde que este seja *rationabilis,* mas – observa Bentham – o que será esta racionalidade (*rationabilitas*) com base na qual o juiz decide se acolhe ou recusa um precedente? Ela não é um critério objetivo, mas uma avaliação pessoal do juiz, a qual permite qualquer arbítrio. Além disso, Bentham critica a ideologia com que os juízes escondem sua atividade criadora do direito: a saber, pretendem limitar-se a descobrir "o verdadeiro direito" que está por trás das sentenças que constituem os precedentes. Isto – afirma – é uma ficção intolerável e se pode comparar a atividade dos juízes à dos restauradores: tal como um restaurador tenta completar uma estátua antiga toda em pedaços, reconstruindo as partes que faltam como eram antes, assim também os juízes pretendem basear-se nos precedentes para reconstruir um sistema jurídico completo, já preexistente; com a diferença de que, entre o restaurador e o juiz, enquanto sabemos bem que as partes acrescentadas pelo primeiro à estátua para completá-la são partes novas, diferentes daquelas antigas que foram destruídas, o segundo pretende que o direito que ele está a criar não seja um direito novo, mas só a redescoberta e a enunciação de um direito preexistente.

b) *Retroatividade do direito comum*: quando o juiz cria novo precedente, isto é, quando, vendo-se diante de um caso que não pode ser resolvido com base em norma dedutível das sentenças precedentes, resolve este caso com uma norma que, na realidade, ele próprio cria *ex novo*, tal norma tem eficácia retroativa porque aplicada a comportamento havido quando ela mesma ainda não existia; isto é, toda norma de nova criação judiciária dispõe para o passado (quanto ao caso em questão por ocasião do qual ela foi criada; contudo, dispõe evidentemente para o futuro uma vez que ela, tornando-se precedente, será aplicada também aos casos sucessivos). De tal modo, o direito comum viola exigência fundamental do pensamento jurídico liberal: a irretroatividade da lei (especialmente a penal), pela qual uma norma não deve aplicar-se a um fato acontecido antes que ela fosse promulgada (na medida em que o cidadão não pode saber que uma lei sucessiva declarará ilegítimo seu comportamento).

c) O terceiro defeito do direito comum é representado pelo fato de que *não está baseado no princípio de utilidade*: enquanto o legislador pode criar um sistema completo de normas jurídicas que se fundamentem em alguns princípios basilares (e antes de mais nada no princípio de utilidade), o juiz não pode seguir tal critério, mas aplica (e cria) o direito baseando-se em regra preexistente ou na analogia entre o caso que deve resolver e aquele disciplinado por sentença precedente.

Observemos como neste ponto Bentham se opõe à concepção tipicamente positivista da atividade judiciária, concebida como aplicação de regras preexistentes, prescindindo da natureza dos interesses em jogo no caso a resolver. A posição do nosso autor é aqui análoga à da *jurisprudência dos interesses* (*Interessenjurisprudenz*), corrente jurídica que surgirá na Alemanha na segunda metade do século XIX e segundo a qual o juiz deve resolver as controvérsias considerando os interesses efetivamente em jogo. Bentham, porém, distingue-se desta doutrina ao pretender que tal avaliação não fosse feita de cada vez pelo juiz, mas de uma vez por todas, em termos gerais, pelo legislador.

d) O quarto defeito é representado pelo dever que tem o juiz de resolver qualquer controvérsia que lhe seja apresentada, quando ele necessariamente *não tem competência específica em todos os campos regulados pelo direito*: este inconveniente, no entanto, é eliminado com a produção legislativa do direito, já que a redação de cada Código e de cada lei é confiada a indivíduos ou a comissões dotadas de competência específica.

e) A última crítica é de caráter político: *o povo não pode controlar a produção do direito por parte dos juízes*; ao passo que, se o direito fosse criado mediante leis aprovadas pelo Parlamento, sua produção poderia ser controlada pelo povo e se poderia dizer que o direito é expressão da vontade do povo.

Estas críticas de Bentham ao direito comum são importantes porque nos dão a conhecer quais eram os motivos que levavam o movimento iluminista a polemizar contra o sistema de direito então vigente e a propugnar a codificação.

Bentham tinha ideias inteiramente suas, mas pouco práticas, sobre o modo pelo qual se deveria proceder à redação de um Código. Era francamente contrário a confiar a redação a uma comissão de juristas: em primeiro lugar, porque desconfiava radicalmente dos juristas (juízes e advogados), os quais, segundo ele, tinham todo o interesse em manter em vida a situação caótica então existente no direito, porque era precisamente dela que derivavam seus ganhos profissionais; se fosse criado um direito simples e claro, a necessidade da sua atividade desapareceria. Esperar uma contribuição para a codificação por parte de juristas era tão ingênuo quanto esperar que fabricantes de armas começassem a fazer propaganda pela paz. Em segundo lugar, Bentham desconfiava das comissões porque considerava que a redação do Código devia ser obra de um só. De tal modo revela mais uma vez sua mentalidade tipicamente racionalista: um Código unitário, coerente, simples, ou seja, um Código que pudesse valer como lei universal só podia ser obra de uma só pessoa, com princípios estáveis e ideias claras – evidentemente, pensava em si mesmo.

Para proceder à criação de um bom Código, segundo Bentham, dever-se-ia abrir concurso público para a apresentação de projetos e de propostas de reforma; o governo deveria encarregar da redação do Código o vencedor do concurso, o qual não deveria receber nenhuma remuneração pelo seu trabalho (com o fito de evitar abusos e interferências de intrigantes); o Código, como se disse, deveria ser obra de uma só pessoa, a qual podia ser até estrangeira – e esta, evidentemente, é uma cláusula que Bentham insere *pro domo sua* [em causa própria]; seja como for, ele a justifica com raciocínio tipicamente iluminista, afirmando que um estrangeiro podia, melhor do que um cidadão seu, dar a uma nação um corpo de leis boas e apropriadas por estar livre de preconceitos locais, reafirmando mais uma vez a ideia racionalista do legislador universal.

Segundo a esquematização feita por Dumont, quatro são os requisitos que Bentham exigia de um Código: utilidade, completude, cognoscibilidade e justificabilidade.

a) O Código deve inspirar-se no princípio do utilitarismo: *a maior felicidade do maior número*, de modo que cada disposição sua deva ser avaliada e decidida tendo em conta o benefício que trará ao maior número possível de cidadãos;

b) O Código deve ser completo (princípio, este, típico do positivismo jurídico), porque, se contivesse lacunas, reabrir-se-ia a porta ao direito judiciário com todos os seus inconvenientes:

> O Código deve ser completo ou, em outros termos, abranger todas as obrigações jurídicas às quais o cidadão deve estar submetido (*De l'organisation...*, *op. cit.*, p. 334);

e pouco depois especifica:

> Redação completa, eis a primeira regra. Tudo o que não estiver no corpo da lei não será lei. Não se deve referir nada ao uso, às *leis estrangeiras* [e aqui Bentham pensava especificamente no direito romano], ao suposto *direito natural*, ao suposto *direito das gentes* (*op. cit.*, p. 337).

c) O Código deve ser redigido em termos claros e precisos, de modo que seu conteúdo possa ser conhecido por todos os cidadãos;

d) Além disso, a lei deve se fazer acompanhar por uma motivação que indique as finalidades que se propõe alcançar, porque só quando se conhecem seus motivos uma lei torna-se compreensível. Para Bentham, uma lei é tal não só por ser estabelecida pela autoridade, mas também por ser estabelecida por determinados motivos, racionalmente cognoscíveis. Esta motivação – observa o filósofo – é muito útil não só para os cidadãos, mas também para os magistrados e para o ensino do direito.

25. Austin: a tentativa de mediação entre a Escola Histórica alemã e o utilitarismo inglês

Austin é o último dos autores que consideramos em nossa visão panorâmica sobre as origens do positivismo jurídico não só porque sua obra (de 1832) é cronologicamente posterior, seja aos escritos de Bentham, seja aos dos expoentes da Escola Histórica, seja ao Código Napoleônico, mas também e sobretudo porque representa um pouco o *trait d'union* entre as várias correntes que contribuíram para o surgimento do positivismo jurídico, particularmente entre a Escola Histórica alemã e o utilitarismo inglês: de fato, diferentemente dos outros pensadores ingleses que são decididamente "insulares" (isto é, estritamente ligados à tradição cultural inglesa e estranhos à europeia-continental), Austin foi grande admirador dos juristas alemães, especialmente de Savigny (cujo *Trattato sul possesso* [Tratado sobre a posse] ele considerava uma das maiores obras jurídicas jamais escritas) e também de Thibaut. Mesmo sendo sua *forma mentis* tipicamente inglesa (isto é, empirista e utilitarista), ele sofreu a influência da Escola Histórica alemã que tentou aclimatar (veremos com quais resultados) à cultura anglo-saxã.

John Austin (1790-1859) exerceu por algum tempo (de 1818 a 1825) a profissão forense, mas depois dela se distanciou, seja por motivos de saúde, seja por motivos morais (ele também, como Bentham, experimentava um sentimento de repulsa e desgosto por esse ambiente), e dedicou-se a estudos filosóficos, passando a fazer parte do cenáculo de utilitaristas que se constituía em torno de Bentham (e do qual também faziam parte os dois Mills: James e John Stuart). Foram justamente estes dois amigos seus que fizeram Austin obter a cátedra de *Jurisprudence* (uma disciplina que corresponde, grosso modo, à nossa teoria geral do direito) na Universidade de Londres em formação (inaugurada em 1828); antes de iniciar seu magistério dirigiu-se por dois anos à Alemanha para tomar contato com o novo pensamento jurídico que lá estava se desenvolvendo, vindo assim a conhecer os expoentes e as obras da Escola Histórica.

Austin ensinou na Universidade de Londres de 1828 a 1832: inicialmente, suas aulas foram seguidas por numeroso e atento auditório, mas depois – passada a moda dos utilitaristas – seus alunos foram cada vez mais escasseando, de sorte que, no fim, desiludido e amargurado, retirou-se do magistério e da vida pública em geral (embora tenha tido ainda alguns cargos oficiais, relativos à reforma da legislação); de volta ao continente, transcorreu alguns anos na Alemanha e em Paris até que, alarmado com a Revolução de Julho de 1848, abandonou a França e retornou à Inglaterra, onde transcorreu os últimos da sua vida ignorado por todos.

Austin é o típico *auctor unius libri*: de fato, durante sua vida publicou uma só e breve obra intitulada *The Province of Jurisprudence determined* [A determinação do campo da jurisprudência] (1832), que recolhia as primeiras seis lições introdutórias do seu curso: só depois da morte Sarah, sua devotada mulher, publicou todas as lições e alguns outros apontamentos sob o título *Lectures on Jurisprudence* [Lições de jurisprudência] em dois volumes.[11]

Esta obra traz como subtítulo a expressão *The Philosophy of Positive Law* [Filosofia do direito positivo], porque assim Austin designava o próprio pensamento e o próprio magistério. Com efeito, distinguia nitidamente a *jurisprudência* da *ciência da legislação*: a primeira estuda o direito vigente tal como efetivamente é; a segunda estuda o direito tal como deveria ser com base em certos princípios assumidos como critérios de avaliação (Bentham expressava a mesma distinção usando os termos jurisprudência *expositiva* e jurisprudência *censória*). Enquanto Bentham se ocupava sobretudo da ciência da legislação, Austin, ao contrário, interessava-se pela jurisprudência, que subdividia em jurisprudência *geral* e jurisprudência *particular*: enquanto a segunda estuda as características próprias de um

---

11. Nossas citações desta obra foram extraídas da 5ª edição, organizada por R. Campbell, Londres, 1885.

CAPÍTULO 4 – AS ORIGENS DO POSITIVISMO JURÍDICO NA INGLATERRA (...) | 123

específico ordenamento jurídico, a primeira estuda os princípios, as noções e os conceitos que são comuns a todos os ordenamentos jurídicos, isto é, a todo e qualquer possível direito positivo (ou, para ser mais exato, ao direito positivo de qualquer sociedade que tenha alcançado certo grau de civilização, com exclusão, portanto, dos ordenamentos dos grupos sociais primitivos).

Austin interessa-se, exatamente, pela jurisprudência geral, cujo objeto assim define:

> A jurisprudência geral, ou filosofia do direito positivo, não concerne diretamente à ciência da legislação. Ela concerne diretamente aos princípios e às distinções que são comuns aos diversos sistemas de direito particular e positivo, e que cada um destes diversos sistemas inevitavelmente implica, seja ele digno de louvor ou de censura, esteja ele de acordo ou não com determinada medida ou critério. Em outros termos (mudando a frase), a jurisprudência geral, ou filosofia do direito positivo, refere-se antes ao direito como ele necessariamente é do que ao direito como *deveria* (*ought*) ser; antes ao direito como deve necessariamente (*must*) ser, *seja bom ou mau*, do que ao direito como deveria necessariamente ser, *se fosse bom* (*Lectures...*, vol. I, p. 32).

A propósito da expressão "filosofia do direito positivo", que no trecho citado é repetida duas vezes, o leitor recordará que foi cunhada por Hugo (cf. seção 11); trata-se de derivação que Austin reconhece expressamente, declarando em uma passagem imediatamente precedente àquela ora referida:

> Entre todas as expressões concisas que examinei mentalmente, "a filosofia do direito positivo" indica do modo mais significativo a matéria e o âmbito do meu curso. Tomei a expressão de um tratado de Hugo, célebre professor de jurisprudência da Universidade de Göttingen e autor de excelente história do direito romano. Embora o tratado em questão se intitule "o direito natural", ele não concerne ao direito natural no significado ordinário do termo. Na linguagem do autor, concerne "ao direito natural como *uma filosofia do direito positivo*" (*Lectures...*, vol. I, p. 32).

Se pacífica é a derivação da locução "filosofia do direito positivo" a partir da terminologia da Escola Histórica alemã, muito mais delicado e debatido é o problema da influência de tal escola sobre a substância do pensamento austiniano. Consideramos que ela não deve ser exagerada e que correspondências e coincidências entre o pensamento da Escola Histórica e o de Austin são bastante limitadas e superficiais, redutíveis em última análise a um só ponto: a recusa em considerar como direito verdadeiro o direito natural, a concepção da efetividade do direito existente nas várias sociedades como o fundamento da sua validade, a identificação, em suma, do direito tal qual efetivamente é como o objeto da ciência jurídica. Quanto ao restante, existe entre os dois pensamentos uma divergência profunda não só no tocante aos pressupostos filosóficos (Austin é um utilitarista e um empirista, a quem são absolutamente estranhas as posições historicistas e românticas), mas também no tocante às próprias concepções jurídicas: a Escola Histórica alemã, em homenagem à ideologia do *Volksgeist*, via o direito consuetudinário como o protótipo do direito positivo e, no plano da política legislativa, era decididamente hostil à codificação; Austin, em contraposição, via a lei (isto é, o comando promulgado pelo soberano) como a forma típica do direito e o fundamento último de toda norma jurídica, e, no plano da política legislativa, era adepto convicto da reforma do direito por meio da legislação, o que demonstra que está inteiramente na linha diretriz do pensamento hobbesiano e benthamiano.

Que as relações entre Austin e a Escola Histórica sejam de tal gênero deduz-se claramente de um trecho das *Lectures* em que o autor, para conciliar sua referência à Escola Histórica com a fidelidade à ortodoxia do utilitarismo benthamiano, escreve:

> Bentham pertence estritamente à Escola *Histórica* de jurisprudência. O significado exato deste termo, tal como é usado pelos alemães, é que os juristas assim designados pensam que um corpo de leis não pode ser extraído, por desenvolvimento, de alguns princípios gerais assumidos *a priori*, mas deve estar fundamentado na experiência dos sujeitos e dos objetos a que o direito se refere. Por isto, Bentham pertence manifestamente a esta escola.

CAPÍTULO 4 – AS ORIGENS DO POSITIVISMO JURÍDICO NA INGLATERRA (...) | 125

E depois de mencionar o fato de que alguns expoentes da Escola Histórica (Hugo e Savigny) são contrários à codificação, ao passo que outros juristas (como Thibaut) são favoráveis, ele assim prossegue:

> O significado do fato de que eles [os juristas supramencionados] são chamados de Escola Histórica consiste simplesmente em que concordam com Bentham ao pensar que o direito deve ser baseado numa visão experimental dos sujeitos e dos objetos do direito e ser determinado pela utilidade geral, não derivado de alguns arbitrários pressupostos *a priori* chamados de direito natural. Um nome mais adequado seria Escola *Indutiva* e *Utilitária* (*op. cit.*, vol. II, p. 679).

Como se vê, para conciliar Bentham com a Escola Histórica, Austin é forçado a dar para esta última uma "versão" inglesa, isto é, a ressaltar só uma das suas características (a polêmica antijusnaturalista), descuidando, ao contrário, dos aspectos mais peculiares e das exigências fundamentais, e chega até a atribuir a esta escola um conceito (o de utilidade geral) que lhe é estranho. Em substância, Austin concilia a Escola Histórica com Bentham, transformando, com considerável mas inconsciente distorção, Bentham em historicista e Savigny em utilitarista.

26. Austin: sua concepção do direito positivo

Ao proceder à definição do direito positivo, Austin distingue-o, antes de mais nada, dos outros tipos de norma. A este propósito, deve-se notar que há dificuldade de natureza linguística ao referir as distinções deste autor: com efeito, ele usa o termo inglês *law*, que significa ao mesmo tempo *lei*, no sentido generalíssimo de norma, e *direito* no sentido específico de norma jurídica (quando, para indicar a "lei" no sentido de direito promulgado pelo órgão legislativo do Estado – contraposto a "costume" –, usa-se em inglês o termo *statute*).

Austin define a lei como *comando geral e abstrato*: em outras palavras, antes de mais nada, exclui do conceito de lei as ordens "incidentais" ou "ocasionais", vale dizer, as ordens dirigidas a uma pessoa determinada para que realize ação específica. O comando é definido como "expressão de um desejo": mas nem toda expressão de desejo é comando (assim, por exemplo, não o é a oração); qual será, pois, a nota característica do comando? Ela está representada pelo fato de que, no comando, a pessoa a quem se expressa o desejo é passível de algum dano por obra daquele que expressa o desejo, se este não for cumprido: o dano que assim se ameaça é dito *sanção*. O comando, portanto, implica o conceito de sanção e o de *dever*, como se deduz deste trecho em que Austin enuncia com clareza seu pensamento:

> Um comando [...] é uma expressão de desejo. Mas um comando distingue-se das outras expressões de desejo por esta característica: a parte a que se dirige é passível de um dano por obra do outro, no caso de não satisfazer o desejo. Sendo passível de um dano da sua parte se não satisfaço um desejo que você expressa, estou *vinculado* e *obrigado* pelo seu comando, ou seja, encontro-me no *dever* de a ele obedecer [...]. Comando e dever são, por isso, termos correlatos, no sentido de que o significado denotado por um está implicado ou suposto pelo outro. Ou, em outras palavras, onde quer que haja um dever, expressou-se um comando; e onde quer que tenha sido expressado um comando, um dever foi imposto.

> Concisamente, o significado da correlação é este: quem quer infligir um dano, no caso de seu desejo não ser respeitado, enuncia um comando expressando ou impondo seu desejo; quem é passível de um dano, no caso de não respeitar o desejo, está vinculado ou obrigado pelo comando (*Lectures...*, vol. I, p. 89).

Definida a noção de lei, Austin distingue as leis em duas categorias, baseadas no sujeito do qual provém o comando (o destinatário é sempre o mesmo, ou seja, o homem): *leis divinas* e *leis humanas*; as primeiras, por sua vez, distinguem-se em leis divinas *reveladas* e leis divinas *não reveladas* (mas é uma distinção que não nos interessa, porque se refere à esfera ético-religiosa); as segundas subdividem-se em *leis positivas* (ou, como seria aqui mais exato traduzir o termo, *direito positivo*) e em *moralidade positiva*.

Trata-se agora de estabelecer qual é a diferença entre direito positivo e moralidade positiva: o autor identifica tal diferença no fato de que o direito positivo é constituído pelos comandos outorgados pelo *soberano* em uma *sociedade política independente*. Soberano e sociedade política independente são dois conceitos estreitamente correlatos; de fato, com a expressão "sociedade política independente", Austin pretende indicar a entidade social comumente chamada *Estado*: esta sociedade é dita *política* para indicar que é composta por um número relevante de pessoas submetidas a um superior comum (a fim de distingui-la da sociedade familiar e das outras formas mais primitivas de grupos sociais); e é dita *independente* para indicar que é autônoma ou soberana, isto é, não depende de outras entidades sociais. A sociedade política independente comporta dentro de si uma estruturação hierárquica, ou seja, a subordinação da massa dos seus membros a um *soberano* superior (que pode ser tanto só uma pessoa quanto um grupo de pessoas). Para que se possa falar de soberania, são necessários dois requisitos, segundo Austin:

a) a *obediência habitual* de uma massa de indivíduos a um superior comum;

b) a *ausência de toda relação de subordinação* e obediência deste superior em relação a qualquer outro superior humano.

Em outras palavras, a fim de que uma sociedade possa ser considerada independente não basta que exista no seu interior uma estrutura hierárquica, mas é também necessário que esta última se esgote dentro da sociedade mesma.

Eis duas passagens das *Lectures on Jurisprudence*, a primeira das quais contém sintética definição do direito positivo, enquanto a segunda examina mais amplamente as relações entre o conceito de direito e o de soberania:

> O objeto da jurisprudência é o direito positivo, ou o simples e estritamente chamado direito, ou o direito *imposto* pelos superiores políticos aos inferiores políticos (*op. cit.*, vol. I, p. 86).

> Toda lei positiva, ou seja, toda lei no sentido simples e estrito, é imposta por pessoa soberana ou corpo soberano de pessoas a um ou mais membros

da sociedade política independente em que aquela pessoa ou aquele corpo é soberano ou supremo. Ou, em outras palavras, é estabelecida por um monarca ou grupo soberano para uma ou mais pessoas em estado de submissão em relação ao seu autor (*op. cit.*, vol. I, p. 220).

Considerando agora a moralidade positiva, ela se distingue do direito positivo exatamente porque é estabelecida por sujeito humano que *não tem a qualidade de soberano* para outro ou outros sujeitos humanos. Austin identifica na vasta categoria da moralidade positiva tipos de normas que são *leis propriamente ditas*, por terem a estrutura do comando, e outras normas que são *leis impropriamente ditas*, por não terem o caráter de comandos verdadeiros. Estas últimas são as que hoje chamaríamos de as normas do *costume social* (regras de honra, do galanteio, do jogo, da moda etc., as quais são fixadas pela *opinião pública*): elas não são comandos (e, portanto, não são leis) em sentido próprio, porque um comando, para ser tal, deve provir de um superior bem determinado, ao passo que a opinião pública é um fenômeno social que escapa a toda tentativa de individualização, isto é, de redução a uma pessoa ou a um grupo de pessoas determinadas.

As normas da moralidade positiva que são leis em sentido próprio distinguem-se, para Austin, em três categorias:

a) *Leis* que regulam a vida dos indivíduos *do estado de natureza* (não são normas jurídicas, porque não existe o Estado, mas são leis, porque têm a natureza de comandos).

b) *Leis que regulam as relações* entre os Estados (isto é, o direito internacional): segundo Austin, não têm natureza jurídica porque, sendo a comunidade internacional baseada em relação não de subordinação, mas de coordenação, as regras dela emanadas não são comandos dirigidos de um superior político para um súdito. Esta é uma das inúmeras doutrinas que negam a juridicidade do ordenamento internacional, tendo o mérito de se basear em critérios lógicos claros e rigorosos: uma vez admitida a definição austiniana do direito positivo, não se pode deixar de negar caráter jurídico às normas internacionais.

c) *As leis das sociedades menores*, como a família, a corporação etc.: elas são, por certo, comandos dados por um superior a um inferior (por exemplo, o comando dado pelo pai ao filho), mas não são direito porque o superior que dá o comando não é soberano (estando, por sua vez, submetido ao poder do Estado).

Mais adiante apresentamos um esquema que reproduz as várias distinções austinianas relativas à lei. Entre as diversas categorias podem-se estabelecer interessantes relações:

– as leis divinas e o direito positivo constituem *comandos soberanos*;
– o direito positivo e as leis propriamente ditas da moralidade positiva são *comandos humanos*;
– as leis positivas, o direito positivo e as leis propriamente ditas da moralidade positiva (isto é, todas as leis, excluídas aquelas impropriamente ditas da moralidade positiva) são *comandos*.

Se examinarmos a concepção austiniana do direito positivo, veremos que comporta três princípios fundamentais típicos do positivismo jurídico:

a) a afirmação de que objeto da jurisprudência (isto é, da ciência do direito) é o direito como ele é, e não o direito como deveria ser (concepção *positivista* do direito);
b) a afirmação de que a norma jurídica tem a estrutura de comando (concepção *imperativista* do direito);
c) a afirmação de que o direito é estabelecido pelo soberano da comunidade política independente – isto é, em termos modernos, pelo órgão legislativo do Estado (concepção *estatal* do direito).

Observe-se que estes três princípios não dependem logicamente um do outro, mas são reciprocamente autônomos: por isso, Thon, um jurista alemão da segunda metade do século XIX que será citado na segunda parte, é típico expoente da concepção imperativista do direito, mas recusa a estatal.

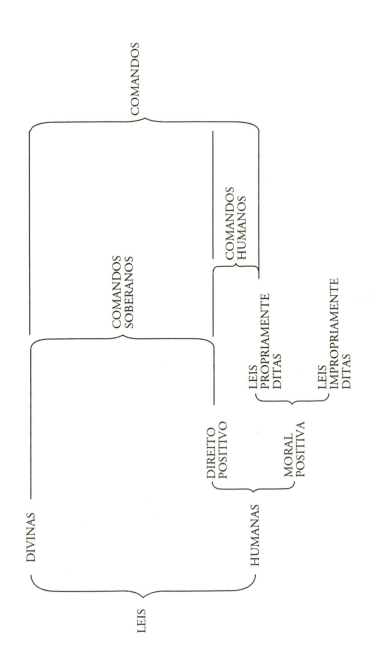

27. Austin: a distinção entre direito legislativo e direito judiciário; a crítica ao direito judiciário

Falamos da concepção estatal do direito de Austin. Mas tal concepção não colidia com o tipo de fontes do direito vigentes na Inglaterra (direito judiciário), de modo que ele deveria ou negar a juridicidade da *commom law* ou renunciar à própria concepção? Nosso autor não nega em absoluto a juridicidade do direito estatuído pelos juízes, mas, por outra parte, não considera tal situação conflitante com a própria concepção. De fato, recorre ao conceito de *autoridade subordinada*, a qual estabelece o direito com base no poder que lhe é delegado pelo soberano: é bem verdade que os juízes criam o direito, mas isso não exclui seu caráter estatal ao agirem com base no poder do Estado a eles atribuído. A distinção entre direito legislativo e direito judiciário significa, pois, distinção não entre direito estatal e direito não estatal, mas entre direito estabelecido imediatamente e direito estabelecido mediatamente pelo soberano da sociedade política independente:

> Ainda que ela [a lei] tenha se originado diretamente de outra nascente ou fonte, é uma lei positiva, ou lei em sentido estrito, por instituição do soberano existente com caráter de superior político (*op. cit.*, vol. I, p. 220).

Resolvida esta questão preliminar, o autor passa a analisar a diferença existente entre direito judiciário e direito legislativo, submetendo a crítica penetrante os lugares-comuns relativos a este problema e formulando uma solução particularmente perspicaz. A diferença entre direito judiciário e direito legislativo não consiste nas *fontes* que produzem tais direitos, mas no *modo* pelo qual são produzidos: o direito legislativo é constituído por normas gerais e abstratas, isto é, por normas que regulam não um caso individual existente no momento da sua promulgação, mas um número indeterminado (ou *classe*) de casos que se verificarão no futuro; ao contrário, o direito judiciário é constituído por normas particulares, instituídas com o fim de regular uma controvérsia singular, específica.

O direito legislativo e o direito judiciário não se identificam necessariamente com o direito instituído respectivamente pelo soberano e pelos juízes: o soberano pode também ditar normas que resolvem um caso individual (e então age como juiz), ao passo que o juiz (como o pretor romano, pelo poder de que está investido, ou o juiz inglês, pelo valor de precedente que pode assumir sua decisão) pode também ditar normas com caráter geral (e então age como legislador).

Austin, por fim, passa a examinar o valor destes dois tipos de direito para estabelecer qual é o melhor. Considera que o direito legislativo seja superior ao judiciário (e nisso segue o ensinamento do seu mestre Bentham) e, para demonstrar tal superioridade, elenca toda uma série de defeitos do direito judiciário, dedicando a este exame um capítulo específico (o XXXIX) das *Lectures*. Mas, antes de desenvolver sua crítica, refuta algumas objeções contra o direito judiciário que não considera válidas: entre elas, existem duas que nos interessam particularmente, porque foram formuladas por Bentham; nestes pontos, portanto, o discípulo está em desacordo com o mestre e o critica (ainda que não cite seu nome).

A primeira objeção que Austin refuta é assim formulada por ele: a produção do direito judiciário não pode ser controlada pela comunidade política, enquanto a do direito legislativo permite tal controle. Esta objeção evoca a de Bentham, mas não a reproduz fielmente: com efeito, Bentham fala da possibilidade de controlar a produção legislativa referindo-se não à realidade de fato, mas a um Estado democrático ideal; Austin, no entanto, formula a objeção referindo-se à realidade de fato. De tal modo, não tem dificuldade em rechaçar a afirmação do seu mestre, destacando que a possibilidade de controle popular não depende da natureza judiciária ou legislativa do direito, mas do tipo de constituição própria do órgão produtor do direito: em uma monarquia absoluta existe produção legislativa do direito que não permite nenhum controle, quando, ao contrário, este é possível na produção judiciária do direito se os juízes são eleitos democraticamente. A segunda objeção benthamiana refutada por Austin refere-se à natureza arbitrária do direito judiciário, que seria criado pelos juízes sem nenhum critério objetivo, sem limites e sem controles; na realidade – observa nosso autor –, o juiz não é de modo algum livre para agir como quiser, mas está submetido a múltiplos vínculos e controles: está condicionado pelo sistema dos precedentes; é controlado pela autoridade soberana que pode suspendê-lo das suas funções, se não respeita as normas jurídicas existentes; e é controlado pelos órgãos judiciários superiores que anulam suas eventuais decisões arbitrariamente ditadas.

Observando agora as objeções formuladas por Austin, elas podem ser expostas em sete pontos:

a) o direito judiciário é *menos acessível ao conhecimento* do que o legislativo (esta é uma crítica que já encontramos várias vezes);

b) o direito judiciário é *produzido com menor ponderação* do que o legislativo, porque o primeiro é emitido em meio à apressada resolução das questões judiciárias, enquanto o segundo é (ou pode ser) formulado após madura deliberação;

c) o direito judiciário muitas vezes é emitido *ex post facto* (isto é, com eficácia retroativa – também esta é uma crítica que Austin retoma de Bentham);

d) o direito judiciário é mais *vago e incoerente* do que o direito legislativo, seja pela massa enorme de documentos em que se dispersa, seja pela dificuldade de extrair dos vários casos decididos uma *regula decidendi* geral;

e) uma quinta objeção, particularmente interessante, refere-se à *dificuldade de apurar a validade das normas de direito judiciário*. Para o direito legislativo, segundo Austin, o problema não apresenta dificuldade por vigorar o critério pelo qual é válida a norma ditada pelo órgão legislativo; mas não se pode aplicar tal critério ao direito judiciário e, portanto, não se pode afirmar que é válida a norma ditada por um juiz, uma vez que podemos nos encontrar diante de uma pluralidade de regras – disciplinando de modo diverso a mesma questão – ditadas por juízes diferentes em tempos e lugares diferentes. Neste caso, qual critério se deve seguir para identificar a norma a aplicar? O autor afirma que não existe um único critério, mas muitos critérios, ou, para usar sua expressão, existem várias provas possíveis da validade da decisão dos juízes, a saber:

1) *o número das decisões* (seguindo este critério, considera-se válida a norma que foi aplicada no maior número de vezes);
2) a *elegantia regulae* (seguindo este critério, considera-se válida a norma que resolve a questão do modo mais satisfatório, segundo o ponto de vista técnico e equitativo);
3) a *coerência da regra* com todo o sistema jurídico;
4) a *autoridade do juiz* que adotou a norma relativa à própria decisão.

f) a sexta crítica refere-se à *escassa capacidade de compreensão* do direito judiciário, porque ele não disciplina categorias abstratas de fatos, mas casos concretos, de modo que é preciso proceder a uma difícil obra de abstração ou indução para extrair dos casos resolvidos uma regra geral;

g) finalmente, o direito judiciário *não é nunca autossuficiente*, mas sempre precisa ser "remendado" aqui e ali com normas legislativas, gerando assim a existência de um ordenamento jurídico híbrido, em que se encontram justapostos dois diferentes sistemas normativos mal amalgamados; ainda por cima, o direito legislativo que é instituído com esta função de complementação tem qualidade medíocre, tal como o direito judiciário que deve complementar.

E eis uma passagem das *Lectures on Jurisprudence* que de certa forma sintetiza as críticas austinianas ao direito judiciário:

> Em todo país em que grande parte do direito consiste no direito judiciário, todo o sistema jurídico, ou todo o *corpus iuris*, é necessariamente um caos monstruoso: em grande parte consiste de direito judiciário, introduzido gradualmente e disperso em enorme acervo de decisões jurídicas particulares, e em parte de direito legislativo acrescido a título de remendo no

direito judiciário e disperso em enorme acúmulo de leis ocasionais e suplementares (*op. cit.*, vol. II, p. 660).

28. Austin: o problema da codificação

A conclusão desta crítica ao direito judiciário é que ele deve ser substituído por uma forma superior de direito, isto é, pela codificação. Para confirmar esta sua tese, Austin descreve a lei histórica segundo a qual o direito se desenvolve na sociedade, especificando seis fases:

a) a primeira fase é representada pela *moralidade positiva*: é uma fase pré-jurídica, porque ainda não existem normas de direito em sentido estrito, mas só normas de costume. Sucessivamente, existem três fases de desenvolvimento do direito *judiciário*, a saber:

b) inicialmente, os juízes acolhem e fazem valer como direito as mesmas normas da moralidade positiva (direito judiciário com fundamento consuetudinário);

c) em seguida, os juízes complementam as normas do costume transformadas em direito com outras normas elaboradas por eles mesmos com base no princípio da analogia (direito judiciário com fundamento científico);

d) por último, os juízes criam, eles mesmos, o direito com base nos próprios critérios de avaliação (criação judiciária do direito). Neste ponto aparece o *direito legislativo*, que se desenvolve em duas fases:

e) inicialmente, o direito legislativo é estatuído ocasionalmente para complementar o judiciário em matérias específicas;

f) finalmente, a lei se torna a única fonte de produção do direito e disciplina sistematicamente, com normas gerais e abstratas, todas as relações sociais: em outros termos, a legislação culmina na *codificação*.

Ao começar agora a expor as concepções de Austin relativas à codificação, observamos que são particularmente interessantes porque, à diferença de Bentham, que se fixara em uma própria ideia de Código um tanto abstrata e racionalista, ele, ao contrário, tinha viva sensibilidade pela realidade dos problemas jurídicos e, ainda por cima, estava a par da polêmica sobre a codificação havida na Alemanha: durante sua permanência neste país, com efeito, estudara a obra de Savigny, por quem tinha grande admiração, e, como sabemos (cf. seção 15), Savigny fora o principal protagonista da luta contra a codificação. A primeira preocupação do nosso autor é, pois, a de superar as objeções de Savigny, o que ele faz afirmando que este não criticava a ideia em si da codificação, mas em primeiro lugar o propósito de realizar a codificação na Alemanha: ora – observa Austin –, o fato de que a codificação não seja oportuna naquele país não diz nada contra o valor do direito codificado em geral (mas este modo de interpretar e, portanto, de superar a crítica de Savigny, é insatisfatório, porque na realidade, como vimos, este era contrário em princípio à codificação). As outras críticas de Savigny referiam-se ao modo como foram realizadas as codificações do seu tempo (a prussiana e, sobretudo, a francesa); Austin aceita grande parte desta crítica, dirigindo em particular algumas censuras ao Código Napoleônico:

a) neste Código faltam definições técnicas dos termos jurídicos usados;

b) ele não considera suficientemente o direito romano, que representa a maior tradição jurídica continental (esta é uma objeção típica de Savigny);

c) o legislador francês não concebeu o Código como completo (recorde-se a este propósito como Portalis entendia o art. 4º), seja porque não eliminou o direito preexistente, seja porque admite, ao lado do direito codificado, outras fontes subsidiárias de direito (direito natural, judiciário, consuetudinário), o que cria uma situação de ambiguidade e incerteza;

d) por fim, o Código Napoleônico, foi redigido com pressa excessiva.

Mas também estas críticas – observa Austin – referem-se apenas ao modo como se realizaram no passado algumas codificações e não comprometem de modo algum a validade do princípio da codificação. No mais, deve-se observar que nosso autor considera necessário não um Código qualquer, mas um bom Código: "melhor o direito judiciário do que um mau Código" – diz ele muitas vezes –, porque um mau Código tem todos os defeitos do direito judiciário, sem ter suas poucas virtudes.

Quanto aos requisitos do Código, Austin especifica que por Código se deve entender, como frequentemente se faz (quando se fala, por exemplo, de "codificação justiniana"), não uma simples coletânea de leis preexistentes, mas sim a reformulação *ex novo* de todo o direito vigente em uma sociedade, de modo a ter um texto legislativo coerente e unitário; por outra parte, porém, sublinha que a inovação deve referir-se à *forma*, mas não ao *conteúdo* do direito que é codificado: vale dizer, a codificação deve limitar-se a dar roupagem nova – unitária, coerente, tecnicamente perfeita – ao mesmo direito que já vigora. Neste ponto, manifesta-se importante divergência entre a concepção de Austin e a de Bentham, divergência que tem como fundamento a diferente posição política dos dois pensadores, liberal-moderada a de Austin, democrático-radical a de Bentham, para quem a codificação devia representar renovação integral do direito, tanto na forma quanto no conteúdo. Enquanto Bentham concebia a codificação como instrumento de progresso político-social, Austin a concebia como instrumento de progresso puramente técnico-jurídico.

Austin tentou resumir suas ideias sobre a codificação (que se encontram também expostas ocasionalmente aqui e ali na obra principal) em um texto que, porém, restou em estado de apontamentos, e portanto incompleto e fragmentário, intitulado *Notes on Codification* [Notas sobre a codificação], que foi publicado nas *Lectures on Jurisprudence* (vol. II, p. 1.021 s.). Nestas *Notas* são examinadas e refutadas nada menos do que quatorze objeções contra a ideia em geral da codificação (já vimos um pouco antes como Austin responde àquelas fundamentadas em críticas contra específicos exemplos históricos de codificação).

Destas objeções só examinaremos as cinco mais interessantes. Como o leitor poderá observar, as duas primeiras podem ser associadas com base no critério do contraste (porque tendem a excluir-se reciprocamente), ao passo que as duas seguintes podem associar-se com base no critério de afinidade; observar-se-á também como as respostas de Austin consistem muitas vezes na retorsão, vale dizer, na demonstração de que o direito judiciário tem em medida muito mais grave os mesmos defeitos censurados ao direito codificado.

a) Todo Código é necessariamente *completo* e não pode dispor sobre todos os casos futuros (deste modo, a codificação não realizaria seu objetivo fundamental, que é precisamente a completude do direito). O autor responde que o Código é certamente incompleto, mas é muito menos lacunoso do que o direito judiciário, que é "necessariamente incerto e inadequado".

b) Todo Código, para aproximar-se da completude, deve consistir em tal acúmulo de *normas numerosas e miúdas*, que se torna impossível à mente humana conhecê-lo e abarcá-lo na sua totalidade. Austin responde que a completude do Código não consiste em disciplinar todos os casos individualmente considerados, mas em estabelecer normas, cada uma das quais seja aplicável a toda uma categoria de casos (em linguagem moderna diríamos que a norma especifica uma fatispécie abstrata).

c) Todo Código é *inalterável*, no sentido de que as normas nele contidas não se podem adaptar às mudanças que continuamente ocorrem na sociedade (este é o argumento da *cristalização do direito*, típico de Savigny). Austin responde observando que o direito judiciário é muito mais inalterável do que o legislativo, porque baseado no sistema dos precedentes, e, portanto, uma regra fundamentada em decisão estabelecida em uma época histórica anterior continua a sobreviver, não obstante as mudanças sociais, e até prolifera continuamente, dado que os juízes desenvolvem o direito não com livre atividade criadora, mas baseando-se só na analogia.

d) O direito codificado é menos *maleável* (isto é, menos facilmente aplicável aos casos concretos) do que o direito judiciário. Austin responde que isto é verdade, mas que a maior rigidez do direito codificado representa não exatamente um inconveniente, mas uma vantagem, porque a excessiva maleabilidade produz a incerteza do direito pelo fato de poder ser mais facilmente alterado.

e) O direito codificado, longe de reduzir, favorece as controvérsias porque *possibilita "conflitos de opostas analogias" mais numerosos* (no sentido de que cresce o número de casos que admitem pluralidade de soluções, sendo possível subsumi-los, com o procedimento analógico, sob várias normas diferentes entre si); além disso, os defeitos do direito codificado – por ser formulado em termos claros e fixos – são mais evidentes e mais dificilmente remediáveis do que os do direito judiciário.

O autor refuta esta crítica, afirmando que a codificação elimina os equívocos e as ambiguidades, e, portanto, torna impossíveis as controvérsias fundamentadas em meros sofismas interpretativos. A este propósito expressa uma opinião que era própria também de Bentham, a saber, que a codificação promoveria elevação do nível ético e técnico da profissão forense, eliminando dela os leguleios, cuja única atividade consiste em explorar sem escrúpulos as obscuridades e as incertezas do direito, e favorecendo a entrada na profissão de homens de alto nível moral e intelectual. Entre outras coisas, a codificação produziria também

> [...] um melhoramento do caráter da profissão legal. Se a lei fosse mais simples e científica, mentes de ordem superior entrariam na profissão e homens com posição independente abraçá-la-iam, quando, ao contrário, umas e outros agora dela se afastam por causa do seu caráter repugnante; porque repugnante ela o é realmente. Que homem de educação literária e de intelecto cultivado pode suportar o absurdo dos livros da prática forense, por exemplo, e de muitas outras partes do direito? Nada, a não ser forte necessidade ou forte decisão de alcançar o *rationale* do direito através da incrustação que o recobre, poderia sustentar tal pessoa neste empreendimento. Mas, se o direito fosse convenientemente codificado, tais mentes estudá-lo-iam; e nós poderíamos então esperar legislação incomparavel-

mente melhor, bem como administração da justiça melhor do que agora. A profissão não seria meramente venal e voltada para acumular honorários, como no presente, mas, como na antiga Roma, constituiria o caminho que leva à honra e ao prestígio político (*op. cit.*, vol. II, p. 680-681).

Como se vê, Austin assume nesta passagem posição antitética à de Savigny, segundo quem a codificação poria em crise a ciência jurídica, defendendo, ao contrário, que o direito judiciário é que torna impossível o desenvolvimento da jurisprudência, a qual receberia grande impulso da codificação. A propósito da atitude assumida em relação a esta por Savigny, ele observa:

> Sua oposição aos Códigos é o efeito do preconceito de *Gelehrter* [douto], em favor do direito romano, e da antipatia nacional (*Lectures...*, vol. II, p. 1.037).

(Aludindo ao preconceito em favor do direito romano, que Savigny teria como *Gelehrter*, isto é, como douto ou como professor, Austin parece quase insinuar que o estudioso alemão se opunha à codificação por temor de que ela tornasse inútil seu ofício de romanista; na realidade, a codificação, longe de extinguir os estudos romanísticos, favoreceu esplêndido florescimento deles, livrando os estudiosos da preocupação de adaptar o direito do *Corpus iuris* às exigências modernas e permitindo-lhes estudá-lo de um ponto de vista e com método rigorosamente histórico.)

Os motivos pelos quais Austin defende a codificação podem considerar-se sintetizados nesta sua afirmação:

> É melhor ter um direito expresso em termos gerais, sistemático, conciso (*compact*) e acessível a todos do que um direito disperso, sepultado em um acúmulo de particulares, volumoso (*bulky*) e inacessível (*Lectures...*, vol. II, p. 1.023-1.024).

Estas duas séries contrapostas de quatro adjetivos oferecem-nos um quadro de conjunto das exigências que geraram o movimento pela codificação e dos argumentos com que esta foi sustentada.

A dificuldade maior que encontrava Austin (assim como Bentham) ao promover a codificação não era defendê-la no plano teórico contra as críticas dos adversários, mas elaborar um procedimento que garantisse sua realização eficaz. Ele percebe que a codificação não pode ser obra de uma só pessoa (como queria Bentham), porque ninguém é capaz de ter conhecimento exaustivo de todo o direito; por outra parte, ela também não pode ser realizada por uma comissão, porque seus componentes teriam provavelmente concepções e princípios diversos, de modo que se teria uma legislação incoerente. Austin apresenta solução intermediária: o projeto deve ser redigido por uma só pessoa, mas em seguida será reexaminado por uma comissão que providenciará as correções e complementações que se mostrarem necessárias.

Um último ponto em que Austin diverge de Bentham refere-se ao requisito da *acessibilidade* do Código: para Bentham, ele deve ser acessível a todos os cidadãos; para Austin, ao contrário, só deve ser acessível aos juristas, mas não à massa.

Um Código acessível a todos seria um mau Código, seja porque, para ser compreensível ao homem da rua, o direito teria de ser excessivamente simplificado, seja sobretudo porque um Código acessível a todos estaria continuamente submetido à discussão e à crítica da opinião pública, que pediria continuamente novas reformas. Este motivo de divergência ilumina mais uma vez a diferente atitude especulativa e política de Bentham e de Austin: o primeiro é filósofo (com boa dose de abstração) e radical, o segundo é jurista (sensível às exigências técnicas) e conservador.

Conclusão
da parte histórica

Sumário: 29. O fato histórico da produção legislativa do direito está na base do positivismo jurídico; o significado da legislação • 30. A frustrada codificação na Alemanha: a função histórica do direito científico • 31. Ihering: o método da ciência jurídica

29. O fato histórico da produção legislativa do direito está na base do positivismo jurídico; o significado da legislação

Tentemos agora, tirando as conclusões da investigação histórica precedentemente realizada, precisar o significado histórico do positivismo jurídico que, no início deste curso, definimos provisoriamente como "aquela doutrina segundo a qual não existe outro direito a não ser o positivo" (cf. seção 5); podemos agora precisar que esta corrente doutrinária entende o termo "direito positivo" de modo bem específico, como direito estabelecido pelo poder soberano do Estado mediante normas gerais e abstratas, isto é, como "lei". O positivismo jurídico, portanto, nasce do impulso histórico para a legislação, realiza-se quando a lei se torna fonte exclusiva – ou de todo modo absolutamente predominante – do direito, e seu resultado último é representado pela codificação.

Investigamos o surgimento da ideia da legislação no processo de formação do Estado moderno: um estudioso sueco, Gagner, em um livro em alemão publicado recentemente, intitulado *Studien zur Ideengeschichte der Gesetzgebung* [Estudos para a história da ideia de legislação] (Uppsala, 1960), quis identificar a origem desta ideia já nos séculos XII e XIII, isto é, na época em que se constituiu a doutrina canonista; de fato, segundo este autor, a ideia da lei, isto é, da produção de normas jurídicas gerais por parte de uma pessoa investida de poder soberano, surgiu por obra dos estudiosos do direito canônico e só em uma etapa seguinte passou à sociedade civil e entrou no patrimônio conceitual dos juristas.

Se buscarmos as ideias matrizes (os princípios ideológicos) que estão por trás do movimento pela codificação da legislação tal como se verificou durante a formação do Estado moderno, poderemos indicar duas, uma e outra de marca nitidamente racionalista:

a) dar prevalência à lei como fonte do direito expressa específica concepção deste último, que é entendido como ordenamento racional da sociedade: tal ordenamento não pode nascer de comandos individuais e ocasionais (porque então o direito seria capricho e arbítrio), mas só de normas gerais e coerentes estatuídas pelo poder soberano da sociedade, assim como a ordem do universo repousa sobre as leis naturais, universais e imutáveis;

b) dar prevalência à lei como fonte do direito nasce do propósito do homem de modificar a sociedade. Assim como o homem pode controlar a natureza mediante o conhecimento das suas leis, ele pode transformar a sociedade pela renovação das leis que a regem; mas, para que isto seja possível, para que o direito possa modificar as estruturas sociais, é necessário que seja estabelecido conscientemente segundo uma finalidade racional, é necessário, pois, que seja estabelecido por meio da lei. Com efeito, o direito consuetudinário não pode servir a este objetivo porque é inconsciente, irrefletido, é um direito que expressa e representa a estrutura atual da sociedade e, portanto, não pode nela incidir para modificá-la; a lei, ao contrário, cria um direito que expressa a estrutura que se quer fazer a sociedade assumir: o costume é fonte *passiva*, a lei é fonte *ativa* de direito.

Em síntese: o impulso para a legislação nasce da dupla exigência de ordenar o caos do direito primitivo e de fornecer ao Estado um instrumento eficaz para intervir na vida social.

O impulso para a legislação não é fato limitado e contingente, mas movimento histórico universal e irreversível, indissoluvelmente ligado à formação do Estado moderno: não em todos os países se chegou à codificação (resultado último e conclusivo da legislação), mas em todos os países se realizou a supremacia da lei sobre as outras fontes do direito. Isto se verificou também na Inglaterra: ainda que neste país não se tenha realizado o projeto de codificação de Bentham, mesmo assim seu pensamento teve grande influência nas reformas legislativas e no desenvolvimento do sistema das fontes de direito. Não por acaso o século XIX foi chamado o século benthamiano: ele viu afirmar-se na Inglaterra a prevalência do direito legislativo sobre a *common law*, paralelamente à consolidação do Estado parlamentar.

Que a ideia da legislação não tenha só uma marca continental se depreende claramente do que afirma um estudioso anglo-saxão, Plucknett, na sua obra *A Concise History of the Common Law* [Uma história concisa do direito comum]:

> No presente, o mais poderoso instrumento de mudança jurídica nas mãos do Estado é a legislação. Toda nação moderna possui uma ou mais legislaturas – na América existem mais de quatro dúzias – e são extremamente ativas. Uma imensa quantidade de direito legislativo é produzida em cada sessão; uma grande quantidade dele refere-se, é verdade, a problemas de administração e de polícia; no entanto, não se pode negar que nos dias de hoje a legislação ocupa lugar importante nos sistemas jurídicos modernos. Poucos temas de história do direito são mais interessantes do que o surgimento e o progresso da legislação, o desenvolvimento de órgãos especiais destinados a criar o direito legislativo e a posição dos tribunais na interpretação da atividade daqueles órgãos (*op. cit.*, p. 298).

30. A frustrada codificação na Alemanha: a função histórica do direito científico

Há outro fato histórico que parece pôr em dúvida o caráter universal do impulso para a legislação: é o fato de que no século XIX a codificação não se realizou na Alemanha, graças ao "contraimpulso" provocado pela Escola Histórica e, em particular, por Savigny.

Observemos preliminarmente que a falta de codificação tem sua explicação na particular situação política em que se encontrou a Alemanha naquele período, isto é, no seu fracionamento político-territorial. Mas deve-se sobretudo destacar que também a Escola Histórica, mesmo opondo-se à codificação, compartilhava as mesmas exigências que estavam na base do movimento para a legislação, vale dizer, a exigência de dar a determinada sociedade um direito unitário e sistemático. Também a Escola Histórica compartilhava a crítica benthamiana ao direito judiciário: só considerava que se podia sanar mais eficazmente os defeitos do direito existente com a ciência jurídica do que com a codificação, já que a primeira produziria um direito com os mesmos requisitos positivos (unidade e sistematicidade) obtíveis mediante a segunda e, ainda por cima, asseguraria outra vantagem – maior maleabilidade, mais fácil adaptabilidade do direito – que a segunda não podia obter (isto é, o direito científico remediaria o defeito da rigidez próprio do direito legislativo).

Na Alemanha do século XIX, portanto, a função histórica da legislação foi assumida pelo direito científico; assim, este também pode se considerar como filão da corrente do positivismo jurídico, uma vez que se fundamenta nos dois postulados típicos desta corrente: a concepção do direito como realidade socialmente "dada" ou "estabelecida" e como unidade sistemática de normas gerais. Só que a doutrina do direito científico considera como material jurídico "dado" ou "estabelecido" de uma vez para sempre o direito romano e considera que seja tarefa própria da ciência jurídica, e não do legislador, transformar este material em ordenamento jurídico unitário e sistemático.

O direito científico alemão, que na primeira metade do século XIX deu origem à *doutrina pandectista* (cf. seção 14), teve seu apogeu por volta da metade do século, gerando a chamada *Begriffsjurisprudenz* ou jurisprudência dos conceitos. Por mais difícil que seja fazer uma relação de obras ou autores que sejam expressão desta corrente, porque o termo *Begriffsjurisprudenz* foi usado sobretudo com fins políticos por parte dos seus adversários, pode-se dizer que a obra mais representativa da concepção que tinham da ciência jurídica os estudiosos alemães filiados a esta doutrina é *O espírito do direito romano* (*Der Geist des römischen Rechts*, em quatro volumes, publicados entre 1852 e 1865), de Rudolf von Ihering: em um segundo momento este jurista abandonará a jurisprudência dos conceitos para se tornar promotor da chamada *Interessenjurisprudenz* (jurisprudência dos interesses), com a obra *A finalidade do direito* (*Der Zweck im Recht*, 2 vol., 1877-1883).

31. Ihering: o método da ciência jurídica

Na Alemanha do princípio do século XIX, o direito científico constituiu a verdadeira alternativa ao direito codificado. Para os pandectistas, a codificação já acontecera antes e era a de Justiniano. Desde então o desenvolvimento do direito devia ser tarefa não tanto do legislador quanto do jurista. Na polêmica contra a codificação, a Escola Histórica certamente não exaltara o direito judiciário, mas o direito científico. O direito judiciário sequer aparecia no sistema das fontes tal como enunciado pela Escola Histórica (cf. seção 15).

Talvez se tenha exagerado a importância que teria tido na Escola Histórica o direito popular ou consuetudinário. O objetivo de Savigny não era tanto uma exaltação do direito popular quanto uma reforma do direito científico. O núcleo do pensamento da Escola Histórica, antes, e da Pandectista, depois, não consistia em afirmar que não havia nada a mudar no sistema do direito vigente na Alemanha, mas que, se algo devia ser mudado, o melhor remédio não era a codificação, mas o desenvolvimento da ciência jurídica. Também os juristas alemães, como os franceses e os ingleses, estavam premidos pela quantidade de material jurídico confuso e disperso, mas consideravam que a tarefa de ordenar o caos coubesse a eles mesmos, não certamente a um legislador mais ou menos sagaz. Esta concepção está expressa muito claramente por Savigny na seguinte passagem de *Della vocazione del nostro tempo per la legislazione e la giurisprudenza*:

> Estes materiais nos atingem e oprimem por todos os lados, frequentemente sem que o saibamos. Há talvez quem pense que se possa anular esta ação, tentando romper todo fio histórico e começar uma vida inteiramente nova [a alusão aos partidários da codificação é aqui evidente]; mas também tal cometimento se baseria em ilusão [...]. Logo, esta influência predominante dos materiais existentes não pode ser de modo algum evitada: no entanto, ser-nos-á perniciosa enquanto a sofrermos inconscientemente, benéfica se a ela opusermos força viva e criadora [e esta força só pode ser a ciência do direito], se, mediante aprofundado conhecimento histórico, assenhorearmo-nos daqueles materiais, apropriando-nos assim de todo o patrimônio das gerações passadas (*op. cit.*, p. 171).

Savigny logo em seguida precisava que os alemães eram particularmente capazes desta tarefa científica por causa da "tendência científica geral inerente aos alemães, graças à qual se veem chamados em muitas coisas a se anteciparem às outras nações" (p. 171).

No final da seção anterior, dissemos que a teoria desta concepção da ciência jurídica foi elaborada sobretudo por Ihering. No último volume de *O espírito do direito romano*, afirma que a ciência jurídica é universal e que "os juristas de todos os países e todas as épocas falam a mesma língua". O nacionalismo de Savigny estava então superado: esta ideia de uma ciência jurídica universal estava muito mais próxima da concepção racionalista do que da historicista do direito. Esta universalidade da ciência jurídica é possível porque ela se serve de método próprio, de certas técnicas de investigação elaboradas e refinadas através dos séculos, que são válidas para qualquer ordenamento. Ihering define este método como um *precipitado* da sã razão humana em matéria de direito. Um jusnaturalista não teria usado linguagem muito diferente.

A operação mais importante a que deve dedicar-se o jurista, além daquela da aplicação do direito, é, segundo Ihering, a *simplificação* dos materiais jurídicos. Distingue uma simplificação *quantitativa* e outra *qualitativa*. Eis como define a primeira:

> A simplificação quantitativa visa a diminuir a massa dos materiais, sem, no entanto, trazer prejuízo aos resultados que se querem obter. Fazer o mais possível com o menor número de elementos possíveis, esta é sua lei: quanto mais circunscrito o material, tanto mais fácil de manejar (*op. cit.*, trad. fr., vol. III, p. 22).

Como se vê, uma das tarefas principais da ciência jurídica coincidia perfeitamente com uma das tarefas principais da codificação.

As operações características da *simplificação quantitativa* são essencialmente três:

a) *A análise jurídica*, que consiste em decompor o material jurídico transmitido nos seus elementos simples (como faz a química com a matéria). Neste capítulo, Ihering vale-se essencialmente da analogia com o alfabeto. A tarefa da análise jurídica é a de montar com os elementos simples da experiência jurídica uma espécie de *alfabeto jurídico*, que deveria servir para compor, colocando as várias letras em diversas combinações, todos os conceitos da ciência jurídica. Pode ocorrer, para dar um exemplo, que o conceito de "erro", como vício da vontade, apareça pela primeira vez em um contrato de compra e venda; mas depois, constatando que este problema se apresenta em outras relações, nós abstraímos a noção de erro como noção de caráter geral não mais referida a uma relação particular. O procedimento fundamental neste ponto é a *abstração*, que nos permite destacar a noção geral do caso particular de que surgiu.

b) *A concentração lógica*, que perfaz o caminho inverso em relação à operação precedente por consistir em recompor o que foi decomposto. Se a primeira operação é a análise, a segunda, como no mais em todas as ciências, é a *síntese*. Por meio desta obra de recomposição, o jurista alcança a formulação do *princípio* latente e quase sempre inexpresso nas leis. O legislador dificilmente reconhece o princípio; gira em torno dele com várias disposições particulares. Cabe ao jurista fazer o giro de toda a circunferência até encontrar a porta de entrada para ir ao centro. Chegar ao centro é sinal de chegar ao princípio a partir do qual se domina e controla toda a circunferência. A descoberta dos princípios é de importância capital para a ciência jurídica não só pela concentração a que dá origem, mas também pelas novas regras que dela decorrem.

Observe-se aqui que precisamente esta presunção de extrair regras do princípio abstrato se tornou objeto das mais violentas críticas dirigidas à jurisprudência dos conceitos, acusadas de deduzir as regras jurídicas não de avaliação concreta dos interesses em jogo, mas de procedimento meramente lógico. Um dos maiores críticos deste procedimento será o próprio Ihering na sua outra fase: leiam-se algumas das divertidas páginas da obra *Serio e faceto nella giurisprudenza*, trad. it., Florença, Sansoni, 1954.

c) *O ordenamento sistemático*, que permite ao jurista não só lançar um olhar global sobre os dados da experiência jurídica, mas também produzir novas regras. Ihering fala neste ponto de verdadeira função *produtiva* da ciência do direito. Eis como se expressa sobre o valor do sistema em página decisiva:

> O sistema abre à ciência um campo ilimitado de atividades, uma mina inexaurível de pesquisas e descobertas; é fonte das mais vivas alegrias intelectuais. Os limites estritos da lei positiva não lhe designam limites, as questões práticas imediatas não lhe traçam nenhuma via preestabelecida [...]. Chegados a esta concepção da jurisprudência e do direito, não nos parecerá surpreendente que durante mais de cinco séculos esta ciência tenha podido exercer em Roma a mais viva atração e tomar o lugar de primeira entre todas as ciências. Abria ao espírito romano arena para uma ginástica dialética. E ao mesmo tempo nos explica por que os romanos não tinham filosofia: a ciência do direito dava plena satisfação e fornecia ampla matéria a toda e qualquer tendência filosófica sua (*op. cit.*, p. 77-78).

A *simplificação qualitativa* define-se inteiramente em uma operação fundamental em que se resume o valor científico da jurisprudência. Esta operação é a *construção*, em que Ihering vê mais propriamente a aplicação do *método da história natural* à matéria jurídica. É a construção que permite distinguir uma *jurisprudência superior* de outra *jurisprudência inferior*. Enquanto esta última se detém na interpretação da lei (pensemos, por exemplo, na função do jurista segundo a Escola da Exegese), a primeira vai além e alcança aquela operação específica do jurista científico que é a construção. Todos os juristas falam de construção, mas nenhum jamais examinou seu caráter. Para Ihering, a construção consiste na especificação e no isolamento dos *institutos jurídicos*, que ele chama, para continuar a analogia com a ciência natural, *corpos jurídicos*. Uma vez especificado um destes corpos jurídicos, a tarefa da ciência jurídica é a de fazer sua teoria, a qual se desenvolve essencialmente por meio destas fases quase obrigatórias: *definição* do instituto, ou noção que se dá com o estudo dos seus elementos constitutivos, que são o sujeito, o objeto, o conteúdo, o efeito, a ação; *evolução* do instituto, que está compreendida entre o nascimento e a morte (e eventuais modificações); *relação* deste instituto com outros institutos; por fim, *inserção* do instituto assim construído em todo o sistema.

Para ser adequada ao objetivo, a construção deve seguir algumas regras, três das quais Ihering precisa:

a) a construção deve aplicar-se exclusivamente ao direito positivo, cujo conteúdo deve respeitar, mesmo sendo livre quanto à forma;

b) deve visar à unidade sistemática, eliminando, por exemplo, as chamadas impossibilidades jurídicas e tentando conciliar o mais possível o velho com o novo;

c) deve visar a uma construção antes simples e clara do que confusa e tosca (mas esta regra é menos absoluta do que as outras). Ihering fala a este propósito de verdadeira lei estética da construção jurídica. Para que uma construção seja, além de logicamente (segunda regra), também esteticamente perfeita, é preciso que seja *clara*, isto é, capaz de tornar a relação facilmente acessível ao nosso entendimento; *transparente*, de modo que as consequências de dada relação apareçam sem véus; *natural*, isto é, incapaz de derrogar as leis do mundo físico e natural.

Não diria que todas estas coisas ditas por Ihering sobre o método da ciência jurídica sejam exatas e convincentes. Mas certamente são indicativas de certa mentalidade, da mentalidade do jurista teórico que constrói um belo sistema, preocupando-se mais com a lógica e a estética do que com as consequências práticas das suas construções. É a mentalidade que geralmente se atribui ao jurista partidário do positivismo. E é por isso que dela quisemos falar aqui à guisa de conclusão do panorama histórico desta corrente. Em seguida, a construção jurídica seria considerada tão indicativa de uma mentalidade que o próprio Ihering, na segunda fase do seu pensamento, ridicularizava-a, zombando de si mesmo desta maneira:

> Para um jurista moderno, é necessária a construção, assim como é necessária a crinolina para uma senhora que queira aparecer em sociedade. Quem inventou esta moda eu não saberia dizer. No entanto, consta-me que houve até quem fizesse a construção da construção e lhe estabelecesse os cânones, erigindo, para a execução deste trabalho, um andar novo do edifício da jurisprudência superior. Embaixo, faz-se o trabalho pesado; aí a matéria-prima é selecionada, preparada, refinada – em uma palavra, interpretada. Depois disso, ela passa ao andar de cima para as mãos especializadas de artífices sutis, que a plasmam e procuram dar-lhe forma artístico-jurídica. Mal a encontram, a massa inerte transfigura-se, torna-se coisa viva; e por uma espécie de fenômeno místico, a matéria, como outrora o barro prometeico, anima-se: o *homunculus* jurídico, quero dizer, o conceito, torna-se fecundo, acasala-se com seus semelhantes e gera a prole (*Serio e faceto, op.cit.*, p. 13).

PARTE II
A DOUTRINA
DO POSITIVISMO JURÍDICO

INTRODUÇÃO

Sumário: 32. Os pontos fundamentais da doutrina juspositivista

32. Os pontos fundamentais da doutrina juspositivista

Limitamos a parte histórica deste curso unicamente às origens do positivismo jurídico, porque seu desenvolvimento subsequente será estudado examinando os problemas doutrinários a que está dedicada esta segunda parte: de fato, tratando das várias teorias juspositivistas, faremos em cada circunstância referência aos vários autores (especialmente da segunda metade do século XIX e do século XX) que desenvolveram particularmente tais teorias.

As características fundamentais do positivismo jurídico podem ser definidas em sete pontos ou problemas, a cada um dos quais dedicaremos um capítulo específico:

1) O primeiro problema refere-se ao *modo de abordar o estudo do direito*: o positivismo jurídico responde a este problema considerando o direito *como um fato e não como um valor*. Uma vez considerado o direito como conjunto de fatos, fenômenos ou dados sociais inteiramente análogos aos do mundo natural, o jurista deve estudá-lo do mesmo modo como o cientista estuda a realidade natural, isto é, abstendo-se absolutamente de formular juízos de valor. Na linguagem juspositivista, portanto, o termo "direito" é absolutamente avalorativo, vale dizer, está privado de qualquer conotação valorativa ou ressonância emotiva: o direito é direito, a prescindir do fato de ser bom ou mau, de ser valor ou desvalor.

Desta atitude deriva uma particular *teoria da validade do direito*, a chamada teoria do *formalismo jurídico*, porquanto a validade do direito se fundamenta em critérios que se referem unicamente à sua estrutura formal, a prescindir do seu conteúdo: segundo o positivismo jurídico, a afirmação da validade de uma norma jurídica não implica também a afirmação do seu valor.

2) O segundo problema refere-se à *definição do direito*: o juspositivismo define o direito em função do elemento da coação, do qual deriva *a teoria da coatividade do direito*. Esta teoria é consequência do modo de considerar o direito que mencionamos no item precedente: considerar o direito como fato leva necessariamente a considerar como direito o que vigora como tal em dada sociedade, isto é, aquelas normas que se fazem valer com a força. (Deve-se notar, porém, que esta doutrina não é exclusiva do positivismo jurídico, já que se considera geralmente como seu primeiro formulador o jusnaturalista alemão Christian Thomasius.)

3) O terceiro problema refere-se às *fontes do direito*: na parte histórica consideramos o positivismo jurídico sobretudo deste ponto de vista e vimos como afirmou *a teoria da legislação como fonte preeminente do direito*, isto é, como considera o direito *sub specie legis*. Tal teoria comporta a elaboração de complexa doutrina das relações entre lei e costume (excluindo o costume *contra legem*

ou costume ab-rogativo e só admitindo aquele *secundum legem* e, eventualmente, *praeter legem*), das relações entre lei e direito judiciário, e entre lei e direito consuetudinário; além disso, deve enfrentar o problema das fontes chamadas "supostas" ou "aparentes", como a equidade e a natureza das coisas ou dos fatos (e veremos que esta última representa inconsciente abertura para o direito natural).

4) O quarto ponto refere-se à *teoria da norma jurídica*: o positivismo jurídico considera a norma como um comando, chegando à *teoria imperativista do direito*, a qual se distingue em inúmeras "subteorias", segundo seja concebido este imperativo – como positivo ou como negativo, como autônomo ou como heterônomo, como técnico ou como ético. Existe, ademais, o problema das "normas permissivas", o problema de saber se tais normas derrogam a natureza imperativa do direito; e, por fim, trata-se de estabelecer a quem se dirigem os comandos jurídicos, e daí deriva o problema dos destinatários da norma.

5) O quinto ponto refere-se à *teoria do ordenamento jurídico*, a qual considera a estrutura não mais da norma isoladamente tomada, mas do conjunto de normas jurídicas vigentes em uma sociedade. O positivismo jurídico afirma *a teoria da coerência e da completude* do ordenamento jurídico:

   a) a característica da *coerência* exclui que em um mesmo ordenamento jurídico possam simultaneamente coexistir duas normas antinômicas (contraditórias ou contrárias), uma vez que se considera estar implícito no próprio ordenamento o princípio segundo o qual uma das duas normas é inválida, ou ambas;

   b) com o requisito da *completude* o positivismo jurídico afirma que, a partir das normas explícita ou implicitamente contidas no ordenamento jurídico, o juiz pode sempre extrair uma *regula decidendi* para resolver qualquer caso a ele submetido – o positivismo jurídico exclui que existam *lacunas* no direito.

6) O sexto ponto refere-se ao *método da ciência jurídica*, isto é, ao *problema da interpretação* (entendendo o termo "interpretação" em sentido muito lato, de modo a compreender toda a atividade científica do jurista: interpretação *stricto sensu*, complementação, construção, criação do sistema): o positivismo jurídico afirma *a teoria da interpretação mecanicista*, que na atividade do jurista faz prevalecer o elemento declarativo sobre o produtivo ou criador do direito (usando imagem moderna, poderíamos dizer que o juspositivismo considera o jurista uma espécie de robô ou de calculadora eletrônica). Este foi o ponto escolhido pelos adversários para desencadear a contraofensiva contra o positivismo jurídico, gerando um debate muito vivo chamado pelos alemães de "batalha dos métodos" (*Methodenstreit*).

7) O sétimo ponto refere-se à *teoria da obediência*. Neste ponto não se podem fazer fáceis generalizações; no entanto, há um conjunto de posições no âmbito do positivismo jurídico que remetem à *teoria da obediência absoluta à lei como tal*, teoria sintetizada no aforismo *Gesetz ist Gesetz* (lei é lei).

A propósito desta teoria, todavia, antes que de positivismo jurídico dever-se-ia falar de *positivismo ético*, uma vez que se trata de afirmação de ordem não científica, mas moral ou ideológica. Também as origens históricas desta doutrina são diferentes daquelas das outras teorias juspositivistas: efetivamente, enquanto estas últimas referem-se ao pensamento racionalista do século XVIII, a primeira refere-se ao pensamento filosófico alemão da primeira metade do século XIX e, em particular, a Hegel.

Concluindo, o positivismo jurídico pode ser considerado sob *três aspectos*. De fato, ele é:

a) um certo modo de abordar o estudo do direito (cf. item 1);
b) uma certa teoria do direito (cf. itens 2 a 6);
c) uma certa ideologia do direito (cf. item 7).

CAPÍTULO 1

O POSITIVISMO JURÍDICO COMO ABORDAGEM AVALORATIVA DO DIREITO

Sumário: 33. O positivismo jurídico como atitude científica diante do direito: juízo de validade e juízo de valor • 34. Ciência do direito e filosofia do direito: definições avalorativas e definições valorativas • 35. "Positivismo jurídico" e "realismo jurídico": a definição do direito como norma válida ou como norma eficaz • 36. O "formalismo" como característica da definição juspositivista do direito

33. O positivismo jurídico como atitude científica diante do direito: juízo de validade e juízo de valor

O positivismo jurídico nasce do esforço de transformar o estudo do direito em verdadeira *ciência* que tenha as mesmas características das ciências físico-matemáticas, naturais e sociais. Ora, a característica fundamental da ciência, segundo as várias correntes do positivismo filosófico, consiste na sua *avaloratividade*, isto é, na distinção entre *juízos de fato* e *juízos de valor*, e na rigorosa exclusão destes últimos do horizonte do cientista, a quem cabe formular só juízos de fato. O motivo desta distinção e desta exclusão consiste na natureza diferente destes dois tipos de juízo: o *juízo de fato* representa uma *tomada de conhecimento da realidade*, uma vez que a formulação de tal juízo tem unicamente o objetivo de *informar*, de comunicar a outro uma constatação minha; o *juízo de valor*, ao contrário, representa uma *tomada de posição diante da realidade*, uma vez que sua formulação tem o objetivo não de informar, mas de *influir* no outro, isto é, de fazer com que o outro realize uma escolha igual à minha e eventualmente siga certas prescrições minhas. (Por exemplo, diante do céu tingido de vermelho pelo sol que se esconde, se digo "O céu está rubro", formulo juízo de fato; se digo "Este céu rubro é belo", formulo juízo de valor.)

Para o positivista, a ciência exclui do próprio âmbito os juízos de valor porque pretende ser conhecimento puramente *objetivo* da realidade, ao passo que os juízos em questão são sempre *subjetivos* (ou pessoais) e, portanto, contrários à exigência da objetividade. O fato novo que assinala a ruptura do mundo moderno com as épocas precedentes é representado precisamente pela atitude diferente que o homem assumiu diante da natureza: o cientista moderno renuncia a pôr-se ante a realidade com atitude moralista ou metafísica, abandonando a concepção teleológica (finalista) da natureza (pela qual ela deve ser compreendida como preordenada por Deus para certo fim), e aceita a realidade tal como é, tentando compreendê-la com métodos puramente experimentais. A mesma atitude foi adotada também pelas ciências sociais (isto é, pelas ciências que estudam o comportamento humano): por exemplo, o glotólogo estuda as línguas assim como efetivamente existem nas sociedades, sem lhes acrescentar nenhum juízo de valor, sem perguntar, por exemplo, se são perfeitas ou não, se são conformes ou não a um modelo ideal de língua e assim por diante. Também o historiador se esforça por ser objetivo, por reconstruir os fatos despindo-se das suas paixões e das suas preferências políticas e ideológicas, de modo a *explicar* os acontecimentos, não a *julgá-los* (neste sentido, Croce dizia que "a história não deve ser justiceira, mas justificadora").

Pois bem, o positivista jurídico assume atitude científica diante do direito, porquanto – como dizia Austin – estuda o direito tal como é, não tal como deveria ser. O positivismo jurídico, assim, representa o estudo do direito como *fato*, não como *valor*: na definição do direito deve ser excluída toda qualificação que se fundamente em juízo de valor e comporte a distinção do próprio direito em bom e mau, justo e injusto. O direito objeto da ciência jurídica é o que efetivamente se manifesta na realidade histórico-social: o juspositivista estuda tal direito *real* sem se perguntar se, além dele, existe também um direito *ideal* (como o natural), sem examinar se o primeiro corresponde ou não ao segundo e, sobretudo, sem fazer depender a validade do direito real da sua correspondência com o direito ideal; o romanista, por exemplo, considerará direito romano tudo o que a sociedade romana considerava como tal, sem a intervenção de um juízo de valor que distinga entre direito "justo" ou "verdadeiro" e direito "injusto" ou "aparente", assim, a escravidão será considerada instituto jurídico igual aos outros, ainda que se possa dar avaliação negativa sobre ela.

Esta atitude contrapõe o positivismo jurídico ao jusnaturalismo: de fato, este último considera que deva fazer parte do direito real também sua avaliação com base no direito ideal e que, na definição do direito, deva-se introduzir uma qualificação que discrimine o direito tal como é com base em critério estabelecido do ponto de vista do direito tal como deve ser.

Para esclarecer estas duas diferentes atitudes do juspositivismo e do jusnaturalismo, é útil introduzir os dois conceitos de *validade* do direito e de *valor* do direito.

A *validade* de uma norma jurídica indica a qualidade de tal norma, pela qual ela existe na esfera do direito ou, em outros termos, existe como norma jurídica: dizer que uma norma jurídica é *válida* significa dizer que faz parte de um ordenamento jurídico real, efetivamente existente em dada sociedade.

O *valor* de uma norma jurídica indica a qualidade de tal norma, pela qual ela é conforme ao direito ideal (entendido como síntese de todos os valores fundamentais em que o direito deve inspirar-se): dizer que uma norma jurídica é *valiosa* ou *justa*[12] significa dizer que corresponde ao direito ideal.

---

12. "Válido" é adjetivo do termo "validade"; "valioso" é adjetivo do termo "valor"; no entanto, como "valioso" é adjetivo linguisticamente pouco satisfatório, podemos substituí-lo pelo adjetivo "justo", na medida em que o valor fundamental que interessa ao direito é a justiça.

O contrário de validade é *invalidade*, o contrário de valor (ou justiça) é *desvalor* (ou *injustiça*): são dois pares de termos (validade-invalidade; valor-desvalor) que não se podem sobrepor porque representam dois pares de juízos sobre o direito formulados com base em critérios reciprocamente independentes.

A posição jusnaturalista afirma que uma norma, para ser válida, deve ser valiosa (justa): portanto, nem todo o direito existente é direito válido, porque nem tudo é justo. Esta posição identifica o conceito de validade e o de valor, reduzindo o primeiro ao segundo.

A posição juspositivista extrema inverte a posição jusnaturalista. Também ela identifica os dois conceitos, mas reduzindo o conceito de valor ao de validade: uma norma jurídica é justa só pelo fato de ser válida (isto é, de ser instituída pela autoridade legitimada pelo ordenamento jurídico para instituir normas). No entanto, é difícil encontrar um positivista que conscientemente assuma esta posição extremista: talvez ela possa ser encontrada em Hobbes, segundo quem no estado de natureza não existem critérios para distinguir o justo do injusto, uma vez que tal critério só surge com a constituição do Estado e é representado pelo comando do soberano (é justo o que o soberano comanda e injusto o que o soberano veta).

Mas não é esta a posição típica do positivismo jurídico. Ao contrário, ele costuma distinguir e separar claramente o conceito de validade daquele de valor (com efeito, pode haver direito válido que seja injusto e direito justo – por exemplo, o direito natural – que seja inválido); mesmo sem excluir a possibilidade de formular um juízo sobre o valor do direito, ele afirma que tal juízo não faz parte do campo da ciência jurídica: esta última deve se limitar a formular um juízo de validade do direito, isto é, a constatar sua existência jurídica. A razão desta posição é clara: a distinção entre juízo de validade e juízo de valor é só um caso particular (relativo ao direito) da distinção entre juízo de fato e juízo de valor. (Com efeito, a proposição "Este direito é válido" visa apenas a dar uma informação que pode servir aos cidadãos, aos juízes etc.; a proposição "Este direito é justo – ou é injusto", ao contrário, visa a influir no comportamento dos cidadãos – para fazer com que, respectivamente, obedeçam ou desobedeçam ao direito.)

34. Ciência do direito e filosofia do direito: definições avalorativas e definições valorativas

A distinção entre juízo de validade e juízo de valor terminou por assumir a função de delimitação de fronteiras entre ciência e filosofia do direito: a atitude do juspositivista, que estuda o direito prescindindo do seu valor, fez efetivamente refluir para a esfera da filosofia a problemática e as investigações relativas a ele.

O filósofo do direito não se contenta em conhecer a realidade empírica do direito, mas quer buscar seu fundamento, sua justificação: e ei-lo então posto diante do problema do valor do direito. A filosofia do direito, portanto, pode definir-se como o estudo do direito do ponto de vista de determinado valor, com base no qual se julga o direito passado e se tenta influir no vigente.

Temos assim duas categorias diferentes de definições do direito, que podemos qualificar, respectivamente, como definições científicas e definições filosóficas: as primeiras são definições *factuais*, *avalorativas* ou ainda *ontológicas*, isto é, definem o direito tal como é; as segundas são definições *ideológicas*, *valorativas* ou *deontológicas*, isto é, definem o direito tal como deve ser para satisfazer certo valor.

Os positivistas jurídicos não aceitam as definições filosóficas porque elas (introduzindo qualificação valorativa que distingue o direito em verdadeiro e aparente, segundo satisfaçam ou não certo requisito deontológico) restringem arbitrariamente a área dos fenômenos sociais que, empiricamente, factualmente, são direito.

Definições valorativas. São caracterizadas pelo fato de ter *estrutura teleológica*, isto é, de definir o direito como ordenamento que serve para conseguir certo fim: naturalmente, o fim em função do qual o direito é definido varia de filósofo para filósofo.

Uma das mais tradicionais definições filosóficas é a que define o direito em função da *justiça* (isto é, como ordenamento que serve para realizar a justiça). Ela já se encontra em Aristóteles: neste autor, antes, a identificação entre direito e justiça ocorre até no plano linguístico, uma vez que para indicar o "direito" ele usa o termo *dikaion*, que significa propriamente "justo" (de *dike* = justiça; cf. seção 1). Encontramos esta mesma definição em um filósofo contemporâneo, Radbruch:

> Direito é a realidade que tem seu significado ao servir ao valor jurídico, isto é, à ideia da justiça (*Rechtsphilosophie*, § 4).

Outro valor em função do qual se define muitas vezes o direito é o *bem comum*; clássica, a este propósito, é a formulação de São Tomás:

> Lex nihil allud est quam quaedam rationis ordinatio ad bonum commune ab eo qui curam communitatis habet promulgata [A lei nada mais é do que um ordenamento da razão para o bem comum, promulgada por alguém cuja função é cuidar da comunidade.] (*Summa...*, I.a II.ae, q. 90, art. 4º).

Esta definição é claramente deontológica ou valorativa, porquanto a lei é definida em relação a um fim particular, o bem comum; por isso, deste ponto de vista, a lei de um tirano *quoad exercitium* (isto é, do tirano que exerce o poder antes para a própria vantagem pessoal do que para o bem comum) não é verdadeira lei.

Outra famosa definição do direito é a de Kant:

> O direito é o conjunto das condições por meio das quais o arbítrio de um pode conciliar-se com o arbítrio do outro segundo uma lei universal da liberdade (*Metafisica dei costumi*, in *Scritti politici*, Utet, p. 407).

Esta definição é ontológica ou deontológica? Alguns a consideram ontológica, mas nós consideramos que seja claramente deontológica: de fato, não define o direito tal como é em todos os casos, mas tal como Kant gostaria que fosse com base nas próprias concepções políticas. Também aqui o direito é definido em função de um valor que deve realizar, ainda que este valor não seja nem a justiça nem o bem comum, mas a *liberdade individual*: com efeito, é a liberdade (mais precisamente, a liberdade externa, como ausência de impedimento) o valor que, segundo a concepção liberal teorizada por Kant, o Estado deve garantir por meio do ordenamento jurídico. Que a definição de Kant não seja ontológica, mas deontológica, evidencia-se claramente a partir do fato de que bem poucos são os ordenamentos jurídicos que garantem a todo cidadão igual esfera de liberdade: com base na formulação kantiana, a todos os ordenamentos que não garantam este resultado deveria ser negado o caráter de juridicidade (assim, não seria direito o ordenamento normativo da União Soviética, que se inspira na ideologia socialista segundo a qual o Estado deve garantir aos cidadãos, antes de tudo, a segurança social).

Encontramos recentíssimo exemplo de definição valorativa do direito nesta formulação de Piovani:

> O direito é a atividade voltada para a criação de meios capazes de impedir atentados à expansão da individualidade que se realiza no mundo histórico (*Linee di una filosofia del diritto*, Pádua, Cedam, 1958, p. 235-236).

Também esta é uma definição deontológica, porque define o direito em função de certo valor (representado neste caso pela individualidade humana).

Definições avalorativas. O positivismo jurídico dá uma definição do direito estritamente factual: mas definições deste gênero já se encontram em autores precedentes, que podem assim ser considerados precursores desta doutrina jurídica. Um pensador em que já se encontra clara distinção entre a definição ontológica do direito e a deontológica é Marsílio de Pádua (pensador medieval, autor de *Defensor pacis*, obra escrita com o fito de defender a independência do Estado em relação à Igreja e que leva às últimas consequências as doutrinas sustentadas pelos partidários do Império contra os curialistas). De fato, distinguindo entre os vários significados do termo "lei", ele afirma:

> A lei pode [...] ser considerada de dois modos. No primeiro, pode ser considerada em si ao mostrar só o que é justo ou o que é injusto, vantajoso ou nocivo [...]. Pode-se ainda considerar a lei de outro modo, segundo se dê, para sua observância, um preceito coativo associado com punição ou recompensa a atribuir neste mundo, ou se transmita por meio de tal preceito; e só quando for considerada de tal modo será chamada "lei" e o será propriamente (*Il difensore della pace*, trad. it., Utet, 1960; Disc. I, cap. X, § 4, p. 155).

Como se vê, Marsílio distingue o significado deontológico da lei daquele ontológico: se no primeiro sentido (impróprio) a lei indica o que é justo e o que é injusto, no segundo sentido (que é o próprio) a lei só indica uma realidade factual, isto é, um comando do Estado que se faz valer coativamente. O autor assim prossegue no sucessivo § 5:

> Por isso, nem todos os verdadeiros conhecimentos das coisas justas e civilmente benéficas são leis, quando não se tiverem promulgado mediante comando coativo que imponha sua observância, ou não se tiverem feito por meio de comando, ainda que, afinal, tal conhecimento verdadeiro seja certamente necessário para haver uma lei perfeita. Na verdade, mesmo conhecimentos falsos de coisas justas tornam-se às vezes leis, se for dado o comando de observá-las ou forem feitas por meio de tal comando. E encontramos um exemplo nos países de certos bárbaros, que fazem observar como lei justa que um homicida seja absolvido da sua culpa e da punição civil, desde que pague certa soma por tal delito. Ora, esta norma é [...] absolutamente injusta e, como consequência, as leis destes bárbaros não são de modo algum perfeitas (*op. cit.*, p. 156).

Deste trecho depreende-se que, segundo Marsílio:

a) o que é justo não é, por si só, direito;

b) o justo não é requisito essencial da lei, porquanto a ausência de justiça não exclui a juridicidade da norma;

c) o justo serve para distinguir não a lei da não lei, mas a lei *perfeita* da lei *imperfeita*: isto é, a justiça incide não sobre a juridicidade, mas sobre o valor da lei.

Definições deste gênero encontram-se sucessivamente no desenvolvimento do pensamento jurídico-filosófico, desde Hobbes (cf. seção 8) até Austin (cf. seção 26) e os mais recentes expoentes do positivismo jurídico. Bastará recordar a este propósito a definição do direito dada por Kelsen, considerado um dos mais importantes e coerentes teóricos do positivismo jurídico; segundo este autor, o direito

> [...] é a técnica social que consiste em obter a desejada conduta social dos homens mediante a ameaça de uma medida de coerção a ser aplicada em caso de conduta contrária (*Teoria generale del diritto e dello Stato*, trad. it., Milão, Comunità, 1952, p. 19).

Observemos como esta definição está depurada de todo elemento valorativo e de todo termo que possa ter ressonância emotiva. O direito é definido como simples técnica: como tal, pode servir para realizar qualquer finalidade ou valor, mas em si é independente de toda finalidade e de todo valor.

35. "Positivismo jurídico" e "realismo jurídico": a definição do direito como norma válida ou como norma eficaz

O positivismo jurídico, definindo o direito como conjunto de comandos promulgados pelo soberano, introduz na definição unicamente o elemento da *validade*, considerando, portanto, como normas jurídicas todas as normas promulgadas de determinado modo estabelecido pelo próprio ordenamento jurídico, a prescindir do fato de que sejam ou não efetivamente aplicadas na sociedade: na definição do direito não se introduz o requisito da *eficácia*.

Uma corrente jurídica contemporânea (surgida no início do século XIX), que pode ser considerada como inserida no positivismo jurídico entendido em sentido genérico, ainda que se diferencie do positivismo entendido em sentido estrito, julga que é insuficiente a definição do direito baseada unicamente no requisito da validade e que, ao contrário, é necessário introduzir também o requisito da eficácia. O direito – observa-se – é realidade social, realidade de fato, e sua função é a de ser aplicado: logo, uma norma que não seja aplicada, isto é, que não seja eficaz, não é direito. A doutrina desta corrente, que é conhecida com o nome de *Escola Realista do Direito*, pode ser assim resumida: é direito o conjunto de regras que são efetivamente seguidas em determinada sociedade.

A diferente definição do direito dada pela Escola Realista e pela positivista (em sentido estrito, por exemplo, por Kelsen) deriva do diferente ponto de vista em que os expoentes das duas escolas se colocam para considerar o fenômeno jurídico: os juspositivistas consideram o direito sob o ângulo visual do *dever ser*, isto é, consideram o direito como realidade *normativa*; os realistas consideram o direito sob o ângulo visual do *ser*, isto é, consideram o direito como realidade *factual*.

Observemos como é inexato considerar incompleta a definição juspositivista baseada apenas no requisito da validade: de fato, ela se adapta e reflete fielmente a atitude operativa que o jurista efetivamente assume. O jurista, na verdade, ao desenvolver a própria atividade, põe-se diante do direito sob um ponto de vista normativo, considera as normas jurídicas no plano do dever ser; antes de estudar o conteúdo de uma norma ou de um instituto jurídico, ele se pergunta se são válidos, mas não se pergunta se também são eficazes, isto é, se e em qual medida foram, são ou serão aplicados.

A diversidade entre a definição juspositivista e a realista nasce, em última análise, do modo diverso de especificar a fonte do direito. O que significa para um realista dizer que o direito são as normas efetivamente cumpridas? Em outras palavras: para estabelecer a efetividade de uma norma, observa-se o comportamento de quem? O comportamento talvez dos cidadãos? Não; quando os realistas falam de eficácia do direito não se referem ao comportamento dos cidadãos, não pretendem dizer que constituem direito as normas aplicadas por estes últimos, e isto por dois motivos: em primeiro lugar, se se acolhesse tal definição do direito, este não existiria porque não existem normas jurídicas que todos os cidadãos respeitam; em segundo lugar, é extremamente difícil (e praticamente impossível) levar a cabo uma investigação sociológica voltada para verificar se e em qual medida os cidadãos aplicam certas normas – e, portanto, verificar quais são as normas jurídicas.

Falando de eficácia, os realistas referem-se ao comportamento dos juízes, isto é, daqueles que devem fazer respeitar as regras de conduta impostas aos cidadãos: normas jurídicas, portanto, são as que os juízes aplicam no exercício das suas funções, vale dizer, na resolução de controvérsias. Logo, a definição realista do direito faz menos referência ao legislador, que estabelece as regras, do que ao juiz, que as aplica; naturalmente, ao aplicar as normas legislativas é possível que o juiz modifique seu conteúdo e, portanto, é possível uma divergência, uma contradição, entre o ordenamento do legislador e o dos juízes.

CAPÍTULO 1 – O POSITIVISMO JURÍDICO COMO ABORDAGEM (...) | 169

Portanto, o problema de saber se se deve considerar o direito do ponto de vista da validade (do dever ser) ou da eficácia (do ser) pode ser assim reformulado: qual é o verdadeiro ordenamento jurídico? O do legislador, ainda que não seja aplicado pelos juízes, ou o dos juízes, ainda que não esteja em conformidade com as normas estabelecidas pelo legislador? Para os realistas, deve-se responder afirmativamente à segunda alternativa: só é verdadeiro direito o que é aplicado pelos juízes; as normas promulgadas pelo legislador, mas que não chegam aos juízes, não são direito, mas mero *flatus vocis*. Kantorowicz, por exemplo, define o direito como

> [...] o conjunto das regras da conduta externa, de cuja aplicação está encarregado o juiz ("Legal Science", *Columbia Law Rev.*, 1928, p. 679).

Em obra sucessiva (*The Definition of Law*, Cambridge, 1958), o mesmo autor, depois de examinar e descartar longa série de definições do direito, afirma que a característica do direito é ser *justiciable* (termo inglês que não tem correspondente em italiano)*, isto é,

> [...] suscetível de ser aplicado por órgão judiciário com procedimento bem definido (*op. cit.*, p. 79).

A Escola Realista surgiu e se desenvolveu sobretudo nos países anglo-saxões, enquanto o positivismo jurídico floresceu sobretudo na Europa continental: isto se explica perfeitamente, dado que no mundo anglo-saxão os juízes desempenham papel de primeiro plano na produção das normas jurídicas, ao passo que no mundo europeu continental a produção do direito é obra essencialmente do legislador.

36. O "formalismo" como característica da definição juspositivista do direito

Seja a definição do positivismo (em sentido estrito), seja a do realismo jurídico, apesar da sua diversidade, têm um elemento em comum: são

---

*.   Em português, o *Vocabulário Ortográfico da Língua Portuguesa* (VOLP) registra o adjetivo *justiçável* (N.E.).

definições anti-ideológicas, isto é, definições que não fazem referência a valores ou a fins que seriam próprios do direito. Deste ponto de vista ambas podem ser qualificadas como definições *positivistas* (em sentido lato), em contraposição às definições ideológicas ou valorativas que (sempre em sentido lato) podem se qualificar como *jusnaturalistas*.

Se quisermos tentar precisar outra característica das definições positivistas, veremos que estabelecem o que é o direito prescindindo do seu conteúdo, vale dizer, da materialidade por ele regulada. Isto porque o conteúdo do direito é infinitamente variado: o ordenamento de uma sociedade primitiva e o de uma sociedade evoluída, o ordenamento de um Estado liberal e o de um Estado socialista, o ordenamento estatal e o canônico ou o internacional podem ser muito diferentes uns dos outros quanto ao conteúdo. Qualquer tentativa de definir o direito em relação ao seu conteúdo estaria fadada ao fracasso porque não há matéria que o direito não tenha historicamente regulado ou não possa em eventual futuro regular: até a limitação do direito à disciplina exclusiva das relações externas (como o faz Kantorowicz na primeira das suas duas definições transcritas na seção precedente) poderia ser desmentida por uma sociedade do tipo da imaginada por Orwell, em que um Estado supertotalitário controla também os pensamentos e os sentimentos dos súditos.

A propósito do conteúdo das normas jurídicas é possível fazer uma só afirmação: o direito pode disciplinar todos os comportamentos humanos *possíveis*, isto é, todos os comportamentos que não são nem *necessários* nem *impossíveis*. Na verdade, o direito é uma técnica social que serve para influir na conduta humana: ora, uma norma que ordene um comportamento necessário ou proíba um comportamento impossível seria *supérflua*; e uma norma que ordene um comportamento impossível ou proíba um comportamento necessário seria *vã*.

Este modo de definir o direito pode ser chamado *formalismo jurídico*; a concepção formal do direito, pois, define o direito unicamente em função da sua estrutura formal, prescindindo completamente do seu conteúdo. Em outras palavras, só considera *como* o direito se produz e não também *o que* ele estabelece.

O termo "formalismo" é usado em muitos ramos do saber filosófico e científico com significados variadíssimos; e mesmo na linguagem jurídica foi usado para indicar uma pluralidade de conceitos diversos. Para evitar confusões, acrescentaremos ao termo "formalismo" um adjetivo que precise sua acepção: assim, com referência à concepção do direito ora exposta, falamos de formalismo *jurídico*. Dele devem ser mantidos distintos o formalismo *científico* e o formalismo *ético*, que são as duas outras principais acepções com que este termo é usado na linguagem dos juristas:

a) Por *formalismo científico* compreende-se a concepção da ciência jurídica que destaca predominantemente antes a interpretação lógico-sistemática do que a teleológica; segundo a concepção formalista da interpretação (que era própria, como já vimos, da Escola da Exegese), as *regulae decidendi* concretas se deduzem da norma legislativa sem levar em conta a finalidade por esta buscada, o conflito de interesses que se deve dirimir e assim por diante, mas essencialmente com base em uma operação de caráter lógico.

b) Por *formalismo ético* compreende-se a concepção própria do positivismo jurídico como ideologia, segundo a qual a ação justa consiste pura e simplesmente no cumprimento do dever imposto pela lei, seja esta qual for, vale dizer, seja qual for seu conteúdo (neste sentido fala-se também de *concepção legalista* da moral).

Teremos oportunidade de encontrar estas outras duas acepções do termo "formalismo" sucessivamente na nossa exposição da doutrina do positivismo jurídico. É necessário, porém, esclarecer as relações entre a concepção positivista e a concepção formalista do direito: estas duas doutrinas nem se identificam nem são estranhas uma à outra; diremos, antes, que são duas doutrinas diversas, que, no entanto, têm muitos pontos em comum e acompanham uma à outra no seu desenvolvimento histórico.

CAPÍTULO 2

A DEFINIÇÃO DO DIREITO EM FUNÇÃO DA COAÇÃO

Sumário: 37. As origens históricas da concepção coercitiva do direito: Thomasius • 38. A teorização da concepção coercitiva: Kant e Ihering. Objeções a esta teoria • 39. A moderna formulação da teoria da coação: Kelsen e Ross

37. As origens históricas da concepção coercitiva do direito: Thomasius

O positivismo jurídico é caracterizado pelo fato de definir constantemente o direito em função da coação, no sentido de que vê nesta última um elemento essencial e típico do direito.

Antes de prosseguir, porém, são necessários dois esclarecimentos, que faremos de uma vez para sempre: quando se diz que certa doutrina é própria do positivismo jurídico, em primeiro lugar não se quer dizer que tenha sido sustentada por todos os pensadores que se filiam a esta corrente – para ser um positivista jurídico, não é necessário acolher todos os sete pontos enunciados na Introdução a esta Parte; em segundo lugar, não se quer nem mesmo dizer que tal doutrina tenha sido enunciada pela primeira vez pelos juspositivistas, mas só que estes a formularam com maior rigor e a mantiveram constantemente.

Isto vale também para a concepção coercitiva do direito: ela, apoiando-se no elemento da *vis coactiva* (como diziam os escolásticos), remete implicitamente à organização social que possui tal força de modo eminente e exclusivo, o Estado; logo, definir o direito em função da coerção significa considerar o próprio direito do ponto de vista do Estado. A definição coercitiva baseia-se, pois, em uma concepção estatal do direito: de fato, é contemporânea da formação do Estado moderno, tal como teorizado no século XVII por Hobbes, embora vá celebrar seus maiores triunfos na época do positivismo jurídico (especialmente por obra de Ihering, como veremos).

É difícil estabelecer a data de nascimento da definição coercitiva do direito: a tradição faz referência ao pensamento de Christian Thomasius, um dos mais importantes expoentes do jusnaturalismo racionalista, que viveu na Alemanha entre o final do século XVII e o princípio do século XVIII. Discípulo de Pufendorf, suas *Institutiones jurisprudentiae divinae* (de 1688) representam a retomada de temas tipicamente pufendorfianos. Mas na sua obra fundamental, os *Fundamenta juris naturae et gentium* (de 1705), expõe uma teoria pessoal, que é habitualmente considerada como o mais importante precedente histórico da teoria clássica da coação.

Não é que a tradição anterior do jusnaturalismo racionalista ignorasse a distinção entre regras que podem e regras que não podem ser aplicadas coercitivamente, mas tal distinção era formulada em termos de *jus perfectum* e *jus imperfectum* (com o uso de terminologia que remonta aos próprios romanos, entre os quais se encontra a tripartição: *leges imperfectae, leges minus quam perfectae, leges perfectae*). Já Grotius, no seu *De jure belli ac pacis*, baseara na distinção entre *jus perfectum* e *jus imperfectum* dois tipos diversos de justiça: a *justitia attributrix* (justiça atributiva) e a *justitia expletrix* (justiça expletiva). Exemplo de justiça atributiva é o ato de dar esmola: com efeito, ele está baseado em um *jus imperfectum*, isto é, em norma que impõe a um sujeito certo dever, mas não dá ao outro sujeito, em favor do qual o dever é estabelecido, a faculdade e o poder de exigir com a força seu cumprimento. Em contraposição, exemplo de justiça expletiva é representado pelo pagamento de dívida decorrente de contrato: de fato, ele se baseia em um *jus perfectum* que não só impõe a um sujeito certo dever, mas atribui também ao outro sujeito, em favor do qual o dever é estabelecido, a faculdade e o poder de obter com a força seu cumprimento. (A fórmula "faculdade e poder de obter com a força o cumprimento de um dever" tem significado diverso segundo se esteja no estado de natureza ou no civil: no primeiro caso, indica que é lícito ao próprio sujeito interessado recorrer diretamente à força para obter o que lhe é devido; no segundo caso, indica que tal sujeito pode recorrer ao Estado para que este use a força para fazer com que obtenha o que lhe é devido.) O uso da força por parte do sujeito em favor do qual se estabelece um dever no caso de *jus imperfectum* é ilícito, constitui ato de violência; no caso de *jus perfectum*, ao contrário, é lícito, porque tem função reparadora e representa não um ato de violência, mas de coerção.

Os jusnaturalistas distinguiam entre *jus perfectum* e *jus imperfectum* não só com referência às relações entre sujeitos privados, mas também entre os súditos e o Estado (assim, o Estado pode exigir o pagamento dos impostos com base em um *jus perfectum* e, portanto, o uso da força com este fim é lícito; no entanto, o interesse do Estado em que os súditos se esposem para que o povo não se extinga é só um *jus imperfectum* e, portanto, uma lei que tornasse obrigatório o matrimônio representaria ato de violência ilícita); a mesma distinção também era aplicada às relações entre os Estados, nas quais tinha até importância particular, porque servia para individualizar as normas do nascente direito internacional no conjunto de regras de variada natureza relativas às relações internacionais (assim, para dar um exemplo de manual, se o dever de um Estado de dar sepultura aos soldados inimigos mortos em batalha se baseia em um *jus imperfectum*, o Estado a que pertencem os soldados mortos não pode licitamente declarar guerra ao outro Estado para obrigá-lo a cumprir seu dever, quando poderia fazê-lo se tal dever se baseasse em um *jus perfectum*).

A inovação trazida por Thomasius a esta distinção tradicional, em linguagem moderna, poderia ser definida como *operação de purificação linguística*. Com efeito, não nega o fundamento da distinção entre *jus perfectum* e *jus imperfectum* (no sentido de que ela especifica dois tipos diversos de norma), mas afirma que não é exato qualificar como direito o chamado *jus imperfectum*, o qual designa as normas pertencentes à esfera que podemos chamar de ética, e que, em vez disso, deve-se reservar o termo direito só ao *jus perfectum*, uma vez que o direito é constituído unicamente pelas normas que são aplicadas coativamente. Esta distinção de Thomasius tornou-se clássica, tanto que no final do século XVIII os juristas se dividiam em duas escolas, segundo aceitassem ou não a definição do direito como norma coercível.

Thomasius, na realidade, não faz uma bipartição (entre direito e moral), mas uma tripartição, distinguindo todas as regras da conduta humana em três categorias, segundo se refiram ao *honestum*, ao *justum* ou ao *decorum*: o direito coincide com as normas relativas à esfera do *justum*, enquanto o *honestum* e o *decorum* compreendem todas as ações que o homem realiza para cumprir um dever para consigo mesmo, quer tal dever diga respeito ao próprio sujeito agente (*honestum* – por exemplo, a sobriedade), quer diga respeito aos outros sujeitos (*decorum* – por exemplo, a esmola). A função do *justum* é a de evitar a guerra e garantir a ordem, ao passo que a função do *honestum* é a de evitar os vícios e favorecer a perfeição pessoal: por isso, Thomasius dizia que o *justum* evita o mal maior mas busca o bem menor, enquanto o *honestum* busca o bem maior mas evita o mal menor; quanto ao *decorum*, voltado para garantir o que hoje chamaríamos de solidariedade humana e social, trata-se de categoria intermediária entre o *justum* e o *honestum*, ao evitar um mal e buscar um bem de importância média.

A cada uma dessas três categorias corresponde, segundo Thomasius, uma máxima fundamental. Para o *honestum*, ela é "Faz por ti mesmo o que queres que os outros façam por si mesmos"; para o *decorum*, "Faz aos outros o que queres que os outros façam a ti"; para o *justum*, "Não faças aos outros o que não queres que os outros façam a ti". (Como se vê, enquanto as duas primeiras máximas impõem deveres positivos, a terceira – a do direito – só impõe deveres negativos.)

Thomasius, para distinguir o direito das outras normas éticas, afirma que ele regula as *ações externas e intersubjetivas*:

a) A *exterioridade* da ação distingue o direito das normas do *honestum*, as quais regulam as ações internas, isto é, as ações que só interessam ao sujeito agente.

b) A *intersubjetividade* distingue as normas jurídicas das normas do *decorum*, uma vez que, se ambas regulam ações que se referem a sujeito diverso do agente, só as primeiras regulam ações intersubjetivas, isto é, ações em que o outro (o destinatário da ação) se põe como sujeito titular de pretensão a tal ação, enquanto as segundas regulam ações externas, mas não intersubjetivas, nelas faltando esta relação de *reciprocidade*.

O que distingue o direito das outras duas categorias de normas é que só ele pode ser imposto com a força, a qual, ao contrário, não é compatível com as ações relativas ao *honestum* e ao *decorum*:

> Ad decorum nemo cogi potest, et si cogitur amplius decorum non est [Ninguém pode ser obrigado a agir com decoro e, se for obrigado, não será mais decoro.] (*Fundamenta...*, *op. cit.*, I, 5, § 21).

Como se vê, a teoria de Thomasius não trata simplesmente de uma questão acadêmica, tal como seria a definição do direito, mas envolve diretamente um problema fundamental de filosofia política, o dos limites da competência do Estado. Ela, na verdade, não se limita a definir como normas jurídicas exclusivamente as normas coercíveis, mas estabelece também a que tipos de ação devem se referir as normas jurídicas, deixando fora do campo do direito (e, portanto, da competência do Estado que institui tal direito) todos os atos relativos à vida interior do homem. E isto não por acaso: de fato, Thomasius (um dos primeiros iluministas alemães) era fervoroso defensor da liberdade de pensamento e, particularmente, da liberdade e da tolerância religiosa.

38. A teorização da concepção coercitiva: Kant e Ihering. Objeções a esta teoria

Depois de Thomasius transformar a distinção entre *jus perfectum* e *jus imperfectum* na distinção entre direito (*justum*) e moral (*honestum* e *decorum*), no desenvolvimento sucessivo do pensamento jurídico direito e coação tornam-se dois termos quase indissolúveis. Na elaboração teórica desta concepção um lugar de primeiro plano é ocupado por Kant. Como vimos precedentemente (cf. seção 34), este autor define o direito como meio para garantir a coexistência das esferas de liberdade externas de todos os cidadãos: tal definição não será talvez incompatível com a afirmação, feita também por Kant, segundo a qual a coação é elemento característico e essencial do direito? Encontramos a resposta a esta pergunta em trecho da *Metafísica dos costumes* intitulado: "O direito está associado à faculdade de coagir", em que o autor afirma:

> A resistência que se opõe ao que impede um efeito serve de auxiliar a este efeito e concilia-se com este. Ora, tudo o que é injusto é impedimento à liberdade de acordo com leis universais, e a coerção é, ela mesma, obstáculo ou resistência à liberdade. Em consequência, quando certo uso da liberdade mesma é impedimento à liberdade de acordo com leis universais (vale dizer, é injusto), então a coerção oposta a tal uso, ao servir para impedir um obstáculo à liberdade, concilia-se com a própria liberdade de acordo com leis universais (vale dizer, é justa). Logo, ao direito está associada, segundo o princípio da contradição, a faculdade de coagir a quem lhe causa dano (*Scritti politici, op. cit.*, p. 408).

Esta passagem poderá talvez não parecer inteiramente clara ao leitor (e, na realidade, a *Metafísica dos costumes*, escrita na velhice tardia, será talvez a obra de Kant que apresenta maiores dificuldades por causa das suas obscuridades e repetições). De todo modo, seu significado é este: meu ato ilícito representa um abuso da minha liberdade, com que invado a esfera de liberdade do outro; com o fito de reconstituir em favor do outro sua esfera de liberdade por mim injustamente invadida, o único remédio é usar a coerção contra mim de modo a me fazer desistir do meu abuso. A coação é uma não-liberdade que rechaça minha não-liberdade: isto é, ela é negação da negação e, portanto, afirmação (precisamente, é a reafirmação da liberdade do terceiro lesada pelo meu ilícito).

Deste modo, a coação é perfeitamente compatível com a noção kantiana do direito como fundamento da liberdade externa. O que distingue o direito da moral é justamente o fato de que, enquanto o primeiro é coercível, a segunda não o é; esta relação diferente do direito e da moral com a coerção deriva da natureza diferente do ato jurídico e do ato moral; o ato jurídico consiste puramente na conformação exterior do sujeito à norma, logo o fato de que tal conformação seja obtida com a força não anula a juridicidade do ato; ao contrário, o ato moral consiste na adesão à norma por respeito à própria norma e, portanto, não pode ser obtido com a força porque esta não obtém a adesão interna necessária para a moralidade do ato. Ou, se quisermos considerar o problema não mais do ponto de vista da natureza do ato, mas daquele da natureza da norma, poderemos dizer: a coação se concilia com a norma jurídica porque esta é heterônoma, mas não com a norma moral porque esta é autônoma.

Kant acrescenta, em curioso apêndice, que existem duas exceções ou casos anômalos ao princípio pelo qual o direito anda sempre junto com a sanção: no primeiro caso, existe *direito sem coação* (e é o caso do direito baseado na *equidade*; por exemplo, o direito do servidor de ser pago não com uma soma de dinheiro nominalmente correspondente à pactuada – o que é de estrito direito –, mas com uma soma que tenha o valor efetivo da compensação pactuada, se durante a prestação ocorrer desvalorização da moeda; tal direito, sendo baseado apenas na equidade, não pode ser imposto coativamente); no segundo caso, existe *coação sem direito* (e é o caso de quem comete delito agindo em *estado de necessidade*; por exemplo, o náufrago que, para salvar a si mesmo, empurra de uma tábua, que pode levar só uma pessoa, o companheiro de desventura; nesta situação – observa Kant –, o sujeito, mesmo sendo culpado, não pode ser punido porque nenhuma punição poderia ser maior do que a perda da vida que o náufrago, com aquele gesto, salvou).

No século XIX a doutrina da natureza coercitiva do direito torna-se patrimônio comum do pensamento jurídico: está presente, por exemplo, em Austin, que define o direito certamente como comando, mas indica como característica deste último precisamente a sanção. Mas a teorização mais importante e, por assim dizer, a celebração desta concepção se deve a Rudolf von Ihering, na obra intitulada *A finalidade no direito* (*Der Zweck im Recht*, em dois volumes, dos quais o primeiro está traduzido em francês com o título *L'évolution du droit*), que representa uma obra capital na teoria geral do direito do século XIX e em que encontramos formulados alguns problemas que se reapresentarão em seguida continuamente na doutrina jurídica. Segundo Ihering, a categoria fundamental para interpretar o mundo das ações humanas é a *finalidade* (e, portanto, a relação entre meio e fim), assim como a *causa* é a categoria fundamental para interpretar o mundo da natureza. O autor aponta quatro tipos fundamentais de finalidade que definem as quatro categorias fundamentais de ações humanas:

a) o *ganho* (*Lohn*) e a *coação* (*Zwang*), que caracterizam, respectivamente, a esfera do *econômico* e a esfera do *jurídico*: a atividade econômica é atividade voltada para conseguir um ganho; a jurídica está voltada para evitar uma consequência desagradável (a pena);

b) o *sentimento do dever* e o *amor*, que caracterizam as esferas das atividades éticas.

(Estas quatro finalidades relacionam-se entre si deste modo: o ganho e o amor representam a busca, respectivamente, de um fim egoísta e de um fim altruísta; a coação e o sentido do dever representam a obediência a uma regra, respectivamente, por temor à sanção contida na regra e por amor à própria regra.)

A coação define, portanto, o mundo do direito, e ela é instituída pelo Estado: *direito*, *coação* e *Estado* são, assim, três elementos indissoluvelmente unidos. Eis como Ihering define a coação:

> Por coação, no sentido mais amplo, entendo a realização de uma finalidade mediante a subjugação da vontade de outro (*Der Zweck im Recht*, vol. I, p. 152).

(O autor interpreta a coação no sentido mais lato, entendendo por ela não só a coação física mas também a psíquica). E eis como define o direito:

> O direito é a forma que reveste a garantia das condições vitais da sociedade, baseada no poder coercitivo do Estado (*op. cit.*, vol. I, p. 441);

ou, de modo mais breve e incisivo:

O direito é o conjunto das normas coativas vigentes em um Estado (*op. cit.*, vol. I, p. 320).

A coação se exerce por meio da *Gewalt*, termo que em alemão indica o *poder* que se exterioriza na força; as relações entre poder e direito são assim definidas:

> O poder (*Gewalt*) pode, em caso de necessidade, restar sem o direito [...]. O direito sem poder é vazio nome sem realidade, porque só o poder, que realiza a norma do direito, faz do direito o que é e deve ser (*op. cit.*, vol. I, p. 253).

O Estado é definido por Ihering como a organização definitiva do uso do poder para as finalidades humanas, isto é, como a organização social detentora do poder coativo (*Zwangsgewalt*) regulado e disciplinado: tal disciplina da *Zwangsgewalt* é precisamente o direito (*op. cit.*, vol. I, p. 318).

Depois de Ihering a teoria da coação tornou-se *communis opinio* da filosofia do direito, encontrada nas principais obras contemporâneas de teoria geral do direito. Assim, Giorgio Del Vecchio afirma, nas suas *Lições de filosofia do direito*, que o direito tem quatro características fundamentais: a bilateralidade, a generalidade, a imperatividade e a *coatividade*; e Francesco Carnelutti, na sua *Teoria geral do direito*, indica como os dois elementos constitutivos da norma jurídica o *preceito* e a *sanção*.

Mas não faltaram nem faltam resistências e críticas a esta doutrina, que não é acolhida, por exemplo, por Jellinek e por Thon. Isto se deveu ao fato de que a teoria da coação está ligada a uma concepção puramente estatal-legislativa do direito (vale dizer, a uma concepção que vê o Estado, e mais precisamente a lei, como a fonte do direito); se se considerar o direito de um ângulo visual diferente, o caráter da coatividade pode parecer não tão evidente e imediato. As críticas contra a doutrina da coação podem ser resumidas em três objeções:

a) A coação está ausente do *costume*, que, baseando-se na chamada *opinio juris ac necessitatis* [convicção de que um comportamento seja justo e obrigatório], representa adesão espontânea da consciência social a uma norma jurídica. Esta objeção nos parece de pouco valor por só demonstrar que algumas regras jurídicas podem ser seguidas espontaneamente, ao passo que, para negar a doutrina da coação, seria preciso demonstrar a possibilidade de um ordenamento jurídico do qual estivesse totalmente ausente o uso da força. Ora, mesmo admitindo a possibilidade de tal ordenamento, ele não poderia ser corretamente chamado jurídico; se, de fato, não queremos usar o termo "direito" atribuindo-lhe significado arbitrário, não podemos qualificar como jurídico um ordenamento que não tem nada em comum com os ordenamentos historicamente conhecidos como jurídicos.

b) A segunda objeção refere-se ao *direito público e constitucional*: muitas normas que regulam as atribuições e as atividades dos órgãos supremos do Estado não estão garantidas pela coação, porque não existem outros órgãos que possam aplicá-la (*quis custodiet custodes ipsos?* [Quem irá vigiar os próprios vigilantes?]).

c) Uma terceira objeção é dirigida do ponto de vista do *direito internacional*, em que não existem meios para impor coercitivamente as normas que regulam as relações entre os Estados. E, na verdade, a maior parte dos adeptos da teoria da coerção nega a juridicidade do ordenamento internacional: desde Austin, que considera tal ordenamento como moralidade positiva, até Carnelutti, que o considera como direito *in fieri*, em embrião, mas não ainda efetivamente existente.

39. A moderna formulação da teoria da coação: Kelsen e Ross

A doutrina da coação exposta na seção precedente é a que podemos chamar de clássica ou tradicional: mas, a partir de Ihering, ela passou por todo um desenvolvimento, muitas vezes inconsciente, até vir a assumir significado completamente diferente. Para que o leitor possa nos seguir, antecipemos os resultados do nosso discurso e digamos: para a teoria clássica, a coerção é o *meio* com que se aplicam as normas jurídicas, ou, em outras palavras, o direito é um conjunto de normas aplicadas coativamente; para a teoria moderna, a coerção é o *objeto* das normas jurídicas, ou, em outros termos, o direito é um conjunto de normas que regulam o uso da força coativa.

Quando Ihering diz que "o direito é o conjunto de normas coativas vigentes em um Estado", está claramente no âmbito do que chamamos *teoria clássica* da coerção. Mas existem dois pontos no pensamento deste mesmo autor em que ele desliza inconscientemente para o que definimos *teoria moderna* da coerção. O primeiro ponto refere-se à sua concepção do Estado: quando diz que o direito é a disciplina da *Zwangsgewalt* (poder coativo) cujo detentor é o Estado, parece considerar a coação não como o meio para aplicar as normas jurídicas, mas sim como o objeto mesmo de tais normas.

O segundo ponto refere-se à teoria dos destinatários da norma jurídica: Ihering é considerado o primeiro a substituir a norma tradicional segundo a qual os destinatários das normas são os cidadãos (isto é, todos os membros da sociedade) por aquela (hoje muito difundida) segundo a qual os destinatários são os órgãos judiciários (e, em geral, os órgãos do Estado). Na experiência jurídica encontramos normas (*primárias*) que regulam o comportamento dos cidadãos e outras normas (*secundárias*) que regulam o modo como os órgãos estatais devem reagir no caso de os cidadãos não cumprirem seu dever: segundo Ihering, as normas jurídicas em sentido estrito são as secundárias, enquanto as primárias são só o pressuposto para que elas possam ser aplicadas. Ora, não haverá contradição entre definir o direito como conjunto de normas impostas coativamente e só considerar como jurídicas as normas dirigidas aos juízes? De fato, estas últimas não são normas aplicadas coativamente (são observadas por um fenômeno de adesão espontânea), mas sim normas que disciplinam o uso da força em relação aos cidadãos.

É difícil dizer como e quando ocorreu a passagem da concepção clássica da teoria coativa à moderna, porque a diferença radical existente entre estas duas concepções não é geralmente percebida e ressaltada, e, portanto, o processo de transformação ainda não foi estudado. No entanto, podemos dizer que em alguns autores contemporâneos a doutrina da coação como objeto do direito está clara e conscientemente formulada. Ela é enunciada, por exemplo, por Kelsen, que considera a sanção não mais como meio para realizar a norma jurídica, mas como elemento essencial da estrutura de tal norma. Contra a teoria tradicional da coação ele formula a objeção do *regresso ao infinito*, segundo a qual, se o direito é uma norma aplicada coativamente, também a norma secundária (que garante a aplicação da coação), para se tornar uma norma jurídica, deve por sua vez ser garantida por uma terceira norma que estabeleça sanção por sua inobservância, e a terceira deve ser garantida por uma quarta, e assim por diante, com duas possíveis conclusões: ou se postula um número infinito de normas (o que é absurdo), ou se admite que as normas últimas nas quais se apoia um ordenamento jurídico não são impostas coativamente (o que desmente a afirmação de que o direito é constituído por normas coativas). Kelsen responde a esta objeção precisamente ao evidenciar que o significado da teoria da coação por ele defendida é diferente daquele que tal teoria tradicionalmente tem:

> A afirmação de que para assegurar a eficácia de uma regra de grau *n* seja necessária uma regra de grau *n + 1*, e portanto seja impossível assegurar a eficácia de todas as regras que disponham de sanções, é correta; mas a regra de direito não é uma regra cuja eficácia seja assegurada por outra regra que dispõe uma sanção, ainda que a eficácia desta regra não seja assegurada por outra regra. Uma regra é uma regra jurídica não porque sua eficácia é assegurada por outra regra que dispõe uma sanção; uma regra é uma regra jurídica porque dispõe uma sanção. O problema da coerção (coação, sanção) não é o problema de assegurar a eficácia das regras, mas o problema do conteúdo das regras (*Teoria generale del diritto e dello Stato, op. cit.*, p. 28-29).

Mas o autor que mais clara e conscientemente põe o dedo na ferida, destacando o significado novo e diferente que a teoria da coação passou a assumir, é Alf Ross. Mesmo sendo um ex-aluno de Kelsen que em muitos pontos abandonou o ensinamento do mestre (de fato, é um dos mais respeitados expoentes da Escola Realista do Direito), no ponto que nos interessa ele permaneceu fiel à posição kelseniana e até evidenciou todas as suas consequências implícitas. Eis como se expressa:

Um sistema jurídico nacional é um sistema de normas que dizem respeito ao exercício da força física. [...] Devemos insistir no fato de que a relação entre as normas jurídicas e a força consiste em que elas dizem respeito à aplicação da força e não que são protegidas por meio da força (*On Law and Justice*, p. 52-53).

Portanto, segundo a moderna formulação da teoria da coação, o direito é um conjunto de regras que têm por objeto a regulamentação do exercício da força numa sociedade. Para esclarecer esta concepção do direito, consideremos a passagem do estado de natureza ao estado civil. O estado de natureza é caracterizado pelo uso indiscriminado da força individual: cada qual usa arbitrariamente sua força, sem que tal comportamento possa jamais ser qualificado como ilícito (Hobbes falava neste sentido de *bellum omnium contra omnes* [Guerra de todos contra todos.]). O direito surge quando cessa este exercício indiscriminado da força individual e se estabelecem modalidades de exercício da força com referência a quatro pontos fundamentais, *quem*, *quando*, *como*, *quanto*:

a) O direito estabelece, antes de mais nada, *quem* deve usar a força: seu exercício não mais cabe a todos, mas só a um grupo determinado de pessoas. Temos assim a formação do monopólio do uso da força em favor de um grupo social (o Estado e seus órgãos), e o exercício da força se qualifica como lícito ou ilícito segundo provenha do grupo monopolizador ou de outros sujeitos: o assassinato de uma pessoa por parte de um particular é crime, ao passo que o assassinato de um condenado à morte por parte do Estado (por meio do carrasco) é ato lícito (e, para o carrasco, dever); os dois fatos são materialmente idênticos mas têm qualificação jurídica diversa e oposta.

b) O direito estabelece, em segundo lugar, *quando* o grupo monopolizador pode usar a força: ela não pode ser exercida arbitrariamente, mas só quando se verificam determinadas circunstâncias previstas pela lei (isto é, quando se cometem ilícitos; assim, o Código Penal pode ser considerado não como conjunto de normas que dirigem comandos aos cidadãos, mas como conjunto de normas que impõem aos juízes aplicar certas penas quando os cidadãos realizam certos atos).

c) Em terceiro lugar, o direito estabelece *como* a força deve ser exercida: as normas processuais regulam precisamente as modalidades pelas quais se chega à aplicação da coação, de modo a atribuir aos cidadãos certas garantias contra usos arbitrários do poder por parte do Estado.

d) E, por fim, o direito regula também a *quantidade* da força, estabelecendo quais atos de coerção podem ser exercidos; e, além disso, tem a finalidade de reduzir ao mínimo o exercício arbitrário do poder por parte do grupo monopolizador.

Para esclarecer esta concepção do direito como regulamentação do uso da força, podemos dar alguns exemplos extraídos de ordenamentos normativos diferentes do estatal. Tomemos a *sociedade familiar*: se todos os seus membros estivessem livres para trocar pescoções, estaríamos ante um uso indiscriminado da força. Ao contrário, as famílias são reguladas por leis não escritas que estabelecem quem pode usar a força (o pai e, por sua delegação, a mãe); a medida em que deve ser usada (o pai que pune o filho comporta-se de modo diverso daquele como se comportam dois irmãos que brigam entre si); e, finalmente, as circunstâncias em que a força deve ser usada. Segundo a concepção que estamos explicando, seria impróprio formular uma regra familiar nestes termos "O filho deve estudar a lição e, se não a estudar, seu pai o punirá"; ao contrário, deve ser formulada deste modo "O pai deve punir o filho se este não estuda a lição".

Outro exemplo é representado pelas regras do *Código cavalheiresco*: este Código não estabelece em absoluto quais são os deveres dos cavalheiros, mas como deve ser usada a força se acontecerem certos fatos previstos por outras normas (de natureza moral, social etc.). O Código cavalheiresco serve para evitar o uso indiscriminado da força; no nosso caso, para evitar que os mencionados senhores troquem tiros ou golpes de sabre em via pública. Outro caso é representado pelas regras (recentemente recolhidas e publicadas por Pigliaru) que disciplinam o exercício da vingança entre os pastores da Barbagia, na Sardenha: mesmo a *vendetta* típica da Barbagia é regulada por normas precisas que estabelecem os atos ofensivos em razão dos quais ela pode (ou melhor, deve) ser realizada, bem como as próprias modalidades de execução (por exemplo, é vedado, morto o ofensor, desrespeitar seu cadáver).

Um último e mais importante exemplo é representado pelo *ordenamento internacional*: ele pode ser interpretado como um ordenamento constituído não por normas reguladoras das relações entre os Estados, a serem aplicadas coativamente, mas por normas disciplinadoras do uso da força nas relações internacionais (guerra, represália). De fato, o núcleo essencial e historicamente originário do direito internacional é constituído pelo *jus belli*, tanto é verdade que se considera o direito internacional irremediavelmente infringido quando são violadas as normas do direito bélico.

Da definição do direito como conjunto de normas que disciplinam o uso da força deriva importante consequência: com efeito, parece que tal definição não mais possa ser dita *formalista*, porque define o conteúdo, o objeto do direito. Esta é uma consequência que ainda não teve o devido destaque, mas mereceria atenta reflexão.

CAPÍTULO 3

A TEORIA DAS FONTES DO DIREITO: A LEI COMO ÚNICA FONTE DE QUALIFICAÇÃO

Sumário: 40. O significado técnico da expressão "fontes do direito" • 41. Condições necessárias para que em um ordenamento jurídico exista uma fonte prevalente • 42. Fontes de qualificação jurídica; fontes de cognição jurídica (fontes reconhecidas e fontes delegadas) • 43. O costume como fonte de direito na história do pensamento jurídico e na história das instituições positivas • 44. A decisão do juiz como fonte de direito. A equidade • 45. A chamada "natureza das coisas" como fonte de direito

40. O significado técnico da expressão "fontes do direito"

O problema das fontes do direito é um dos pontos fundamentais da doutrina juspositivista, ainda que neste capítulo ele não vá nos reservar nenhuma grande novidade, dado que já o abordamos na Parte histórica, examinando as origens do positivismo jurídico particularmente do ponto de vista do predomínio que, na formação do Estado moderno, a lei veio a adquirir sobre as outras fontes do direito.

Tentemos, em primeiro lugar, traduzir em termos técnico-jurídicos o significado da expressão, pertencente à linguagem comum, "fontes do direito": *são fontes do direito os fatos ou os atos a que determinado ordenamento jurídico atribui a propriedade ou a capacidade de produzir normas jurídicas*. (Falamos de *fatos* ou de *atos*, segundo os eventos a que o direito se refere sejam acontecimentos em relação aos quais se prescinde da consideração do elemento subjetivo – conhecimento e vontade – próprio do agir humano, ou sejam comportamentos humanos que incluem tal elemento subjetivo; com referência aos fatos, falamos de *propriedade*, com referência aos atos falamos de *capacidade*.)

A importância do problema das fontes do direito consiste no fato de que dele depende o estabelecimento da pertinência das normas, com que temos de nos haver, a determinado ordenamento jurídico: tais normas a este pertencem ou não, segundo derivem ou não dos fatos ou atos de que o ordenamento jurídico faz depender a produção das suas normas. Formulado em outros termos, o problema das fontes do direito refere-se à validade das normas jurídicas: uma norma é válida (isto é, existe juridicamente – cf. seção 33) se é produzida por fonte autorizada, ou, em outros termos, se pode ser referida a um dos fatos ou atos com propriedade ou capacidade, segundo o ordenamento, de produzir normas jurídicas.

A importância deste problema logo se revela se observamos que os juristas, antes de iniciar a análise da disciplina jurídica de dada matéria, preocupam-se em estabelecer preliminarmente quais são as fontes de que derivam as normas que regulam a matéria em questão. Por outra parte, os ordenamentos jurídicos que alcançaram certa complexidade e certa maturidade, como os modernos, estabelecem, eles mesmos, quais são as fontes do direito, o que significa que estabelecem os critérios de validade das próprias normas. Estes ordenamentos não contêm só normas que regulam o comportamento dos membros da sociedade, mas também normas que regulam a produção jurídica, isto é, normas que regulam o modo como deve ser regulado o comportamento dos súditos, dando origem a uma regulamentação da regulamentação (quase diríamos: uma regulamentação ao quadrado). A doutrina jurídica discrimina estas duas categorias de normas, qualificando-as, respectivamente, como *regras de comportamento* e como *regras de estrutura ou de organização*.

41. Condições necessárias para que em um ordenamento jurídico exista uma fonte prevalente

A doutrina juspositivista das fontes gira em torno do princípio da prevalência de determinada fonte do direito (a lei) sobre todas as outras. Para que tal situação seja possível, são necessárias duas condições: que em dado ordenamento jurídico existam várias fontes e que estas fontes não estejam no mesmo plano.

a) Primeira condição é que o ordenamento jurídico em questão seja um *ordenamento complexo*. Chamamos ordenamento jurídico *simples* aquele em que só existe uma fonte de direito; *complexo*, aquele em existem várias fontes. Os ordenamentos jurídicos historicamente conhecidos são geralmente ordenamentos complexos. Mesmo um ordenamento normativo rudimentar, como o familiar, é geralmente um ordenamento complexo: seria simples se todas as suas normas fossem diretamente fixadas pelo pai; no entanto, muitas vezes este delega à mãe a disciplina de certas matérias e outras vezes as normas derivam dos costumes do ambiente social a que pertence a família.

b) Mas o ordenamento deve ser, além de complexo, também *hierarquicamente estruturado*. Chamamos *paritário* o ordenamento em que existem várias fontes postas no mesmo plano, o que significa, sem metáfora, várias normas que têm o mesmo valor; chamamos *hierárquico* ou *hierarquizado* o ordenamento em que existem muitas fontes que não estão postas no mesmo plano, mas em planos diversos, isto é, não têm o mesmo valor, mas valor diverso, maior ou menor, por serem hierarquicamente subordinadas umas às outras.

Um ordenamento integralmente paritário (em que todas as fontes do direito: lei, costume, precedentes judiciários, regras da ciência jurídica, tenham o mesmo valor) é também, como um ordenamento simples, caso mais hipotético do que historicamente verificável. No entanto, pode haver ordenamento parcialmente paritário, isto é, em que algumas das fontes do direito tenham o mesmo valor: por exemplo, a lei e o costume. Neste caso, o juiz goza aparentemente de extrema liberdade de escolha para individualizar a norma de que extrair a concreta *regula decidendi*, no sentido de que, existindo várias normas contrastantes entre si que regulam a mesma matéria e derivam de fontes paritárias diversas, o juiz poderia escolher *indiferentemente* uma ou outra. Na realidade, nem mesmo neste caso o juiz goza desta total liberdade de escolha. De fato, existe um critério para estabelecer qual norma deve ser aplicada mesmo no caso de fontes paritárias: é o *critério cronológico*, segundo o qual, no caso de várias normas entre si contrastantes, deve ser seguida a norma que passou a existir sucessivamente, com base no princípio: *lex posterior derogat priori* [a lei posterior revoga a anterior]. Assim, se a norma consuetudinária veio a existir depois da norma legislativa, aplicar-se-á a consuetudinária; em caso contrário, aplicar-se-á a legislativa.

Geralmente, porém, os ordenamentos jurídicos são hierarquizados, no sentido de que suas fontes se dispõem em planos diversos, hierarquicamente subordinados uns aos outros. Neste caso, o conflito de normas entre si contrastantes e provenientes de fontes diversas é resolvido não mais com base no critério cronológico, mas com base no *critério hierárquico*, formulado no princípio: *lex superior derogat inferiori* [a lei superior revoga a inferior], segundo o qual se deve aplicar a norma proveniente da fonte de grau superior, e isto mesmo que a norma proveniente da fonte de grau inferior seja posterior no tempo; portanto, no caso de conflito entre o critério cronológico e o hierárquico, este último é que prevalece (cf., mais amplamente, *infra*, cap. 5, seção 53).

42. Fontes de qualificação jurídica; fontes de cognição jurídica (fontes reconhecidas e fontes delegadas)

A doutrina juspositivista das fontes parte da situação anteriormente descrita, isto é, da existência de ordenamentos jurídicos complexos e hierarquizados, e afirma que a fonte prevalente, vale dizer, a fonte que se encontra no plano hierárquico mais alto, é a lei, por ser esta a direta manifestação do poder soberano do Estado, e que os outros fatos ou atos produtivos de normas são só fontes subordinadas. Esta relação de subordinação se explicita ou com base em processo de *reconhecimento* (ou *recepção*), ou com base em processo de *delegação*, razão pela qual se fala de *fontes reconhecidas* e de *fontes delegadas*:

a) Fala-se de *reconhecimento* ou *recepção* quando existe um fato social precedente ao Estado ou, de todo modo, independent dele, que produz regras de conduta a que o Estado *reconhece* (isto é, atribui) *a posteriori* o caráter de juridicidade ou, em outros termos, que o Estado *recepciona* (isto é, acolhe em bloco) no próprio ordenamento, sem ter contribuído para a formação do seu conteúdo.

b) Fala-se, ao contrário, de *delegação* quando o Estado atribui a um órgão seu, diferente daquele portador da soberania, ou mesmo a uma instituição social distinta da organização estatal, o poder de instituir normas jurídicas para certas matérias e dentro de certos limites estabelecidos pelo Estado mesmo: este poder se diz *delegado* precisamente porque não pertence originariamente à instituição que o exerce, mas ao Estado.

Nem sempre é fácil estabelecer se uma fonte subordinada deve se considerar reconhecida ou delegada, porque muitas vezes a resposta depende essencialmente do ângulo visual que se assume e da maior ou menor simpatia que se tem por estas duas categorias jurídicas do reconhecimento e da delegação (se se seguirem critérios estritamente jurídico-formalistas, a inclinação será para a segunda categoria; se se seguirem critérios jurídico-sociológicos, a inclinação será para primeira).

Exemplo quase indiscutido de fonte reconhecida é representado pelo *costume*: neste caso, com efeito, estamos diante de regras produzidas pela vida social fora do ordenamento jurídico estatal e por este último acolhidas em um segundo momento como normas jurídicas. Mas até este exemplo foi posto em discussão: de fato, em recente, amplo estudo sobre o costume, Balossini argumenta que os usuários (isto é, os membros da sociedade), os quais com a repetição do seu comportamento dão origem à norma consuetudinária, são verdadeiros órgãos do Estado e que seus atos são análogos aos dos membros do Parlamento que votam uma lei: a produção legislativa do direito seria só um modo mais rápido de produzir o direito mediante o emprego de profissionais da produção jurídica (os membros do Parlamento)[13]. A construção de Balossini é uma tentativa, feita de um ponto de vista formalista, de explicar o costume como fonte delegada do direito.

Caso muito mais debatido é o das *normas negociais*, isto é, das normas juridicamente vinculantes fixadas pelos cidadãos para regular seus interesses privados por meio dos contratos e dos negócios jurídicos em geral. Segundo alguns, aqui estamos diante de caso análogo ao costume: em outras palavras, estamos diante de normas estabelecidas pelos sujeitos no âmbito da sua *autonomia privada*, normas que o Estado se limita em um segundo momento a convalidar no plano jurídico; segundo outros, no entanto, trata-se de normas que os particulares instituem com base no *poder negocial* a eles delegado pelo Estado, o qual julga mais oportuno não disciplinar diretamente certas matérias, mas demandar sua disciplina aos próprios interessados.

Exemplo seguro de fonte delegada são os *regulamentos*, vale dizer, as normas jurídicas emitidas pelo poder executivo para efetivar as normas contidas em lei, com base na autorização do próprio poder legislativo. Se considerarmos o ordenamento jurídico como *construção por níveis* (no

---

13. C.E. Balossini, *Consuetudini, usi, pratiche, regole del costume*, Milão, Giuffrè, 1958.

sentido de ser constituído por um conjunto de normas hierarquicamente subordinadas umas às outras), poderemos utilizar o conceito de delegação para explicar outras relações de subordinação existentes entre as várias categorias de normas. Na verdade, pode-se ver entre o poder constituinte e o poder legislativo ordinário a mesma relação de delegação existente entre o poder legislativo e o poder regulamentador do governo: o poder legislativo ordinário aparece como o poder delegado para ditar normas segundo as diretrizes da constituição; a mesma relação de delegação se pode ver entre o poder legislativo ordinário e o judiciário: este último pode ser considerado o poder delegado para disciplinar os casos concretos, executando as diretrizes gerais contidas na lei.

As fontes do direito que são postas em plano hierarquicamente subordinado têm caráter e significado jurídicos diversos das que são postas no plano hierárquico supremo: as primeiras, de fato, produzem regras que não têm em si mesmas a qualificação de normas jurídicas, mas recebem tal qualificação de fonte diversa, superior à que as produziu; as segundas, ao contrário, não só produzem as regras, mas atribuem a elas, diretamente e por virtude própria, a qualificação de normas jurídicas. Por isso, as fontes subordinadas são ditas *fontes de cognição jurídica* e as supraordenadas, *fontes de qualificação jurídica*. Ora, o positivismo jurídico, apesar de admitir uma pluralidade de fontes de cognição, afirma a existência de uma só fonte de qualificação e identifica como esta última a lei; se, portanto, usamos o termo "fontes do direito" em sentido estrito, para indicar unicamente as fontes de qualificação, o ordenamento jurídico tal como o concebe o juspositivismo mostra-se não mais como ordenamento complexo, mas como ordenamento simples.

Para compreendermos esta concepção juspositivista, passemos agora a examinar como, no processo de formação histórica do Estado moderno, a lei prevaleceu sobre todas as outras fontes do direito, vale dizer, como ela se tornou a única fonte de qualificação; este processo pode ser estudado de dois pontos de vista bem distintos (e que nem sempre se encaixam perfeitamente): o ponto de vista da história da doutrina jurídica relativa a tais fontes e o ponto de vista da história efetiva das fontes mesmas (isto é, da história destas fontes como institutos positivos).

43. O costume como fonte de direito na história do pensamento jurídico e na história das instituições positivas

A posição teórica e prática do costume tem particular importância no processo histórico que leva ao predomínio da lei sobre as outras fontes de direito.

1) *As doutrinas do costume como fonte de direito.* Três são as principais teorias elaboradas pelo pensamento jurídico para explicar o fundamento da juridicidade das normas consuetudinárias: a doutrina romano-canonista, a doutrina moderna e a doutrina da Escola Histórica. Destas três teorias, as duas primeiras negam ao costume o caráter de fonte de qualificação jurídica, ao indicar o fundamento da validade das normas consuetudinárias em fonte distinta do próprio costume (precisamente, no poder legislativo ou no judiciário).

A doutrina *romano-canonista* (assim chamada porque encontra seu fundamento em algumas passagens do *Corpus juris civilis* e foi adotada pelo pensamento canonista) reduz o costume à lei, ao apontar como fundamento da juridicidade do costume o próprio fato que fundamenta a juridicidade da lei: a *vontade do povo*. Assim como a lei é um acordo estipulado entre os cidadãos, também o costume, segundo Hermogeniano, é uma *tacita civium conventio* [convenção tácita entre cidadãos] (D. 1, 3, 35): a diferença entre a lei e o costume refere-se unicamente ao modo, expresso ou tácito, como o povo expressa sua vontade – diferença inteiramente negligenciável, porque, como diz Juliano,

> *Nam quid interest suffragio populus voluntatem suam declaret an rebus ipsis et factis?* [Pois que diferença faz se o povo manifestou sua vontade por voto, ou por atos e fatos?] (D. 1, 3, 32, 1).

Esta concepção do costume é acolhida em um primeiro tempo também pelos internacionalistas, os quais justificaram o valor dos costumes internacionais considerando-os tratados tácitos entre os Estados (trata-se, porém, de justificação hoje completamente abandonada).

A *doutrina moderna* do costume, que se costuma remontar a Austin, indica como fundamento da validade das normas consuetudinárias o poder do juiz, que acolhe tais normas para resolver uma controvérsia. As normas consuetudinárias, por serem criadas pela sociedade, não são jurídicas: só se tornam tais quando aplicadas pelo poder judiciário, mas então não são mais normas populares e, sim, estatais. Eis como Austin formula estes conceitos:

> Na sua origem, o costume é uma regra de conduta observada espontaneamente e não por execução de lei instituída por superior político. O costume é transformado em direito positivo quando é adotado como tal pelas Cortes de justiça e quando as decisões judiciárias formadas a partir dele são impostas com a força do poder de Estado. Antes de ser adotado pelos tribunais e de ser provido de sanção legal, é só uma regra da moralidade positiva, regra geralmente observada pelos cidadãos ou súditos; mas sua força, que se pode dizer que possua, deriva unicamente da desaprovação geral que recai sobre quem o transgride (*Lect. on Jur.*, *op. cit.*, p. 101-102).

A tese de Austin foi retomada por Lambert no seu estudo sobre *La fonction du droit civil comparé* (Paris, 1903), em que se faz amplíssima investigação teórica não só sobre o direito do mundo ocidental, mas também sobre o do mundo islâmico e de outras sociedades para demonstrar como o costume só se torna direito quando existem tribunais que o aplicam.

A esta concepção do costume (ainda que pareça mais convincente do que a doutrina um tanto evanescente da *opinio juris*) podem ser dirigidas algumas objeções. Se, de fato, adota-se o critério do seu acolhimento por parte dos tribunais para distinguir os costumes jurídicos dos simples usos sociais, não mais é possível explicar a existência de costumes no direito público (especialmente no constitucional), se não existem juízes que acolham e apliquem as normas consuetudinárias: no entanto, os costumes do direito público existem e até existem certas constituições, como a inglesa, que são prevalentemente consuetudinárias. Outra e mais grave objeção é a seguinte: a concepção austiniana do costume não permite explicar como em certos ordenamentos o juiz esteja obrigado a aplicar os costumes preexistentes; com efeito, segundo a teoria de Austin o juiz é sempre livre para acolher ou não as normas consuetudinárias: o problema consiste exatamente em saber se podem existir costumes obrigatórios para o poder judiciário.

A única doutrina que aponta como fundamento da validade das normas consuetudinárias o próprio costume é *a doutrina da Escola Histórica* (Savigny e, em particular, Puchta): segundo esta escola, o costume tem caráter jurídico independentemente do legislador, do poder judiciário e do cientista do direito, porque sua validade se fundamenta na convicção jurídica popular, no inato sentimento de justiça do povo, sentimento que permite distinguir os costumes jurídicos dos simples usos. Mas tal doutrina não teve seguidores e os juristas sempre acolheram ou a teoria romano-canonista ou a austiniana: em outros termos, prevaleceu a tendência a negar ao costume o caráter de fonte autônoma de direito.

2) *As relações históricas entre a lei e o costume.* Se consideramos as relações entre a lei e o costume tal como se desenvolveram nos ordenamentos jurídicos historicamente conhecidos, podemos considerar três situações típicas:

a) o costume é superior à lei;

b) o costume e a lei estão no mesmo plano;

c) o costume é inferior à lei.

a) Quanto à primeira situação, é difícil encontrar exemplos concretos inteiramente satisfatórios: não se pode, com efeito, citar o caso do ordenamento internacional, pois nele o costume é certamente fonte primária de direito, mas não porque predomine sobre a lei, mas sim porque falta esta última (a outra fonte do direito internacional é o tratado, que corresponde às normas de direito interno instituídas pelos particulares com base no seu poder negocial). Pode-se talvez citar o caso do ordenamento inglês antes da consolidação da monarquia parlamentar, no qual a *common law* limitava o poder do rei, como se depreende destas palavras de *sir* Edward Coke (o jurista que já tivemos ocasião de citar, falando de Hobbes: cf. seção 8):

> O rei, por seus atos ou por outras formas, não pode mudar parte alguma da lei consuetudinária, do direito estatutário ou dos costumes do reino (*12 Reports*, 75).

Neste caso nega-se à lei força ab-rogativa em relação ao costume (isto é, nega-se, em vez da *consuetudo contra legem*, a *lex contra consuetudinem*).

b) O exemplo de ordenamento em que lei e costume estão no mesmo plano (e, portanto, podem ab-rogar-se reciprocamente) é representado pelo direito canônico. No Medievo a doutrina canonista (e o pensamento jurídico em geral) estava dividida sobre o problema das relações entre lei e costume, uma vez que na compilação justiniana, a que se fazia referência para resolver as questões jurídicas, estavam contidas duas afirmações que pareciam contraditórias. A primeira é representada por um fragmento de Juliano, em que se admite o costume ab-rogativo:

> *Rectissime etiam illud receptum est, ut leges non solum suffragio legis, sed etiam tacito consensu omnium per desuetudinem abrogentur* [Assim, adota-se de forma bastante correta que as leis são revogadas não apenas pelo voto do legislador, mas também através do desuso pelo consenso tácito de todos.] (D. 1, 3, 32).

A segunda formulação está contida em uma constituição de Constantino, que, inversamente, nega ao costume eficácia ab-rogativa da lei:

> *Consuetudinis ususque longaevi non vilis auctoritas est, verum non usque adeo sui valitura momento, ut aut rationem vincat aut legem* [A autoridade de um costume ou o uso prolongado não é desprezível, mas sua validade deve prevalecer somente enquanto não anula a lei ou a razão.] (C. 1, 8, 52).

Para o direito canônico, a controvérsia foi resolvida mediante ato de autoridade por Gregório IX com a Decretal *Quum tanto*, que, acolhendo em princípio a solução de Constantino, admite, no entanto, que o costume possa ab-rogar a lei desde que seja *rationabilis* e *legitime praescripta* (isto é, tenha sido observado por determinado período de tempo). Esta solução se conservou em todo o desenvolvimento do direito canônico e foi definitivamente consagrada no cânone 27 do *Codex iuris canonici*, o qual considera três hipóteses: 1) o costume jamais pode ab-rogar o direito divino ou natural; 2) o costume pode ab-rogar a lei se é *rationabilis* e tem prescrição de 40 anos; 3) caso a lei exclua que o costume possa ab-rogá-la, este último, todavia, possui eficácia ab-rogativa se tem prescrição de 100 anos ou é imemorial.

c) A terceira situação, em que a lei prevalece sobre o costume (razão pela qual só se admite o costume *secundum legem* ou, no máximo, *praeter legem*, mas não *contra legem*), é a que se realizou com a formação do Estado moderno e foi teorizada pelo positivismo jurídico. Assim, na França o art. 7º. da lei de aplicação do Código Civil de 30 Ventoso, ano XII (1805), ab-roga os costumes gerais e locais relativos a matérias que formam o objeto do próprio Código, deixando em vigor apenas os costumes a que a lei expressamente se refere (e, segundo a interpretação mais benévola, também aqueles relativos a matérias não reguladas pelo Código).

Os mesmos critérios foram seguidos pelo legislador do Código Civil italiano de 1865; o art. 5º. das *Disposições preliminares* dispunha que "as leis só são ab-rogadas por leis posteriores" (excluindo, assim, implicitamente a eficácia ab-rogativa dos costumes) e o art. 48 das *Disposições transitórias* estabelecia (repetindo quase literalmente o art. 7º. da lei francesa ora citada, como se depreende dos próprios termos usados):

> Nas matérias que formam objeto do novo Código, cessam de ter força, a partir do dia da vigência do mesmo, todas as outras leis gerais ou especiais, bem como os usos e costumes a que o próprio Código não se refira expressamente.

O nosso Código Civil* vigente repete nas suas *Disposições sobre a lei em geral* as mesmas prescrições: o art. 15 reproduz literalmente o art. 5º. do Código ab-rogado, e o art. 8º. assim dispõe relativamente aos "usos" (isto é, aos costumes):

---

*. Refere-se, o autor, ao Código Civil italiano. (N.E.)

Nas matérias reguladas pela lei e pelos regulamentos, os usos só têm eficácia ao serem por aqueles referidos.

Conclui-se de tal modo a longa história das relações entre costume e lei, que podemos resumir com passagem extraída da obra de Lebrun sobre os costumes:

> Do século X ao século XII nosso direito foi puramente consuetudinário; em seguida surgiram as primeiras ordenações (régias). O período monárquico representa uma fase transitória durante a qual o costume não cessou de decair. Por fim, veio a codificação e, logo após a promulgação dos Códigos, nosso direito tornou-se exclusivamente legislativo. A rivalidade entre lei e costume terminava com a derrota deste último. A codificação consagrava sua ruína e o triunfo da lei (*La coutume*, Paris, 1932, p. 135-136).

44. A decisão do juiz como fonte de direito. A equidade

A história do poder judiciário como fonte de direito é inteiramente análoga à do costume: no processo de formação do Estado moderno, o juiz perde a posição, que precedentemente tinha, de fonte principal de produção do direito para transformar-se em órgão estatal subordinado ao poder legislativo e encarregado de aplicar fielmente (poderíamos dizer, mecanicamente) as normas estabelecidas por este último. Tal processo já foi examinado na Parte I, a propósito da doutrina da separação dos poderes de Montesquieu, da teoria do silogismo de Beccaria (cf. seção 9) e da Escola da Exegese (cf., em particular, o trecho de Mourlon citado na seção 22); o resultado deste desenvolvimento pode ser sintetizado dizendo que, com base nos princípios do positivismo jurídico tal como foram acolhidos pelo ordenamento jurídico dos Estados modernos, o juiz não pode com sua sentença ab-rogar a lei, assim como não o pode o costume. Em outras palavras, o poder judiciário não é fonte principal (ou fonte de qualificação) do direito. Isto não exclui que o juiz seja em alguns casos fonte subordinada, mais precisamente fonte *delegada*, o que acontece quando pronuncia *juízo de equidade*, isto é, um juízo que não aplica normas jurídicas positivas (legislativas e, podemos também acrescentar, consuetudinárias) preexistentes. No juízo de equidade, o juiz decide "segundo a consciência" ou "com base no próprio sentimento de justiça": até se poderia dizer que decide aplicando normas de direito natural, se se concebe este último como conjunto de regras preexistentes. Ao proferir o juízo de equidade, o juiz se configura como fonte de direito, mas não como fonte principal e, sim, só como fonte subordinada, porque ele pode proferir tal juízo só e na medida em que está autorizado pela lei e, seja como for, jamais em contraste com as disposições da lei, como ocorre quando o legislador se encontra diante de certas situações que reputa impossível ou inoportuno disciplinar com normas gerais e, portanto, demanda sua regulamentação ao poder judiciário.

Se quisermos um exemplo concreto, poderemos considerar o ordenamento jurídico italiano. Nosso Código de Processo Civil* estabelece no art. 113:

> Ao pronunciar-se sobre a causa, o juiz deve seguir as normas do direito, a não ser que a lei lhe atribua o poder de decidir segundo a equidade. O conciliador decide segundo a equidade as causas cujo valor não exceda duas mil liras.

Um caso importante em que o juiz pode decidir segundo a equidade está previsto pelo sucessivo art. 114:

> O juiz, seja em primeiro grau, seja em apelação, decide o mérito da causa segundo a equidade quando este diz respeito a direitos disponíveis das partes e estas lhe façam petição em comum acordo.

Julgando segundo a equidade, o juiz age como *árbitro*: na linguagem comum, com efeito, pensa-se no árbitro como em um *bonus vir* que é escolhido pelas partes para resolver uma controvérsia, dirimindo os interesses em conflito segundo os próprios critérios de justiça. Mas em sentido jurídico o árbitro nem sempre pode prescindir do direito, como se depreende do art. 822 do Código do Processo Civil:

> Os árbitros decidem segundo as normas do direito, a não ser que as partes o tenham autorizado, com qualquer expressão, a pronunciar-se segundo a equidade.

---

*. Refere-se, o autor, ao Código de Processo Civil italiano. (N.E.)

Em suma: segundo os artigos 114 e 822, o juiz e o árbitro, respectivamente, podem pronunciar um juízo de equidade quando são autorizados pelas partes interessadas e a controvérsia refere-se a direitos disponíveis. Além disso, o art. 113 prevê casos em que o juiz pode ser autorizado a julgar segundo a equidade diretamente pela lei: isto acontece em todos aqueles casos em que o direito substancial faz referência à equidade, como, por exemplo, no caso do art. 1.374 do Código Civil, de acordo com o qual

> [...] o contrato obriga as partes não só àquilo que está no próprio contrato, mas também a todas as consequências que dele derivam segundo a lei ou, na sua ausência, segundo os usos e a equidade.

Como se vê, este artigo formula com exatidão o princípio pelo qual os usos e a equidade (isto é, o costume e o poder judiciário) são fontes de direito iguais entre si, mas subordinadas à lei.

A doutrina distingue três tipos de equidade: equidade substitutiva, equidade integrativa, equidade interpretativa:[14]

a) fala-se de *equidade substitutiva* quando (como no caso dos artigos 113, 114 e 822 do Código do Processo Civil) o juiz estabelece regra que supre a falta de norma legislativa;

b) fala-se de *equidade integrativa* quando (como no caso do art. 1.374 do Código Civil) a norma legislativa existe, mas é demasiadamente genérica e, portanto, não define com exatidão todos os elementos particulares da matéria ou todos os efeitos jurídicos: neste caso a equidade opera no âmbito da norma legislativa, completando as partes que faltam;

c) fala-se de *equidade interpretativa* quando o juiz define com base em critérios equitativos o conteúdo de norma legislativa que existe e é completa: será admissível tal equidade no nosso ordenamento jurídico? A doutrina juspositivista responde que não, observando que a equidade interpretativa pode se tornar expediente para proferir sentença que derrogue a lei. Em apoio a esta solução observa-se

---

14. Veja-se o estudo de C.M. De Marini publicado em 1958: *Il giudizio di equità nel processo civile*.

que as *Disposições sobre a lei em geral* antepostas ao Código Civil contêm precisas normas sobre a interpretação (artigos 12 a 14) e não preveem, entre os vários critérios hermenêuticos enunciados (interpretação literal, interpretação analógica, recurso aos princípios gerais do ordenamento jurídico do Estado), o recurso à equidade. No Código ab-rogado se podia buscar uma brecha para introduzir a equidade interpretativa no art. 3º das *Disposições preliminares* (correspondente ao atual art. 12), o qual falava de recurso aos "princípios gerais de direito": tratava-se de fórmula extremamente vaga a que cada qual atribuía o significado que preferisse; também houve quem sustentasse (por exemplo, Maggiore) que se referia aos princípios da equidade, mas foi uma opinião pouco seguida.

Um último problema a propósito do *juízo de equidade* refere-se à exata individualização da fonte de direito: será fonte de direito a *equidade* ou o *juízo*? O problema, que se tornou objeto de debate entre Calamandrei e Carnelutti, foi formulado em termos processuais deste modo: a sentença proferida com base em juízo de equidade é sentença *declarativa* ou sentença *constitutiva* (ou *dispositiva*)? (Sentença declarativa é a que se limita a reconhecer uma situação jurídica disciplinada por normas preexistentes; sentença constitutiva ou dispositive é a que produz *ex novo* uma situação jurídica com base em norma criada com a própria sentença.) Calamandrei, em artigo de 1927, "O significado constitucional dos juízos de equidade" (recolhido nos seus *Estudos sobre o processo civil*, vol. II), argumentou que se trata de sentença declarativa por aplicar o *direito da equidade* preexistente à própria sentença: a fonte do direito não seria, pois, o juízo, mas a equidade, concebida como ordenamento normativo análogo ao legislativo. Carnelutti, no entanto, argumentou em diversas oportunidades tratar-se de sentença constitutiva ou dispositiva. Esta é a opinião hoje unanimemente seguida (e acolhida posteriormente pelo próprio Calamandrei): de fato, como o juízo de equidade é um juízo proferido sem regras preexistentes, a fonte do direito não é a equidade, mas o juízo, por se explicitar por meio dele o poder normativo do juiz. Se se considerasse a equidade como fonte preexistente ao juiz, dever-se-ia admitir a equidade como fonte de direito até com referência ao legislador: ele também, efetivamente, não produz a norma às cegas, mas inspirando-se nas exigências da justiça, do bem social etc., isto é, em última análise, na equidade. Dado que não se fala da equidade como fonte do direito instituído pelo legislador, não há motivo para falar da equidade como fonte do direito instituído pelo juiz.

Considerar a equidade como fonte de direito decorre de atribuir à locução "fonte do direito" não mais o significado técnico-jurídico de fatos ou atos a que o ordenamento atribui a propriedade ou a capacidade de produzir normas jurídicas (fontes em sentido formal), mas um significado que poderíamos chamar filosófico, para indicar o *fundamento*, os princípios que determinam o *valor* (no sentido em que este termo se contrapõe à *validade* – cf. seção 33) da norma.

Concluindo: no caso do juízo de equidade, a fonte formal do direito é o juiz, o qual explicita seu poder normativo mediante sentenças dispositivas, entendendo-se por este termo "as sentenças que determinam autonomamente uma particular relação jurídica, que resolvem discricionariamente um conflito de interesses, que dispõem a disciplina jurídica para o caso concreto com uma decisão particular não baseada em norma geral preexistente".[15]

45. A chamada "natureza das coisas" como fonte de direito

O discurso sobre o juízo de equidade como fonte de direito passa, sem solução de continuidade, para o problema da chamada *natureza das coisas*: o juízo de equidade – diz-se às vezes, efetivamente – é aquele que o juiz pronuncia baseando-se na própria natureza do caso controvertido. Mas com isso, em vez de esclarecer o problema, tornamo-lo mais obscuro

---
15. De Marini, *op. cit.*, p. 245.

porque a tentativa de precisar o novo conceito que é introduzido ameaça deixar-nos de mãos vazias.

A doutrina juspositivista clássica trata do problema da natureza das coisas no capítulo dedicado às fontes "aparentes", "presumidas" ou "pseudofontes", colocando em um mesmo saco uma pluralidade de noções diversas (como a equidade, a necessidade, a natureza das coisas etc.), a que se nega a qualificação de fontes autônomas de direito que a doutrina tradicional lhes atribuía. Assim, Regelsberger, pandectista alemão, afirma:

> Natureza das coisas, razão das coisas, *naturalis ratio*, ideia de fim, exigências do tráfego, sentimento jurídico são para mim expressões diferentes da mesma coisa (*Pandekten*, I, § 12, p. 68).

Neste trecho tem-se a impressão de que a natureza das coisas indica algo que está além do direito positivo, mas não se consegue ou não se quer definir.

"As leis são as relações necessárias que derivam da natureza das coisas": estas palavras, com as quais Montesquieu inicia seu *O espírito das leis*, iluminam-nos sobre a origem e o caráter da noção de natureza das coisas; trata-se de noção de derivação tipicamente jusnaturalista. A essência do jusnaturalismo, de fato, consiste na convicção de poder extrair da natureza mesma do homem as regras fundamentais da conduta humana: ora, é evidente o estreito parentesco entre o conceito de *natureza do homem* e o de *natureza das coisas*; entendendo-se o termo "coisas" em sentido lato (como sinônimo de "entes"), o primeiro conceito pode ser compreendido no segundo.

O conceito de natureza das coisas nunca foi examinado muito a fundo pelos juristas nem nunca dele foi dada uma definição que o subtraia às críticas que se possam fazer à definição jusnaturalista. Se pensarmos que Radbruch, que escreveu um importante ensaio sobre este tema,[16] tornou-se em seguida jusnaturalista, perceberemos como o conceito em questão se põe inevitavelmente em uma ordem de ideias orientadas em sentido

---

16. Publicado também em italiano com o título "*La natura della cosa come forma giuridica di pensiero*", in *Riv. intern. fil. dir.*, XXI, 1941, p. 145-156.

jusnaturalista. A tentativa de definir a noção de natureza das coisas sem se colocar no plano inclinado que leva às soluções jusnaturalistas, quando se faz, leva a resultados muito precários. Eis, por exemplo, como se expressa Dernburg:

> Mesmo partindo da natureza das coisas, devemos complementar o sistema normativo. As relações da vida, não importa se mais ou menos desenvolvidas, trazem em si seu ordenamento. Este ordenamento imanente nas coisas diz-se *natureza da coisa*. A ela deve remontar com o pensamento o jurista, quando faltar uma norma positiva ou esta for incompleta ou não clara. A natureza das coisas não deve ser confundida com o direito natural. O direito natural apoia-se em deduções que são extraídas da essência do homem em si. Ele não se presta à aplicação imediata (*Pandette*, trad. it., Turim, 1906, vol. I, p. 100).

A tentativa de diferenciar o conceito de natureza das coisas das concepções jusnaturalistas está fundamentada por Dernburg em dois pontos: a) limitar o recurso a este conceito unicamente à complementação do direito por parte do juiz ou do intérprete, sem pretender que a natureza das coisas deva se impor também ao legislador; b) contrapor à consideração do homem abstrato própria do jusnaturalismo a consideração empírica do homem nas suas várias manifestações histórico-sociais: o juspositivista não considera o homem em si para dele deduzir metafisicamente as normas jurídicas, mas considera as várias posições em que pode se encontrar o homem – como pai, como contraente, como comerciante, como operário ou artesão – para delas extrair empiricamente determinadas soluções jurídicas. Mas a definição de Dernburg conserva em comum com o jusnaturalismo a ideia de regulamentação objetiva imanente na realidade das coisas e, portanto, a ideia de que tais normas valham por si mesmas, sem que seja necessário o ato de estatuir por parte do homem.

A teoria da natureza das coisas teve nos últimos tempos certo revigoramento: publicaram-se inúmeros ensaios sobre este tema na Alemanha, na França, na Itália, e a ele se dedicou um seminário internacional de filosofia do direito realizado há alguns anos na Universidade de Saarbrücken. Todavia, o conceito de natureza das coisas não tem tradição cultural comparável à da equidade, ainda não foi examinado a fundo e, portanto, sua análise é bastante difícil e delicada. O conceito de equidade e o de natureza das coisas são dois conceitos ao mesmo tempo paralelos e antitéticos: paralelos, porque têm a mesma função, a de fornecer solução para uma controvérsia na falta de precedente norma legislativa; antitéticos, porque, enquanto no caso da equidade a decisão baseia-se em avaliação subjetiva do juiz, no caso da natureza das coisas afirma-se que a solução é deduzida do próprio fato que se deve regular, na medida em que ele traria em si mesmo a própria disciplina.

Portanto, a natureza das coisas é uma noção que nasce da exigência de garantir a objetividade da regra jurídica. O problema consiste exatamente em saber se de fato existe esta relação entre a natureza do fato e a regra. A nosso ver, a noção de natureza das coisas é invalidada pelo que em filosofia moral se chama *falácia naturalista*, isto é, pela ilusória convicção de poder extrair da constatação de certa realidade (o que é juízo de fato) uma regra de conduta (a qual implica juízo de valor): o sofisma da doutrina da natureza das coisas, tal como do jusnaturalismo, deriva da pretensão de deduzir um juízo de valor de um juízo de fato.

Demos um exemplo concreto para esclarecer o que se entende por *falácia naturalista*. Da norma que estabelece que no centro da cidade só se podem estacionar os automóveis por uma hora se poderia dizer que se trata de regra extraída da natureza das coisas: o espaço disponível, o número de automóveis a estacionar são fatos objetivamente constatáveis e mensuráveis, e é deles que se extrai a regra em questão. Na realidade, não é o fato em si que impõe a regra, mas o fim que se quer alcançar: é o fim que leva a avaliar os fatos de certo modo; no nosso caso, o fim é garantir a segurança do tráfego e a possibilidade para todos os motoristas de estacionar. Mas na individualização do fim intervêm necessariamente juízos de valor: no nosso caso, tais juízos de valor referem-se ao bem comum da cidadania e ao dos motoristas em particular. A aparente objetividade da norma aventada não decorre do fato de ser deduzida da natureza das coisas, mas do fato de ser estabelecida para buscar um fim que é por todos compartilhado: isto é, a norma não se fundamenta na objetividade do fato ou da situação, mas na comunhão de subjetividades.

Mas, quando vem a faltar a concordância sobre o fim, isto é, quando se apresentam muitos fins conflitantes entre si, então a aparente objetividade desaparece. Tomemos, por exemplo, o problema da disciplina jurídica das práticas anticoncepcionais: por que não se pode retirar da natureza dos fatos a disciplina jurídica deste problema? Porque a opinião pública não é unânime quanto ao fim a ser buscado: se o fim proposto é a observância de certa regra ético-religiosa, então se mostram relevantes certos fatos e se propõe certa solução; se, no entanto, o fim é o controle do crescimento demográfico, então se mostram relevantes outros fatos e se propõe outra solução.

Na realidade, a natureza das coisas não pode por si só sugerir uma regra porque não pode sugerir um fim: no máximo ela pode, quando se tiver previamente assumido certo fim, sugerir os meios para obtê-lo. Consideremos uma relação qualquer de causa e efeito, por exemplo, aquela segundo a qual, se se pressiona o acelerador, o automóvel aumenta a velocidade. É possível converter tal relação de fato em regra de conduta, substituindo o efeito pelo fim, a causa pelo meio; por exemplo:

1) Se você quer aumentar a velocidade, deve pressionar o acelerador.

Mas, na realidade, esta não é a única regra de conduta dedutível da lei em questão; podemos dela deduzir pelo menos outras duas, a saber, além desta supramencionada, que é uma regra imperativa positiva, também uma regra imperativa negativa:

2) Se você não quer aumentar a velocidade, não deve pressionar o acelerador; e, por fim, uma regra permissiva:

3) Se lhe é indiferente aumentar a velocidade, pode pressionar ou não pressionar o acelerador.

Da natureza das coisas, portanto, posso derivar uma pluralidade de regras de conduta, segundo o fim que me proponho.

Por outra parte, isto não significa que a concordância sobre o fim permita extrair uma única regra de conduta: de fato, pode haver divergência sobre a avaliação dos meios com que alcançar tal fim; assim, no caso da regra sobre o estacionamento, posso concordar com o fim, mas não aprovar a regra porque posso julgar que seria mais oportuno construir estacionamentos subterrâneos ou verticais.

Em conclusão, a dificuldade que apresenta a teoria da natureza das coisas consiste no fato de que, embora sugira certa relação entre meio e fim, não se segue necessariamente que, quando existe o acordo sobre o fim, a relação entre meio e fim seja única e necessária, e, portanto, seja também possível o acordo sobre os meios; por outra parte, quando a relação entre meio e fim é única e necessária (e, portanto, é possível o acordo sobre os meios), não se segue que exista o acordo sobre o fim a alcançar.

Admitindo-se que da natureza das coisas se possam deduzir regras de conduta, põe-se um problema ulterior: podemos qualificar a natureza das coisas como fonte de direito? Acolhemos aqui a mesma solução dada para a equidade, isto é, a negativa. Com efeito, só se pode considerar a natureza das coisas como fonte se com o termo "fonte" se quer indicar a origem do *conteúdo* das normas jurídicas, a matéria de que se extrai a *regula decidendi*; mas se por fonte entendemos, como se deve entender em linguagem jurídica, os atos ou os fatos a que o ordenamento associa a produção de normas jurídicas, não podemos qualificar como fonte a natureza das coisas porque a regra que dela se extrai tem natureza jurídica não pelo fato de ser expressão da natureza das coisas, mas pelo fato de ser instituída pelo legislador, pelo juiz ou, de todo modo, por quem está autorizado pelo direito a instituir normas. A natureza das coisas só diz respeito ao conteúdo das normas, não ao modo da sua produção.

CAPÍTULO 4

A TEORIA IMPERATIVISTA DA NORMA JURÍDICA

Sumário: 46. A concepção da norma jurídica como comando. Distinção entre comando e conselho. Austin e Thon • 47. A construção imperativista das normas permissivas • 48. A caracterização do imperativo jurídico: tentativas insatisfatórias • 49. A caracterização do imperativo jurídico: o direito como imperativo hipotético

46. A concepção da norma jurídica como comando. Distinção entre comando e conselho. Austin e Thon

Os expoentes do positivismo jurídico são unânimes ao definir a norma jurídica como tendo a estrutura de um comando (mas depois divergem na determinação do caráter específico de tal comando, como veremos nas seções 48 e 49). A teoria imperativista da norma jurídica está estreitamente ligada à concepção estatal-legalista do direito (isto é, à concepção que considera o Estado como única fonte do direito e indica a lei como a única expressão do poder normativo estatal): de fato, basta abandonar a perspectiva estatal-legalista para que esta teoria não fique mais de pé. Assim não se pode configurar como comando a norma consuetudinária, porque o comando é manifestação de uma vontade *determinada* e *pessoal*, ao passo que o costume é manifestação espontânea de convicção jurídica (ou, se se quiser, é manifestação de uma vontade, mas indeterminada e impessoal); do mesmo modo, o esquema imperativista é inutilizável, se consideramos, em vez do ordenamento estatal, o internacional. Este último, com efeito, expressa-se não só mediante costumes, mas também mediante tratados que fundamentam relações bi ou plurilaterais: ora, os tratados são por certo expressão de vontades determinadas e pessoais, mas neles falta outro elemento característico do comando, as *relações de subordinação*, dado que as relações internacionais se dão em base paritária.

A concepção imperativista do direito não surgiu com o positivismo jurídico, tendo, ao contrário, longa tradição cultural precedente. Encontra-se já no pensamento filosófico-jurídico romano. Cícero, por exemplo, afirma:

> [...] *leges esse aeternum quiddam quod universum mundum regeret, imperandi prohibendique sapientia* [... O direito é um certo princípio eterno que rege todo o mundo, com sabedoria para ordenar e proibir.] (*De legibus*, II, 8).

E o jurisconsulto Modestino, em famosa passagem do *Digesto*, assim se expressa:

> *Legis virtus haec est: imperare, vetare, permittere, punire* [A virtude das leis é esta: comandar, proibir, permitir, punir.] (D. 1, 7, 1, 3).

A doutrina da lei como comando é fundamental no pensamento medieval, em que se encontra cuidadosamente elaborada a distinção entre comando (*praeceptum*) e conselho (*consilium*). Tal distinção não tinha mero interesse escolástico, mas era de grande importância também prática uma vez que a doutrina cristã distingue as prescrições evangélicas em comandos e conselhos, segundo tais prescrições sejam necessárias para a salvação eterna ou só sejam úteis para conseguir maior perfeição espiritual: por isso, o problema relativo a tal distinção se encontra frequentemente tratado nos teólogos, nos filósofos, nos canonistas medievais. Consideremos, por exemplo, o pensamento de São Tomás:

> *Consulere non est proprius actus legis, sed potest pertinere etiam ad personam privatam cuius non est condere legem* [Aconselhar não é propriamente um ato

de direito, pois pode pertencer até mesmo a uma pessoa privada, a qual não tem competência para fazer leis.] (*Summa...*, I.a II.ae, q. 92, art. 2).

Raciocinando *a contrario*, a partir deste trecho se pode argumentar que, segundo São Tomás, o que é próprio da lei é comandar; e eis como distingue o comando do conselho:

> *Haec est differentia inter consilium et praeceptum, quod praeceptum importat necessitatem, consilium autem in optione ponitur eius cui datur* [A diferença entre um conselho e um preceito é esta: um preceito implica necessidade, enquanto um conselho é uma escolha para aquele a quem é dado.] (*Summa...*, I.a II.ae, q. 108, art. 4).

O comando, portanto, acarreta uma necessidade para seu destinatário (naturalmente, uma necessidade moral, não física, como implicaria uma lei científica), enquanto o conselho deixa ao destinatário a liberdade de escolha.

No pensamento pós-medieval, a concepção imperativista do direito continua a ser elaborada com referência à distinção entre comando e conselho: tal concepção e tal distinção têm particular relevo em Hobbes (especialmente no cap. XIV do *De cive* e no cap. XXV do *Leviatã*) e em Thomasius.

Já tivemos oportunidade de mencionar a concepção hobbesiana do direito como comando (cf. seção 8). Eis outra passagem em que encontramos formulada esta concepção e, ao mesmo tempo, definida a noção de comando:

> A lei é o comando da pessoa (indivíduo ou assembleia) cujo preceito contém em si a razão da obediência. Assim, chamam-se leis os preceitos de Deus para os homens, dos magistrados para os cidadãos e, geralmente, de todos os poderosos para quem não lhes pode opor resistência (*De cive, op. cit.*, p. 265).

Também em Hobbes a distinção entre comando e conselho tem precisa e importante função. Na verdade, serve para distinguir as prescrições do Estado daquelas da Igreja: o Estado dá comandos, enquanto a Igreja só pode dar conselhos. De tal modo, ele justifica a subordinação da Igreja ao Estado e a afirmação de que só existe o poder do Estado.

Thomasius utiliza os dois conceitos de comando e conselho para distinguir o direito positivo do natural: o primeiro consiste em comandos, o segundo em conselhos. Eis como define a lei, distinguindo uma acepção lata e outra restrita deste termo:

> Na sua acepção mais ampla, a lei compreende as seguintes virtudes: persuadir, exortar, comandar, vetar, permitir, punir, reprimir. Na acepção mais estrita, a lei tem uma virtude imediata: comandar e proibir; e outras virtudes mediatas e derivadas, como punir por meio dos magistrados e reprimir e anular por via judiciária as ações contrárias às leis (*Fundamenta...*, op. cit., vol. I, cap. 5, § 4).

Este autor insere entre as duas categorias do comando e do conselho uma terceira categoria de preceitos que têm natureza mista de comando e conselho: a esta última categoria pertence, por exemplo, a advertência do pai ao filho; comandos verdadeiros são, ao contrário, os dirigidos pelo superior ao inferior (isto é, pelo príncipe aos súditos ou pelo senhor ao servo); as outras prescrições, como as do sábio, são meros conselhos.

Se quisermos tentar uma síntese, poderemos agrupar em seis diferentes pontos de vista as diferenças que a tradição apontou entre comando e conselho:

1) *Em relação ao sujeito ativo*: quem dá um comando deve estar investido de autoridade (isto é, do poder de forçar à obediência o destinatário do preceito), enquanto quem dá um conselho pode estar desprovido de qualquer poder. Em outras palavras, para o *comando* se requer *autoridade*, para o *conselho*, *respeitabilidade*. (Esta é uma característica que se encontra em inúmeros autores: São Tomás, Suarez, Hobbes, Thomasius).

2) *Em relação ao sujeito passivo*: no comando o destinatário se encontra em posição de *obrigação*; no conselho, ao contrário, em posição de *faculdade* ou *licitude* (São Tomás). Thomasius faz outra distinção: tanto o comando quanto o conselho impõem ao destinatário uma obrigação, mas no caso do comando se trata de obrigação *externa*, enquanto no caso do conselho se trata de obrigação *interna*.

3) *Em relação à razão pela qual se obedece*: ao comando se obedece pelo seu *valor formal*, isto é, só por ser comando, manifestação da vontade do superior; ao conselho se obedece pelo seu *valor substancial*, isto é, pela razoabilidade do seu conteúdo, pela sua capacidade de convencer o destinatário (Hobbes).

   Uma categoria intermediária entre conselho e comando é a *diretiva*: ela é a prescrição dada por um órgão superior a outro inferior e à qual este último só obedece se está de acordo, mas, se não obedece, deve justificar seu dissenso. Portanto, a diretiva implica sempre uma obrigação: ou de obedecer ou de justificar a inobservância, ao passo que o conselho não implica nem mesmo esta segunda obrigação.

4) *Em relação ao fim*: segundo Hobbes, o comando é dado no interesse daquele de quem promana, enquanto o conselho é dado no interesse daquele a quem é dirigido. Esta afirmação, porém, é discutível, por ser a expressão da concepção política pessimista-realista de Hobbes e não de análise técnica da estrutura do comando: podemos também ter normas jurídicas estabelecidas no interesse dos destinatários (por exemplo, as relativas à circulação viária) e outras estabelecidas no interesse comum de governantes e governados. Só se considerarmos as leis como expressão da vontade popular, é que poderemos dizer que são instituídas no interesse de quem comanda (neste caso, porém, a contraposição hobbesiana não é mais possível de outro ponto de vista, dado que se identificam quem comanda e quem obedece).

   A contraposição hobbesiana, ao contrário, estará correta se aplicada à distinção entre *pedido* e *conselho*. Se, por exemplo, digo "Peço que não fume", é porque o fumo me prejudica; se, no entanto, digo "Aconselho que não fume", é porque o fumo prejudica aquele com quem falo.

5) *Em relação às consequências da observância*: no caso do comando, se sua observância causa consequências negativas, por estas é responsável não quem executou a prescrição, mas quem a impôs; no caso do conselho, ao contrário, responde por eventuais consequências negativas quem o cumpriu, não quem o deu. Trata-se do reverso da medalha do que se disse no item 2: quem recebe o comando está

obrigado, mas isento de responsabilidade; quem recebe o conselho está livre, mas, se o cumpre, assume por isso a responsabilidade.

6) *Em relação às consequências da inobservância*: este ponto é verdadeiramente *last but not least*, no sentido de que, se aparece por último na classificação lógica, tem, no entanto, primária importância. Tanto no caso do comando quanto no do conselho, a inobservância pode provocar *consequência desagradável*: mas, no caso do comando, a consequência desagradável é uma *sanção*, vale dizer, uma consequência *institucional*, isto é, organizada, desejada e realizada pelo mesmo sujeito que instituiu o comando; mas no caso do conselho a consequência desagradável é uma consequência *natural*, isto é, não desejada nem realizada pelo aconselhador, mas derivada do fato de que o inobservante, com seu comportamento, pôs em movimento um processo causal que produz a consequência em questão, processo causal que o aconselhador previra e, com sua prescrição, quisera evitar.

Assim, por exemplo, os avisos da sinalização viária são de dois tipos: os (de forma redonda) que simbolizam comando jurídico (exemplo – proibido estacionar) e os (de forma triangular) que simbolizam perigo (exemplo – curva perigosa); consequência da violação das advertências dadas pelas placas de primeiro tipo é a multa, consequência da violação das de segundo tipo é (ou pode ser) um acidente automobilístico.

A teoria da norma jurídica como comando foi apropriada e amplamente elaborada pelo positivismo jurídico: como se recordará, o primeiro juspositivista que teorizou esta concepção foi Austin (cf. seção 26), cujas noções de *comando*, *obrigação* e *sanção* permaneceram basilares no pensamento jurídico anglo-saxão. Na Europa continental (em que o pensamento de Austin não teve muita influência), o principal teórico desta concepção foi August Thon, na obra *Norma giuridica e diritto soggettivo* [Norma jurídica e direito subjetivo], de 1878. Eis dois trechos desta obra que formulam a definição imperativista do direito:

> Por meio do direito o ordenamento jurídico [...] visa a dar àqueles que estão sujeitos às suas estatuições um impulso para determinado comportamento, consista tal comportamento em uma ação ou em uma omissão. Tal impul-

so é exercitado por meio de preceitos de conteúdo ora positivo, ora negativo (*op. cit.*, p. 12).

Todo o direito de uma sociedade é só um *conjunto de imperativos*, os quais são uns aos outros tão estreitamente ligados que a desobediência a uns constitui frequentemente o pressuposto do que por outros é comandado (*op. cit.*, p. 16).

47. A construção imperativista das normas permissivas

Enunciada a concepção do direito como comando, o positivismo jurídico precisou explicar tal concepção, respondendo às críticas que a ela eram dirigidas pelos adversários.

Antes de mais nada, tratava-se de esclarecer o significado da afirmação pela qual "o direito é um conjunto de imperativos". O que significa? Que todas as normas jurídicas singularmente consideradas são imperativos? Se é isto que se entende – objeta-se –, a teoria imperativista não é exata porque no direito também se encontram, ao lado de normas *imperativas*, as normas *permissivas* (já Modestino, como vimos na seção precedente, afirmava que "*legis virtus* [...] *est* [...] *permittere*").

Consideramos que esta crítica pode ser superada. Antes de tudo, parece oportuno esclarecer o significado da expressão "normas permissivas", que é ambígua. De fato, existem duas categorias diferentes de tais normas: as *normas permissivas* em sentido próprio, que atribuem *faculdade* ou *licitude*, e as *normas atributivas*, que conferem *poder*. Estas duas categorias de normas são geralmente indicadas com o mesmo termo "permissivas", porque ambas são formuladas usando o mesmo verbo "poder", o qual, porém, assume dois significados diversos: nas normas permissivas *stricto sensu*, *poder* significa *ser lícito*; nas atributivas, significa, em vez disso, *ter o poder*. (Em outras línguas, como a latina ou a alemã, estes dois significados do verbo poder são expressos com dois verbos distintos: *licere*, *dürfen*, para o primeiro significado; *posse*, *können*, para o segundo.)

1) Antes de mais nada, consideremos as *normas permissivas em sentido estrito*; se quisermos alguns exemplos delas, poderemos recordar o art. 47 do Código Civil, segundo o qual

> [...] pode-se eleger domicílio especial para determinados atos ou negócios;

do mesmo modo, contém norma permissiva o art. 65 do Código Civil, segundo o qual

> [...] tornada aplicável a sentença que declara a morte presumida, o cônjuge pode contrair novo matrimônio.

Na realidade, as normas permissivas em sentido próprio não conflitam com a doutrina imperativista pelo fato de não serem normas autônomas, mas simples disposições normativas que servem para *limitar* (isto é, para *negar* dentro de certos limites ou em certos casos) um imperativo precedentemente estabelecido. De fato, os juspositivistas observam que, para atribuir permissões, não são necessárias específicas normas jurídicas permissivas, uma vez que todo ordenamento jurídico baseia-se no postulado fundamental pelo qual *é permitido tudo o que não é nem ordenado nem proibido*: quando em um ordenamento jurídico se encontram disposições que atribuem a permissão de ter ou não ter determinado comportamento, é porque com tais disposições se quer limitar ou negar um imperativo precedentemente estabelecido que proíbe ou ordena ter aquele mesmo comportamento. Assim, a norma que permite eleger domicílio especial para determinados negócios é estabelecida porque existe outra norma (art. 42 do Código Civil) que, em termos gerais, ordena considerar como próprio domicílio o local em que cada qual "estabeleceu a sede principal dos seus negócios ou interesses"; de modo análogo, a norma que permite contrair novo matrimônio, depois de declarada a morte presumida do cônjuge, foi instituída porque existe outra norma que veta contrair novas núpcias enquanto o cônjuge for vivo (art. 86 e 149 do Código Civil).

Dado que existem dois tipos de imperativos, os *positivos* (que estabelecem *comando*) e os *negativos* (que estabelecem *proibição*), também existirão duas categorias de normas permissivas em sentido estrito, as *positivas* e as *negativas*: para negar um imperativo positivo (por exemplo – deves pagar os impostos), é necessária uma proposição permissiva negativa (a ti é permitido não pagar os impostos); para negar um imperativo negativo (por exemplo – não deves matar, ou melhor, deves não matar), é necessária uma proposição permissiva positiva (a ti é permitido matar).

Se quisermos recorrer à lógica simbólica, poderemos expressar a relação (1), entre norma imperativa positiva e norma permissiva negativa, e a relação (2), entre norma imperativa negativa e norma permissiva positiva, deste modo (em que o signo "*O*" significa "obrigação", "*P*" significa "permissão", "*a*" significa uma "ação" qualquer, e o signo "–" significa "não", isto é, simboliza a negação):

(1) Oa $\quad -Oa \quad = P - a$
(2) $O - a \quad -O - a \quad = Pa$

Em outros termos, a obrigação positiva de fazer a ação *a* (Oa) encontra sua negação na não obrigação de fazer *a* ($-Oa$); transformando a proposição expressa em termos de obrigação em uma proposição expressa em termos de permissão, a não obrigação de fazer *a* torna-se a permissão de não fazer *a* ($P - a$). E, assim, a obrigação negativa de não fazer *a* ($O - a$) encontra sua negação na não obrigação de não fazer *a* ($-O - a$) e, traduzindo esta última proposição em termos de permissão, obtém-se a permissão de fazer *a* (Pa).

2) Ainda mais simples é a resposta quanto às *normas atributivas*. Enquanto na norma permissiva encontramos a *faculdade*, que é *oposta* ao *dever*, na norma atributiva encontramos o *poder*, que é *correlato* ao *dever*. A norma atributiva confere a dado sujeito um poder; mas tal poder relativamente a um sujeito comporta, sempre e necessariamente, um dever relativamente a outro sujeito. Por exemplo, o credor tem o poder de exigir o pagamento da soma emprestada, bem como o devedor tem o dever de restituir tal soma. Esta correlação é *recíproca*, no sentido em que, assim como o poder implica o dever, também o dever implica o poder:

se a norma atribui dever a um sujeito, na mesma medida atribui poder a outro sujeito.

Em síntese, enquanto a faculdade é criada por norma permissiva que nega o dever estabelecido por precedente norma imperativa, o poder e o dever são duas situações correlatas, criadas em referência direta a dois sujeitos diferentes pela mesma norma, a qual pode assumir indiferentemente a forma linguística imperativa ou atributiva. A norma atributiva é tão só uma norma imperativa em que o legislador se expressa não em termos de dever, mas em termos de poder, vale dizer, em que ele, em vez de dirigir-se ao destinatário do dever, dirige-se ao destinatário do poder. (Neste sentido, alguns autores qualificam as normas jurídicas como imperativo-atributivas.) Tomemos como exemplo o art. 102 do Código Civil, segundo o qual

> [...] os genitores e, na falta destes, os outros ascendentes e colaterais até o terceiro grau podem opor-se ao matrimônio dos seus parentes por qualquer causa que obste a sua celebração.

Esta norma implica o dever, para os órgãos judiciários, de acolher o pedido dos parentes legitimados de que seja impedido o matrimônio, podendo ser expressa sob forma imperativa, como norma que ordena a tais órgãos acolher (ou não recusar) o pedido em questão.

48. A caracterização do imperativo jurídico: tentativas insatisfatórias

Outro problema posto pela concepção imperativista do direito é o da caracterização dos imperativos jurídicos, problema que pode ser formulado nestes termos: as normas jurídicas são imperativos de determinado tipo? Ou, dito de outra maneira, existe um particular tipo de imperativo que seja próprio das normas jurídicas?

A doutrina recorreu a diversas distinções para tentar caracterizar os imperativos jurídicos, sem muitas vezes alcançar resultados satisfatórios. Assim, tentou-se utilizar a distinção entre:

1) *Imperativos positivos e imperativos negativos.* Como se recordará (cf. seção 37), Thomasius argumentou que o direito, diferentemente da moral, só impõe obrigações negativas: esta sua afirmação levou à célebre polêmica com Leibniz, que, de modo inverso, afirmava conter o direito também obrigações positivas. A opinião de Leibniz é hoje acolhida por todos: portanto, esta primeira distinção não serve para caracterizar o imperativo jurídico.

2) *Imperativos autônomos e imperativos heterônomos.* (Imperativos autônomos são aqueles em que quem estabelece a norma e quem deve cumpri-la são a mesma pessoa; imperativos heterônomos são aqueles em que quem estabelece a norma é uma pessoa diferente de quem deve cumpri-la.) Alguns autores quiseram utilizar esta distinção, afirmando que os imperativos jurídicos são heterônomos, mas a solução não nos parece convincente: de fato, as normas jurídicas podem ser tanto autônomas quanto heterônomas. Recordar-se-á, por exemplo, que segundo Rousseau a democracia consiste em dar leis a si mesmos; e Kelsen utiliza a distinção entre autonomia e heteronomia dentro do direito, para caracterizar respectivamente os ordenamentos jurídicos democráticos e os autocráticos. Na esfera do direito privado são imperativos jurídicos autônomos as normas estabelecidas com base no poder negocial que cabe aos indivíduos: por exemplo, o contrato é o ato com o qual os contraentes dão a si mesmos certa norma.

3) *Imperativos pessoais e imperativos impessoais.* (Com referência ao *sujeito que institui a norma*, os imperativos se distinguem em pessoais e impessoais, segundo a norma provenha ou não de pessoa determinada.) Alguns estudiosos afirmam que as normas jurídicas são sempre imperativos impessoais, por não serem imputáveis a uma só pessoa especificamente individualizada, mas provêm sempre de uma coletividade qualquer: também esta solução não

é convincente porque, se indiscutivelmente as normas legislativas de um Estado parlamentar são impessoais, o mesmo não pode ser dito das normas promulgadas pelo soberano de um Estado absoluto; e mesmo no Estado democrático existem normas pessoais (por exemplo, as contidas em regulamentação oriunda de um administrador local).

4) *Imperativos gerais e imperativos individuais.* (Com referência ao *sujeito destinatário da norma*, os imperativos se distinguem em gerais ou individuais, segundo se dirijam a uma coletividade de indivíduos ou a um só sujeito especificamente individualizado.) É afirmação muito difundida na doutrina jurídica que o direito é constituído por imperativos gerais, mas hoje se tende a abandoná-la e a admitir a existência também de imperativos jurídicos individuais, uma vez que a sentença (que contém comando individual) é considerada norma jurídica.

5) *Imperativos abstratos e imperativos concretos.* (Com referência ao *conteúdo*, os imperativos se distinguem em abstratos e concretos, segundo o comportamento por eles regulado consista em uma classe ou categoria abstrata de ações ou, ao contrário, em uma ação singular.) A doutrina tradicional considera as normas jurídicas como imperativos abstratos, mas esta opinião não pode ser acolhida porque o direito também pode regular ação singular (por exemplo, uma lei eleitoral estabelecida para uma só eleição regula ação singular, ainda que complexa, e não categoria de ações; e o mesmo se diga de uma ordem de mobilização geral).

49. A caracterização do imperativo jurídico: o direito como imperativo hipotético

Resta-nos examinar uma última distinção que, diferentemente das examinadas na seção precedente, mostra-se suscetível de ser proveitosamente utilizada para caracterizar o imperativo jurídico: trata-se da distinção entre *imperativo categórico* e *imperativo hipotético*. O imperativo categórico tem esta forma:

Deves fazer *A*;

o hipotético, em vez disso, tem esta outra:

Se queres *B*, deves fazer *A*.

Esta distinção foi formulada por Kant que, na *Fundamentação da metafísica dos costumes*, usa-a para distinguir os imperativos morais (que são imperativos categóricos) de todos os outros imperativos (que são imperativos hipotéticos). O imperativo categórico comanda uma ação que é boa em si mesma, boa incondicionalmente, isto é, independentemente de qualquer fim que com ela se possa alcançar. Assim, quando digo "Não deves mentir", formulo um imperativo categórico, uma vez que, se me é perguntado "Por que não devo mentir?", só posso responder "Porque não deves mentir" (cometendo assim uma tautologia), ou então, "Porque não mentir é uma ação boa em si mesma".

O imperativo hipotético prescreve uma ação que não é boa em si mesma, mas só é boa condicionalmente, isto é, para alcançar dado fim. Assim, quando digo "Se queres comprar selos, deves ir ao correio", formulo um imperativo hipotético, uma vez que ir ao correio não é uma ação boa em si, que se impõe incondicionalmente, mas uma ação boa que só se impõe se quero obter selos. Portanto, enquanto o imperativo categórico me indica um fim que devo escolher, o imperativo hipotético só me indica o meio que devo escolher se quero alcançar certo fim, mas me deixa livre para escolher ou não este último.

Kant chama *normas éticas* os imperativos categóricos (exatamente porque as normas morais impõem uma ação incondicionalmente) e *normas técnicas* os imperativos hipotéticos, porque estes últimos são próprios de artes e ofícios, isto é, das atividades humanas que não incidem na esfera moral. (Assim, por exemplo, um manual para dirigir automóvel ou outro para o jogo de *bridge* contêm normas técnicas; o mesmo se pode dizer das preceptísticas políticas dos séculos XVI e do XVII, como *O Príncipe* de Maquiavel, uma vez que indicam os meios que se devem usar para conseguir e conservar o poder, isto é, para conseguir dado fim, sem pronunciar-se sobre o valor moral do próprio fim.)

Estabelecida esta distinção, a qual categoria pertencem as normas jurídicas, aos imperativos categóricos ou aos hipotéticos? A doutrina geralmente considera as normas jurídicas como normas hipotéticas ou técnicas. Assim, Adolfo Ravà, no seu estudo *Il diritto come norma tecnica* [O direito como norma técnica] (publicado em 1911 e republicado em 1950, em *Il diritto e lo Stato nella morale idealista* [O direito e o Estado na moral idealista]), afirma que o direito é constituído por normas técnicas, ao ter como elemento essencial a sanção; dada a presença desta última, o comando jurídico pode ser formulado como imperativo hipotético deste modo: "Se queres evitar a sanção, deves obedecer ao comando da lei". A ação prescrita pela lei, pois, não é boa em si mesma, não se impõe incondicionalmente, mas é boa e só se impõe se se quer evitar a sanção, ao passo que a norma moral é categórica exatamente porque é desprovida de sanção.

Se examinarmos o mecanismo da sanção, poderemos precisar que funciona de dois modos diversos:

a) No seu primeiro modo de funcionar, se ajo sem respeitar o comando jurídico, a sanção faz com que alcance um fim diferente daquele que me propusera: assim, dada a norma que veta o furto, se roubo, em vez de enriquecer como era meu propósito, termino na prisão. Neste caso, a norma jurídica me leva a ter o comportamento por ela desejado com o objetivo de evitar chegar a um fim por mim não desejado (a sanção). Se chamarmos *A* a sanção e *B* o comportamento prescrito, o esquema da norma neste primeiro caso será:

Se não queres *A*, deves *B*.

b) No segundo modo de funcionar, se ajo sem respeitar o preceito, a sanção me impede de alcançar o fim que queria. Assim, se redijo um testamento sem respeitar as formas estabelecidas pela lei, esta torna nulo o próprio testamento e, portanto, me impede de alcançar o objetivo que me propusera ao redigi-lo. Se chamarmos

A o resultado jurídico desejado e *B* o comportamento prescrito, o esquema da norma neste segundo caso será:

Se queres *A*, deves *B*.

À formulação do direito como norma hipotética se chega também por outro caminho. Se digo que a norma jurídica é acompanhada pela sanção, posso distinguir na norma dois aspectos e formulá-la em dois momentos. No primeiro momento, a norma prescreve o comportamento [*A*] que o destinatário deve ter:

(1) Deves fazer *A*.

No segundo momento, a norma estabelece que, se não se obedece ao comportamento requerido [*A*], deve-se aplicar a sanção (*B*):

(2) Se não é *A*, deve-se seguir *B*.

Mas – observou-se – a norma (1) não tem existência autônoma, sendo, ao contrário, só reflexo da norma (2); se chamarmos *A* o ilícito, isto é, o comportamento a que está associada a sanção, e *B* a própria sanção, a norma jurídica apresenta esta estrutura:

Se é *A*, deve ser *B*.

É esta a formulação da norma jurídica dada por Kelsen, o qual, especialmente nas suas primeiras obras, apresentou sua concepção como uma crítica ao imperativismo.

Na realidade, a doutrina kelseniana não é uma doutrina anti-imperativista, mas representa certo modo de formular o imperativo jurídico, ao formulá-lo como imperativo hipotético. De fato, se a norma jurídica não contivesse comando, ela deveria ser formulada como *proposição descritiva*, deste modo "Se é *A*, é *B*"; mas esta, como observa o próprio Kelsen, é a forma própria da relação *causal*, regulada por lei natural, e não da *jurídica*, a qual, ao contrário, é formulada em proposição do seguinte teor: "Se é *A*, deve ser *B*". Esta última proposição não é descritiva, mas *prescritiva*.

Mas o que significa *deve ser*? É este um dos pontos mais obscuros da teoria kelseniana. A nosso ver, para dar significado preciso à fórmula "Se é *A*, deve ser *B*", é necessário convertê-la nesta outra: "Se é *A*, *B* deve ser aplicado". Mas então também é necessário indicar *quem* deve aplicar *B*, porque, sendo o direito próprio da esfera humana, também este *B* (a sanção) deve ser imputável a sujeito humano. Ora, quem aplica a sanção é o órgão judiciário: logo, o kelseniano *deve indicar* uma ordem dirigida ao juiz. A fórmula de Kelsen, pois, pode ser formulada com maior clareza e exatidão nestes termos:

Se é *A*, o juiz deve cumprir *B*.

Chegados a este ponto, é preciso observar que a teoria do direito como *norma hipotética* teve duas formulações diversas. Na primeira formulação, o direito se configura como *norma técnica* dirigida aos súditos:

Se queres *A*, deves *B*,

em que *A* indica "evitar a sanção" ou "conseguir um resultado jurídico" e *B* indica o comportamento prescrito. Na segunda formulação, o direito se configura como *norma condicionada* dirigida aos juízes:

Se *A* é, *B* deve ser,

em que *A* indica o comportamento (ilícito) tido pelos súditos e *B*, a sanção que o juiz deve aplicar.

Como se vê, a passagem da primeira à segunda formulação implica a mudança dos destinatários da norma: na primeira, destinatários são os cidadãos, na segunda são os juízes. Já vimos (cf. seção 38) que o primeiro defensor da doutrina que considera os juízes destinatários da norma foi Ihering, segundo quem a verdadeira norma jurídica é só a que regula a aplicação da sanção, enquanto a que prescreve aos cidadãos dado comportamento representa tão só o pressuposto fático a que se subordina a ligação do mecanismo sancionador por parte do juiz, com a consequência de que os cidadãos não são destinatários de comandos reais, mas a eles só se apresenta uma alternativa de fato: ou respeitar a lei, ou sofrer a sanção.

A teoria dos juízes destinatários da norma jurídica foi acolhida por Kelsen, o qual, invertendo a terminologia tradicional, chama "norma principal" a que se dirige aos juízes, dispondo a aplicação da sanção, e "norma secundária" a que se dirige aos cidadãos, dispondo um preceito, por considerar esta última simples reflexo da primeira, que é a norma jurídica na sua estrutura completa:

> A norma que determina a conduta que evita a coerção [...] só tem o significado de norma jurídica quando se pressupõe que com ela se deve expressar, em forma abreviada, por comodidade de expressão, o que só a proposição jurídica enuncia de modo correto e completo, a saber, que em caso de conduta contrária deve seguir-se um ato coativo como consequência. Esta é a norma jurídica na sua forma primária. Logo, a norma que ordena o comportamento que evita a sanção só pode valer como norma jurídica secundária (*La dottrina pura del diritto*, trad. it., Turim, 1952, p. 46).

Concluindo: na doutrina do imperativismo jurídico houve uma evolução em que se podem distinguir duas fases, qualificáveis respectivamente como *imperativismo ingênuo* e *imperativismo crítico*.

1) O *imperativismo ingênuo* (que vai de Hobbes a Austin, e a que pertence o próprio Thon) considera o direito como conjunto de comandos dirigidos pelo soberano aos cidadãos, sem ulteriormente analisar a estrutura do imperativo jurídico.

2) O *imperativismo crítico* (que tem Kelsen como um dos maiores expoentes) precisa as características do imperativo jurídico sob dois aspectos:

   a) a norma jurídica é um imperativo hipotético;

   b) a norma jurídica é um imperativo que se dirige não aos cidadãos, mas aos juízes.

CAPÍTULO 5

A TEORIA DO ORDENAMENTO JURÍDICO

Sumário: 50. A teoria do ordenamento jurídico como contribuição original do positivismo jurídico à teoria geral do direito. • 51. A unidade do ordenamento jurídico. A teoria kelseniana da norma fundamental. • 52. Relações entre coerência e completude no ordenamento jurídico. • 53. A coerência do ordenamento jurídico. Os critérios para eliminar as antinomias. • 54. A completude do ordenamento jurídico. O problema das lacunas da lei.

50. A teoria do ordenamento jurídico como contribuição original do positivismo jurídico à teoria geral do direito

Consideramos particularmente importante a teoria do ordenamento jurídico para a caracterização do positivismo jurídico, porque através dela se chega ao coração desta corrente jurídica: enquanto outras teorias juspositivistas – como a concepção coercitiva (cf. seção 37) e a imperativista do direito (cf. seção 46) – surgiram precedentemente, e o positivismo se limitara a apropriar-se delas e a reelaborá-las, formulando-as com maior coerência, a teoria do ordenamento jurídico foi "inventada", isto é, introduzida *ex novo*, pelo próprio positivismo. Com efeito, antes do seu desenvolvimento faltava no pensamento jurídico o estudo do direito considerado não como norma particular ou como acervo de normas particulares, mas como entidade unitária constituída pelo conjunto sistemático de todas as normas.

Temos comprovação disso no campo da terminologia jurídica: na língua latina (aquela em que, em geral, expressou-se o pensamento jurídico tradicional até o século XVIII) falta, efetivamente, um termo específico que corresponda ao de "ordenamento jurídico". Usam-se as palavras *jus*, *justum*, *lex* e, no máximo, usa-se o termo *lex* com significado extensivo para indicar não uma norma particular ou um ato legislativo particular, mas um conjunto de normas (por exemplo – *lex civilis*, *lex poenalis*). A falta de termo correspondente a "ordenamento jurídico" indica que ainda não fora formulado o respectivo conceito.

Não saberíamos dizer como e quando a expressão "ordenamento jurídico" entrou no uso corrente, e este é um problema que mereceria ser estudado. No entanto, somos da opinião de que seja a tradução italiana do termo alemão *Rechtsordnung*: a difusão e, poderíamos dizer, a vulgarização de tal expressão na Itália (uma vez que ela, da linguagem técnico-jurídica, passou também à comum) cabe a Santi Romano, que em 1917 publicou um estudo (já clássico no pensamento jurídico italiano do século XX) intitulado, exatamente, *O ordenamento jurídico* (ainda que as teses nele defendidas não sejam propriamente as do juspositivismo). Que a origem do termo em questão deva ser buscada na linhagem alemã e italiana do pensamento jurídico está demonstrado pelo fato de não se encontrar nem na língua francesa nem na inglesa (porque nas correspondentes culturas jurídicas a dogmática e a sistemática tiveram menor desenvolvimento): os franceses, para expressar de algum modo o conceito de ordenamento jurídico, recorreram à expressão *ordre juridique* (que, porém, é pouco satisfatória porque o termo *ordre* é demasiadamente genérico) ou então o termo *ordonnancement* (que, porém, foi acolhido com pouco favor, tratando-se de neologismo); os ingleses voltaram-se para o termo *system*, mas este termo pode originar algumas confusões porque o ordenamento jurídico pode ser considerado um sistema de normas, mas nem todo sistema de normas (como, por exemplo, o sistema normativo moral) pode ser igualado na sua estrutura ao ordenamento jurídico.

A teoria do ordenamento jurídico encontra sua expressão mais coerente no pensamento de Kelsen: por isso, podemos considerar tal autor como o ponto máximo do movimento juspositivista, depois do qual começa seu declínio, isto é (sem metáfora), sua crise. Por outra parte, que a vocação fundamental (ainda que às vezes inconsciente) e o ponto de chegada do positivismo jurídico deviam ser esta teoria compreende-se perfeitamente, se consideramos sua origem; na verdade, ele surge, entre o final do século XVIII e o início do século XIX, da exigência de dar unidade a um conjunto de normas jurídicas fragmentárias que constituíam perigo contínuo de incerteza e arbítrio. (Recordar-se-á, por exemplo, que o movimento francês pela codificação reclamava um direito simples, completo e unitário – cf. seções 17 e 18 – e que Bentham colocava entre os requisitos fundamentais da codificação a completude – cf. seção 24.)

A teoria do ordenamento jurídico gira em torno de três características fundamentais a ele atribuídas: a *unidade*, a *coerência* e a *completude*. São estas três características que fazem com que o direito, no seu conjunto, seja um ordenamento, isto é, uma entidade nova, distinta das normas particulares que o constituem.

51. A unidade do ordenamento jurídico. A teoria kelseniana da norma fundamental

A primeira característica do ordenamento jurídico, portanto, é a *unidade*. Poder-se-ia objetar que esta não é uma concepção exclusiva do positivismo jurídico, uma vez que também os jusnaturalistas pensam o direito como um sistema unitário de normas; e se poderia acrescentar que o impulso para realizar a unidade do direito mediante a codificação nasce de uma concepção jusnaturalista (cf. as palavras de Cambacérès mencionadas na seção 18). Tudo isso é exato, mas não conflita com nossa afirmação segundo a qual a teoria do ordenamento jurídico é própria do juspositivismo. Na realidade, há modos e modos de conceber a unidade do direito, e o modo como a entende o jusnaturalismo é profundamente diverso daquele como a entende o juspositivismo: para o primeiro, trata-se de unidade *substancial* ou *material*, relativa ao *conteúdo* das normas; para o segundo, ao contrário, trata-se de unidade *formal*, relativa ao *modo* como as normas são instituídas.

Kelsen expressa esta diferença falando de dois tipos diversos de ordenamentos normativos: o *ordenamento estático* (a que pertencem a moral e o direito concebido à maneira jusnaturalista) e *ordenamento dinâmico*, que é próprio do direito concebido à maneira positivista. Segundo os jusnaturalistas, o direito constitui um sistema unitário porque todas as suas normas se podem deduzir com procedimento lógico umas das outras, até que se chega a uma norma qualquer generalíssima que está na base de todo o sistema e constitui um postulado moral autoevidente (para Hobbes, tal norma diz *pax est quaerenda* [busca-se a paz]; para São Tomás, diz *bonum est quaerendum, male vitandum* [busca-se o bem e evita-se o mal]; para Pufendorf, prescreve buscar a conservação da sociedade humana; para Thomasius, prescreve buscar a felicidade; para Kant, requer garantir a liberdade do homem...). Dada, por exemplo, a norma que proíbe o furto, se pergunto a um jusnaturalista por que não devo roubar, ele me responde demonstrando-me que tal norma está implícita naquela mais geral *neminem laedere*; e se insisto em perguntar por que devo *neminem laedere*, ele responde demonstrando-me que tal preceito deriva, diretamente ou por meio de outra norma, de um postulado moral autoevidente. Inversamente, segundo os juspositivistas, o direito constitui unidade em outro sentido: não porque suas normas possam ser deduzidas logicamente umas das outras, mas porque elas são todas instituídas (direta ou indiretamente, isto é, mediante delegação a autoridades subordinadas) pela mesma autoridade e podem, todas, ser atribuídas à mesma fonte originária constituída pelo poder legitimado para criar o direito. Assim, se pergunto a um juspositivista por que não devo roubar, ele me responde que não devo porque assim estabeleceu o juiz, o costume ou o legislador (segundo se trate de ordenamento judiciário, consuetudinário ou legislativo); e se insisto em perguntar por que devo obedecer ao que estabelece o juiz, o costume etc., ele me responde que devo porque assim estabeleceu o poder supremo.

Para esclarecer a diferença entre concepção substancial (ou estática) e concepção formal (ou dinâmica) da unidade do ordenamento, consideremos este exemplo extraído da família (cujo ordenamento prefigura *in nuce* o estatal). Suponhamos que o pai ordene ao filho "Hoje de tarde fique em casa para estudar" e que o filho pergunte "Por que devo estudar?". Se o pai responde referindo-se a um bem (bem-estar, felicidade, liberdade...) que o estudo serve para obter, ele dá uma resposta de tipo moralista ou jusnaturalista, ao tentar deduzir o conteúdo do seu comando de um sistema de normas morais; se, no entanto, responde "Você deve estudar porque estou mandando", ele dá uma resposta de tipo juspositivista, ao referir a norma ao sujeito que, na família, é a autoridade que estabelece as normas.

Portanto, a concepção juspositivista da unidade do ordenamento jurídico nos leva ao que dissemos a propósito das fontes do direito: segundo o positivismo jurídico, tais fontes são hierarquicamente subordinadas e existe uma só fonte de qualificação, vale dizer, uma só autoridade que atribui direta ou indiretamente caráter jurídico a todo o conjunto de normas (cf. seção 42). Mas o princípio da unidade formal do ordenamento jurídico coloca um problema ulterior. Se definimos fonte de direito o ato ou o fato a que está associada a produção de normas jurídicas, o problema se formula assim: quem ou o que associa a produção das normas a tal ato ou a tal fato? Ou, se definimos fonte de direito o poder legitimado (ou autorizado) a estabelecer as normas jurídicas, o problema se apresenta nestes outros termos: quem ou o que legitima (ou autoriza) tal poder a estabelecer as normas?

Para responder a esta pergunta, considerou-se inevitável formular a teoria da *norma fundamental*, isto é, de uma norma que está na base do ordenamento jurídico e que, fechando o sistema, garante a unidade formal do ordenamento. Naturalmente, esta norma-base tem no sistema jurídico concebido à maneira positivista função diversa da que a norma-base tem no sistema moral (ou no do direito natural): ela não é a norma de cujo conteúdo se deduzem todas as outras normas, mas a norma que cria a suprema fonte de direito, isto é, que autoriza ou legitima o supremo poder existente em dado ordenamento a produzir normas jurídicas. Esta norma-base não é positivamente constatável, por não ser *instituída* por outro poder superior qualquer, mas é *suposta* pelo jurista para poder considerar um conjunto de normas como ordenamento: ela é *hipótese*, *postulado* ou *pressuposto* de que se parte no estudo do direito.

Expliquemo-nos com um exemplo: o cidadão é obrigado a ressarcir o dano por ato ilícito porque assim estabelece o juiz com sua norma (que condena quem causou o dano); por sua vez, o juiz estabelece sua norma porque para tanto foi autorizado pela lei; a lei (aquela que os constitucionalistas chamam "lei ordinária") foi estabelecida pelo Parlamento com base na autorização a ele atribuída pela Constituição (ou lei constitucional); a Constituição, por sua vez, foi estabelecida pelo poder constituinte. E aqui começa a dificuldade. Por quem foi autorizado o poder constituinte a estabelecer a lei constitucional? Pode-se talvez responder apelando a um precedente poder constitucional, mas esta investigação histórica chegará a um ponto (isto é, a um poder constituinte) além do qual não é possível ir (e este ponto logo se alcança se o poder constituinte de um ordenamento vigente é representado por assembleia surgida de uma revolução que quebrou a continuidade jurídica e anulou o precedente ordenamento). Chegados a este ponto, temos duas possibilidades: ou nos detemos no poder constituinte como fato social, e então deixamos aberto o sistema, fazendo o direito derivar do fato; ou, para fechar o sistema, consideramos o poder constituinte como autorizado por norma fundamental, a qual estabelece que todos os cidadãos devem obedecer às normas provenientes de tal poder, isto é, da força política capaz de estabelecer normas para toda a sociedade e de impor sua observância. É esta última a alternativa que Kelsen escolheu e que o conduziu à concepção da norma fundamental.

Esta teoria foi submetida a muitas críticas. E, com efeito, pode-se duvidar de que consiga resolver o problema para o qual foi formulada, isto é, fechar o sistema normativo garantindo sua perfeita unidade. De fato, se formulamos a pergunta "em que se baseia a norma fundamental?", ou respondemos remetendo a outra norma, e então estamos diante de um *recursus ad infinitum*, ou respondemos que tal norma existe juridicamente enquanto for de fato observada, e então reincidimos na solução que se queria evitar com a teoria da norma fundamental, isto é, fazemos depender o direito do fato.

52. Relações entre coerência e completude no ordenamento jurídico

A característica da coerência e a da completude estão estreitamente relacionadas entre si, ainda que tal conexão não seja sempre evidente. Savigny assim formula as relações entre estas duas características (notemos que ele usa o termo "unidade" para indicar o que nós entendemos por "coerência", e o termo "sistema" para indicar conceito análogo, quando não idêntico, ao indicado com o termo "ordenamento" – dado que o sistema não é o ordenamento tal como estabelecido pelo legislador, mas tal como elaborado pelo cientista do direito):

> O conjunto das fontes do direito [...] forma um todo, que está destinado à solução de todas as questões que se apresentam no campo do direito. Para responder a tal escopo, deve apresentar estas duas características: *unidade* e *completude* [...]. O procedimento ordinário consiste em extrair do conjunto das fontes um sistema de direito [...]. *Faltando a unidade*, então se trata de *remover uma contradição*; *faltando a completude*, então se trata de *preencher uma lacuna*. Na realidade, porém, estas duas coisas podem reduzir-se a um único conceito fundamental. De fato, o que tentamos estabelecer é sempre a unidade: unidade negativa, ao eliminar as contradições; unidade positiva, ao preencher as lacunas (*Sistema del diritto romano attuale*, trad. it., vol. I, § 42, p. 267).

Na sua *Teoria geral do direito*, Carnelutti expressa a relação entre coerência e completude do ordenamento, afirmando que o direito pode apresentar dois vícios: vício por excesso (*redundância*), quando há mais normas do que deveria haver (na incoerência, existem duas normas contraditórias, das quais só uma pode estar contida no sistema); e vício por falta (*insuficiência*), quando há norma de menos, em caso de lacuna. No primeiro caso, a obra do jurista consiste na *purgação* do ordenamento jurídico (isto é, na eliminação da norma excessiva); no segundo caso, consiste na *complementação* do próprio ordenamento.

Concluindo: a incoerência do sistema é a situação em que há *tanto* uma norma *quanto* outra norma incompatível com a primeira; a incompletude é a situação em que não há *nem* uma norma *nem* outra norma incompatível com ela. Na incoerência há uma norma de sobra (tanto... quanto); na incompletude há uma norma de menos (nem... nem).

53. A coerência do ordenamento jurídico. Os critérios para eliminar as antinomias

O princípio da coerência do ordenamento jurídico, defendido pelo positivismo jurídico, consiste em negar que nele possa haver *antinomias*, isto é, normas entre si incompatíveis: tal princípio está garantido por uma norma, implícita em todo ordenamento, segundo a qual duas normas incompatíveis (ou antinômicas) não podem ser, ambas, válidas, mas uma só delas pode (mas não necessariamente deve) fazer parte do mesmo ordenamento – ou, de outra forma: a compatibilidade de uma norma com seu ordenamento (isto é, com todas as outras normas) é condição necessária para sua validade.

Trata-se de estabelecer, antes de tudo, quando existe antinomia, isto é, quando duas normas são incompatíveis. Com este objetivo, recorramos mais uma vez à lógica simbólica (de que já nos servimos na seção 47). Dado *Oa* (a obrigação de fazer *a*), segundo disponha o sinal de negação posso ter outras três normas, a saber: $O - a$ (a obrigação de não fazer a = a proibição de fazer a), $- Oa$ (a não obrigação de fazer a = a permissão de não fazer a), $- O - a$ (a não obrigação de não fazer a = a permissão de fazer a). Se disponho estes quatro símbolos nos vértices de um quadrado, no sentido horário, e os uno entre si segundo os lados e as diagonais, obtenho seis pares de normas. Deste modo:

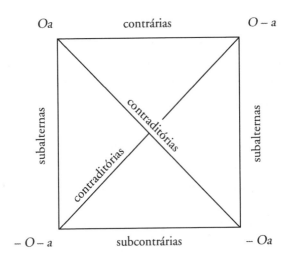

Destes seis pares, três representam relações de incompatibilidade, no sentido de que os dois comportamentos que formam cada par não podem ser simultaneamente verdadeiros (ou melhor, dado que se trata de normas jurídicas, válidos): Oa e $O - a$; Oa e $- Oa$; $O - a$ e $- O - a$. Os outros três pares (Oa e $- O - a$; $O - a$ e $- Oa$; $- O - a$ e $- Oa$) representam relações de compatibilidade, isto é, os dois comportamentos que formam cada par podem ser simultaneamente verdadeiros ou válidos.

Dos três pares de normas incompatíveis, o primeiro (Oa e $O - a$) é constituído por duas normas entre si *contrárias*, no sentido de que não podem ser ambas válidas, mas podem ser ambas inválidas, porque é possível uma terceira norma (*tertium datur*); de fato, a mesma ação não pode ser ao mesmo tempo comandada (Oa) e proibida ($O - a$), mas pode não ser nem comandada nem proibida, porque pode ser permitida.

Os outros dois pares de normas incompatíveis são constituídos de normas entre si *contraditórias*, no sentido de que não podem ser nem simultaneamente válidas nem simultaneamente inválidas, porque *tertium non datur*, isto é, não é concebível uma terceira norma que disponha diferentemente das outras duas. Estes dois pares são: a) a obrigação de fazer *a* (*Oa*) e a permissão de não fazer *a* (– *Oa*); b) a proibição de fazer (*O* – *a*) e a permissão de fazer *a* (– *O* – *a*). Por exemplo, ou é válida a norma que proíbe fumar, ou é válida a que permite[17] fumar: não se pode conceber uma norma que estabeleça um terceiro comportamento.

Dos três pares de normas entre si compatíveis, dois são pares de normas entre si *subalternas* (*Oa* e – *O* – *a*; *O* – *a* e – *Oa*; o outro é um par de normas *subcontrárias* (– *O* – *a* e – *Oa*).

A dificuldade, porém, não consiste em apontar os pares de normas antinômicas, mas em estabelecer qual das duas normas incompatíveis é a válida e qual não se deve considerar como parte do ordenamento jurídico. A doutrina formulou três critérios para a solução das antinomias: o critério *cronológico*, o critério *hierárquico*, o critério de *especialidade*. Dadas duas normas incompatíveis:

a) segundo o *critério cronológico*, a norma sucessiva prevalece sobre a precedente (*lex posterior derogat priori*);

b) segundo o *critério hierárquico*, a norma de grau superior (isto é, estabelecida por fonte de grau superior) prevalece sobre a de grau inferior (*lex superior derogat inferiori*);

c) segundo o *critério de especialidade*, a norma especial prevalece sobre a geral (*lex specialis derogat generali*).

Estes três critérios encontram confirmação no direito positivo. Assim, com referência ao ordenamento italiano, o critério cronológico é estabelecido pelo art. 15 das Disposições Preliminares do Código Civil. O critério hierárquico é formulado em inúmeras disposições: no art. 134 da Constituição, sobre as relações entre lei constitucional e lei ordinária;

---

17. O termo "permitido" ou "lícito" *em sentido estrito* indica o que não é proibido nem comandado, mas *em sentido lato* indica tudo o que não é proibido, inclusive o que é comandado: é neste segundo sentido que aqui se fala de "permitir".

no art. 4º das Disposições Preliminares do Código Civil, sobre as relações entre lei e regulamento; no art. 360 do Código do Processo Civil e no art. 524 do Código do Processo Penal, sobre as relações entre lei e sentença; no art. 1.343 do Código Civil, sobre as relações entre lei e negócios jurídicos. O critério de especialidade é estabelecido no art. 15 do Código Penal.

No entanto, estes três critérios não conseguem resolver todas as antinomias. Com efeito, existem casos em que não podem ser aplicados, a saber: 1) quando existe conflito entre os próprios critérios, no sentido de que a uma mesma antinomia se podem aplicar dois critérios, cada um dos quais leva a um resultado diferente; 2) quando não se pode aplicar nenhum dos três critérios.

1) *Conflitos entre os dois critérios.* Podemos ter conflito entre o critério hierárquico e o cronológico, entre o critério de especialidade e o cronológico, entre o critério hierárquico e o de especialidade:

a) Existe *conflito entre o critério hierárquico e o cronológico* quando uma norma precedente e de grau superior é antinômica em relação a outra norma sucessiva e de grau inferior: de fato, se se aplica o critério hierárquico, prevalece a primeira norma, se se aplica o cronológico, prevalece a segunda.

A doutrina é unânime em considerar que, no caso de conflito entre critério hierárquico e critério cronológico, *prevalece o hierárquico*.

b) Existe *conflito entre critério de especialidade e critério cronológico* quando uma norma precedente e especial é antinômica em relação a outra sucessiva e geral. Também neste caso, *o critério de especialidade prevalece sobre o cronológico* e, portanto, a norma precedente e especial prevalece sobre a sucessiva e geral.

Portanto, o critério *hierárquico* e o de *especialidade* são critérios *fortes*; o *cronológico* é um critério *fraco*.

c) Existe *conflito entre critério hierárquico e critério de especialidade* quando uma norma geral e de grau superior é antinômica em relação a outra norma especial e de grau inferior. Neste caso, é mais difícil dizer qual dos dois critérios prevalece (e, portanto, se é válida a primeira norma porque de grau superior, ou a segunda porque especial): na verdade, estamos diante de uma antinomia entre os dois critérios fortes.

Talvez se possa recorrer ao critério fraco, o cronológico, como critério subsidiário para estabelecer a prevalência de um ou de outro dos dois critérios fortes: prevalece o critério hierárquico, isto é, é válida a norma superior geral, se esta é sucessiva à outra; ao contrário, prevalece o critério de especialidade, isto é, é válida a norma inferior especial, se esta é a sucessiva. Em outros termos: uma norma superior geral precedente cede diante de uma norma inferior especial sucessiva; uma norma superior geral sucessiva vence diante de uma norma inferior especial precedente. Trata-se, porém, de solução que não é compartilhada por toda a doutrina, como são compartilhadas as soluções para os outros dois conflitos.

2) *Inaplicabilidade dos três critérios*. A segunda dificuldade ocorre quando não se pode aplicar nenhum dos três critérios, por haver duas *normas antinômicas* que são *contemporâneas, paritárias* e *gerais* (por exemplo, duas normas gerais contidas em um Código – com efeito, todas as disposições nele estabelecidas têm o mesmo valor hierárquico e se consideram promulgadas no mesmo momento). Neste caso, para não deixar subsistir a antinomia que negaria o requisito da coerência, recorreu-se a outro critério: a *prevalência da "lex favorabilis" sobre a "lex odiosa"*. Considera-se *lex favorabilis* a que estabelece permissão e *lex odiosa* a que estabelece imperativo (comando ou proibição), por se partir do pressuposto de que a situação normal do súdito é o *status libertatis*; portanto, a norma imperativa tem natureza excepcional e, como tal, deve ceder se entra em conflito com uma norma permissiva. Este critério pode talvez servir quando se trata de antinomia entre duas normas de direito público, isto é, reguladoras das relações entre o Estado e os cidadãos; mas não serve mais quando o conflito se

dá entre duas normas de direito privado, isto é, reguladoras das relações entre cidadãos particulares, dado que a permissão de um cidadão comporta sempre o dever de outro cidadão e vice-versa: logo, seja qual for a norma eliminada, acaba-se sempre por criar vantagem relativamente a um sujeito e ônus relativamente a outro.

Além disso, há outro caso não solucionável com o critério da *lex favorabilis*: é aquele em que ambas as normas são imperativas, no sentido de que uma comanda e a outra proíbe o mesmo comportamento. Neste caso, todavia, a antinomia pode ser resolvida por outro caminho, de modo bastante simples: na verdade, se temos presente a figura da p. 237, vemos que estamos diante não de duas normas contraditórias, mas de duas normas contrárias: como com esta última categoria de normas *tertium datur*, as duas normas elidem-se reciprocamente e nenhuma das duas é válida: ao contrário, será válida a norma resultante do *tertium*, da terceira possibilidade, vale dizer, a norma que nem comanda nem proíbe, mas permite o comportamento em questão.

54. A completude do ordenamento jurídico. O problema das lacunas da lei

Das três características nas quais se baseia a teoria do ordenamento jurídico, a da *completude* é a mais importante, por ser a mais típica e representar o ponto central, o coração do coração (se tal expressão for lícita) do positivismo jurídico. Com efeito, ela está estreitamente associada ao princípio da *certeza do direito*, que é a ideologia fundamental deste movimento jurídico. Tal associação, que é particularmente evidente na Escola da Exegese, é evidenciada por Radbruch na sua *Propedeutica alla filosofia del diritto* [Propedêutica à filosofia do direito](trad. it., Turim, 1959), ao observar que o princípio da completude do direito apresenta-se como necessário para conciliar entre si dois outros fundamentais argumentos positivistas, aquele pelo qual o juiz não pode criar o direito e aquele pelo qual o juiz não pode nunca recusar-se a resolver qualquer controvérsia:

> A proibição da criação e a da recusa do direito só podem ser conciliadas uma com a outra sob uma terceira hipótese, a saber, que a lei seja desprovida de lacunas, desprovida de contradições, clara e sem resíduos obscuros ou que, pelo menos, com base em lei lacunosa, contraditória ou não clara, possa ser obtida com meios puramente racionais uma sentença jurídica para cada questão jurídica. Este é o postulado ou a ficção [segundo se seja positivista ou antipositivista] da completude, se não da lei, pelo menos do ordenamento jurídico (*op. cit.*, p. 184).

As últimas palavras de Radbruch sugerem uma questão preliminar: deve-se falar de "completude da lei" ou de "completude do direito"? Usa-se geralmente a segunda expressão e outra a ela relacionada, "lacunas do direito" (que é a tradução italiana da locução alemã *Lücken im Recht* – é este o título de famoso ensaio de Zitelmann). Se, porém, quisermos formular o problema no seu significado mais próprio, não deveremos falar de completude (ou de lacunas) do direito, mas de *completude* ou (de *lacunas*) *da lei*: com efeito, dizer que o direito é completo (e, portanto, não tem lacunas) é afirmação óbvia, mas de pouca importância, se por "direito" se entendem as normas derivadas de qualquer fonte, inclusive a judiciária (por ser pacífico que, se as outras fontes deixaram lacunas, o juiz, ao resolver as controvérsias, é obrigado a preenchê-las); deve-se falar, em vez disso, de lacunas da lei, isto é, com referência às normas instituídas por uma específica fonte do direito, o poder legislativo.

Afirmar que o ordenamento jurídico é completo significa, pois, negar a existência de lacunas na lei. A demonstração da inexistência das lacunas remete a duas teorias diversas, que podemos chamar, respectivamente, *teoria do espaço jurídico vazio* e *teoria da norma geral exclusiva*:

1) A *teoria do espaço jurídico vazio* tem como maior expoente Bergbohm e foi defendida na Itália sobretudo por Santi Romano. Estes autores afirmam que não faz sentido falar de lacunas do direito, porque, dado um fato qualquer, ou existe norma que o regula, e então não há evidentemente lacuna, ou não existe nenhuma

norma que o regula, e nem mesmo então se pode falar de lacuna, na medida em que o fato não regulado é *juridicamente irrelevante* por pertencer ao "espaço jurídico vazio" (isto é, ao espaço que está além da esfera jurídica): em outros termos, o fato não previsto por nenhuma norma é fato situado fora das fronteiras do direito. Para explicar o conceito, podemos comparar o direito a um rio que corre entre duas margens: assim como não faz sentido dizer que além das margens há uma lacuna do rio (quando, na realidade, existe algo diferente do rio, a terra firme), também não faz sentido dizer que, onde cessa a disciplina jurídica, há uma lacuna do direito – na realidade, onde falta a norma, estamos fora das fronteiras do direito, em esfera diferente da jurídica.

Romano chama de esfera extrajurídica a esfera do que não é nem lícito nem ilícito. À primeira vista, esta formulação pareceria conflitar com a lógica, dado que o lícito e o ilícito são duas categorias contraditórias que, juntas, compreendem todas as ações e, portanto, *tertium non datur*. Tal fórmula, porém, é aceitável se entendida no sentido de que os atos não regulados por normas jurídicas não pertencem à esfera das ações que se pode apregoar serem lícitas ou ilícitas. Para dar um exemplo, o branco e o não branco também são duas categorias contraditórias, razão pela qual não é possível dizer de uma coisa colorida que não é nem branca nem não branca; porém, posso dizer de um triângulo que ele não é nem branco nem não branco, querendo com isso dizer que o triângulo não pertence à categoria das coisas coloridas. Do mesmo modo, posso dizer dos atos não regulados pelo direito que eles não são nem lícitos nem ilícitos, para indicar que pertencem à esfera do juridicamente irrelevante, isto é, à esfera das ações não suscetíveis de receber qualificação jurídica.

2) A *teoria da norma geral exclusiva* tem como maior expoente Zitelmann e foi retomada na Itália sobretudo por Donati. Segundo este último autor, não existem fatos juridicamente irrelevantes e, não obstante, não existem lacunas porque toda norma jurídica particular que submete a dada regulamentação certos atos está sempre acompanhada por uma segunda norma implicitamente

contida nela, a qual exclui da regulamentação da norma particular todos os atos não previstos por esta última e os submete a uma regulamentação jurídica antitética (por isso, a segunda norma se diz geral e exclusiva). Se, por exemplo, existe norma que diz "É proibido importar cigarros", tal norma contém implicitamente em si outra norma que diz "É permitido importar todas as outras coisas que não são cigarros"; assim, se uma norma estabelece que, para cumprir dado ato jurídico, são necessárias certas formalidades, ela é acompanhada como pela sua sombra por outra norma geral exclusiva que estabelece que, para todos os outros atos, tais formalidades não são necessárias.

O ordenamento jurídico resulta do conjunto de todas as normas particulares e de todas as normas gerais exclusivas. Estas últimas podem expressar-se em uma só norma que diz: "É permitido tudo o que não for proibido nem comandado". Tal norma é dita *norma de clausura* por assegurar a completude do ordenamento, garantindo a atribuição de qualificação jurídica a todos os fatos não previstos pelas outras normas. Mesmo um sistema normativo constituído por uma só norma imperativa é um ordenamento completo, uma vez que aquela única norma é acompanhada por uma segunda norma implícita que fecha o próprio sistema, atribuindo a qualificação de lícitos a todos os fatos não previstos pela primeira norma.

Os fatos que na teoria do espaço jurídico vazio constituem a esfera do *juridicamente irrelevante*, na teoria da norma geral exclusiva constituem a esfera do *juridicamente lícito*. O modo diverso de qualificar tais fatos não é destituído de consequências: se se diz que a esfera de liberdade (licitude) deixada a cada cidadão é *juridicamente relevante*, isto significa que existe para os outros membros da sociedade o *dever* de não lesar tal esfera e que existe para o cidadão cuja esfera tenha sido lesada a possibilidade de reagir, recorrendo aos órgãos do Estado.

Prescindindo das objeções externas que se podem dirigir a esta teoria, a partir de um ângulo diferente daquele do juspositivista, existem algumas críticas que a ela foram dirigidas a partir do próprio positivismo jurídico. Observou-se que os operadores do direito (juízes e juristas), os quais atuam no interior do direito positivo, falam frequentemente de lacunas do direito. Como é possível, se o direito é completo? Respondeu-se que, quando os juristas falam de lacunas, usam o termo não em sentido *técnico-jurídico*, mas *ideológico*: isto é, pretendem indicar não propriamente a ausência de uma norma qualquer para resolver dado caso, mas a ausência de certa norma, de norma que seja conforme aos seus ideais de justiça. Assim fazendo, os juízes dirigem uma crítica ao direito vigente, consideram o caso que devem resolver não do ponto de vista *de lege lata*, mas daquele *de lege ferenda*: em outros termos, abandonam o plano do direito positivo para se colocarem no da política legislativa.

Os juristas falam de lacunas da lei também em outro sentido, para indicar normas jurídicas em que se verifica discrepância entre a letra e o espírito da lei (a *mens legis*) ou, em outros termos, entre a vontade expressa e a vontade presumida do legislador, no sentido de que a formulação da norma não inclui todos os casos que o legislador pretendia disciplinar (*lex minus dixit quam voluit* [a lei disse menos do que pretendia]). O positivismo jurídico admite a existência destes casos, mas observa que não representam lacunas em sentido próprio, porque as normas podem completar-se a partir do interior do sistema (*autocomplementação do direito*) mediante o recurso à analogia e aos princípios gerais do direito, recurso que não é ato criador, mas puramente interpretativo e, mais precisamente, complementador do direito.

O dogma da *completude* do direito, portanto, está estreitamente associado ao da *completabilidade* do próprio direito: mas com isso entramos em outro tema, o da interpretação, que será objeto do próximo capítulo.

capítulo 6

A FUNÇÃO INTERPRETATIVA DA JURISPRUDÊNCIA

Sumário: 55. A tarefa da jurisprudência. A noção de "interpretação" • 56. Os meios hermenêuticos do positivismo jurídico: a interpretação declarativa; a interpretação complementadora (a analogia) • 57. A concepção juspositivista da ciência jurídica: o "formalismo científico"

55. A tarefa da jurisprudência. A noção de "interpretação"

Quais são a tarefa e o método da ciência jurídica? É este o problema, a propósito, do qual o positivismo jurídico foi combatido com particular animosidade pelos movimentos jurídicos a ele contrários, movimentos que podemos indicar com o termo um tanto genérico de *realismo jurídico*. No entanto, fato paradoxal, as posições juspositivistas sobre este ponto nada têm de revolucionárias, mas, ao contrário, representam a continuação fiel de uma tradição jurídica que remonta ao Medievo (e talvez antes).

Nas atividades relativas ao direito, podemos distinguir dois momentos: o momento *ativo* ou *criador* do direito e o momento *teórico* ou *cognoscitivo* do mesmo direito; o primeiro momento encontra sua manifestação mais típica na legislação, o segundo na ciência jurídica ou (para usar termo menos rigoroso) na jurisprudência. Esta pode ser definida como a atividade cognoscitiva do direito com vistas à sua aplicação.

Na realidade, a divergência entre o juspositivismo e seus adversários começa exatamente quando se trata de precisar a natureza cognoscitiva da jurisprudência: para o primeiro, ela consiste em atividade puramente *declarativa* ou *reprodutiva* de um direito preexistente, isto é, conhecimento puramente *passivo* e *contemplativo* de objeto já dado; para os segundos, ela consiste em atividade que é também *criadora* ou *produtora* de novo direito, isto é, conhecimento *ativo* de objeto que o próprio sujeito cognoscente contribui para produzir.

Pode-se fazer a correspondência entre estas duas diferentes concepções da jurisprudência e duas diferentes concepções filosóficas: a concepção juspositivista da jurisprudência mostra-se subordinada a uma gnosiologia de tipo *realista* (no significado que este termo tem na linguagem filosófica); a concepção antipositivista mostra-se subordinada a uma gnosiologia de tipo *idealista*. Tal enquadramento ocorreu efetivamente na cultura jurídica italiana das primeiras décadas do século XX, quando a polêmica antipositivista era levada a cabo por juristas e filósofos do direito que recorriam às concepções idealistas de Croce e de Gentile.

De todo modo, prescindindo das suas implicações filosóficas, o positivismo jurídico concebe a atividade da jurisprudência como voltada não para *produzir*, mas para *reproduzir* o direito, isto é, explicitar com meios puramente lógico-racionais o conteúdo de normas jurídicas já dadas. Nisto, como já mencionamos, só faz continuar uma concepção da ciência jurídica que se encontra ao longo dos séculos da tradição jurídica, particularmente a partir do momento em que o direito se consolidou em corpo de normas instituído por um legislador (a codificação justiniana): já os juristas medievais, que se baseiam em tal codificação, consideravam sua atividade como voltada para nela recuperar as regras, já estabelecidas ao menos implicitamente pelo legislador, que disciplinavam todas as situações e relações sociais. Em conclusão, o positivismo jurídico considera tarefa da jurisprudência não a *criação*, mas a *interpretação* do direito.

Mas o que significa *interpretar*? Este termo não é exclusivo da linguagem jurídica, sendo usado em muitos outros campos: assim se fala de interpretação das Sagradas Escrituras, de interpretação das inscrições arqueológicas, de interpretação literária, de interpretação musical... Pois bem, interpretar significa ir do signo (*signum*) para a coisa significada (*designatum*), isto é, compreender o significado do signo individualizando a coisa por ele indicada. Ora, a linguagem humana (falada ou escrita) é um conjunto de signos, é uma *species* do *genus* signo (tanto é verdade que pode ser substituída por outros signos, por exemplo, por gestos de mão, ainda que seja mais perfeita porque mais rica e mais maleável): assim, por exemplo, quando digo "cavalo", limito-me a produzir um som vocal, mas com ele indico uma coisa diferente de tal som. Como conjunto de signos, a linguagem exige a interpretação: esta é requerida pelo fato de que a relação existente entre o signo e a coisa significada (neste caso, entre a palavra e a ideia) não é uma relação necessária, mas puramente convencional, tanto que a mesma ideia pode ser expressa de modos diversos (de fato, o mesmo objeto é indicado em cada língua por som diverso). Além disso, há sempre certa discrepância entre a ideia e a palavra, porque a primeira é mais rica, mais complexa, mais articulada do que a segunda, que serve para expressá-la; além do mais, nunca usamos as palavras isoladamente (salvo a criança que aprende a falar ou quem se encontra em país estrangeiro, de cuja língua só conhece alguns termos), mas formamos conjuntos de palavras ou proposições: ora, segundo o contexto em que se vê inserida, a mesma palavra assume significados diversos (e até poderíamos dizer que um termo tem tantos significados quantos são os contextos em que pode ser usado).

A interpretação é atividade muito complexa, que pode ser concebida de modos diversos. Com efeito, baseia-se na relação entre dois termos, o signo e o significado do próprio signo, e, portanto, assume tonalidades diversas segundo tenda a gravitar em torno de um ou de outro destes dois polos: a interpretação pode estar em maior medida associada ao signo como tal e, portanto, tender a fazer prevalecer este sobre a coisa significada; ou ser mais sensível à coisa significada e, portanto, tender a fazer prevalecer esta sobre o signo puro. Fala-se, respectivamente, de interpretação *segundo a letra* e de interpretação *segundo o espírito* (pense-se nas diferentes escolas de interpretação bíblica). De outro ponto de vista, fala-se de interpretação *estática* e de interpretação *dinâmica*, segundo a atividade do intérprete vise exclusivamente a reconstruir fielmente o que pretendia significar o autor dos signos objeto de interpretação, ou, inversamente, vise a enriquecer o significado dos signos interpretados para adequá-lo às exigências das mudadas circunstâncias histórico-sociais (pense-se nos diferentes modos pelos quais pode ser interpretado uma peça musical).

Um dos campos em que mais se desenvolveu e organizou a interpretação é o do direito. Na verdade, ele é constituído por um texto ou por um conjunto de textos (Códigos, compilações legislativas etc.) que expressam a vontade da pessoa (real ou fictícia, isto é, individual ou coletiva), o legislador, que instituiu as leis contidas em tais textos. A interpretação, que, segundo o positivismo jurídico, é a atividade própria da jurisprudência, consiste em ir dos signos contidos nos textos legislativos até a vontade do legislador expressa por meio de tais signos. Mas dissemos que a interpretação pode ser praticada de modos diversos: e, de fato, no interior da concepção da jurisprudência como atividade interpretativa, encontramos o mesmo contraste entre juspositivismo e antipositivismo que já vimos ao falar da questão preliminar de saber se a jurisprudência consiste em atividade cognoscitiva ou criadora de direito. O positivismo jurídico, efetivamente, foi acusado de defender uma concepção *estática* da interpretação, que só deveria consistir na reconstrução rigorosa da vontade subjetiva do legislador que instituiu as normas, sem se preocupar em adaptar estas últimas às condições e exigências histórico-sociais alteradas, como, ao contrário, faz a interpretação *evolutiva* defendida pela corrente antipositivista.

56. Os meios hermenêuticos do positivismo jurídico: a interpretação declarativa; a interpretação complementadora (a analogia)

O positivismo jurídico, portanto, põe um limite insuperável à atividade interpretativa: a interpretação é geralmente *textual*; em certas circunstâncias (quando é preciso complementar a lei) pode ser *extratextual*; no entanto, não pode jamais ser *antitextual*, isto é, ir contra a vontade que o legislador expressou na lei.

Os meios de interpretação textual. Para reconstruir a vontade que o legislador expressou na lei, o positivismo jurídico serve-se principalmente de quatro expedientes (ditos *meios hermenêuticos*) que já haviam sido elaborados pela precedente tradição jurídica:

a) O *meio lexical* (chamado com expressão pouco correta de *interpretação gramatical*): consiste na definição do significado dos termos usados pelo legislador, mediante a análise e a comparação dos contextos linguísticos em que tais termos se veem usados (se a definição consiste na formulação das regras para o uso de um termo, *e converso*, a partir do uso de um termo, pode-se deduzir sua definição).

b) O *meio teleológico*: é chamado comumente de *interpretação lógica*, mas é uma expressão imprópria por se tratar de um meio interpretativo baseado na *ratio legis*, isto é, no motivo ou objetivo pelos quais se estabeleceu a norma. Partindo do duplo pressuposto de que o legislador, como ser razoável, proponha-se fins e estabeleça meios capazes de obtê-los, uma vez identificado o fim do legislador, ele pode nos dar esclarecimentos sobre as modalidades da sua obtenção, isto é, sobre o conteúdo da lei.

c) O *meio sistemático*: também implica não só o pressuposto da razoabilidade do legislador, mas também o de que a vontade do legislador seja unitária e coerente; com base em tal pressuposto, pode-se tentar esclarecer o conteúdo de uma norma, considerando-a em relação com todas as outras.

d) O *meio histórico*: consiste em utilizar documentos históricos diferentes do próprio texto legislativo para reconstruir a vontade do legislador; com referência ao direito dos Estados parlamentares, tal meio comporta essencialmente o estudo dos trabalhos *preparatórios*, a partir dos quais se podem conhecer os vários motivos por que uma lei foi aprovada e qual destes prevaleceu sobre os outros.

Os meios de interpretação extratextual. O raciocínio por analogia. A jurisprudência tradicional considerara sua tarefa, além de tornar claro o conteúdo das normas jurídicas instituídas pelo legislador, também complementar o ordenamento jurídico no caso em que apresentasse lacunas. Vimos (seção 54) que o positivismo jurídico admite a existência de lacunas entendidas em certo sentido, como incompleta formulação da vontade do legislador: portanto, admite, além da interpretação em sentido estrito, também a complementação do direito por parte da jurisprudência, destacando, no entanto, que tal complementação não é atividade *qualitativamente* diversa da interpretação (isto é, não é atividade criadora), mas, ao contrário, é *species* particular do *genus* interpretação. Neste sentido fala-se de *interpretação complementadora*, para indicar que a complementação ocorre dentro do ordenamento, com meios predispostos pelo próprio ordenamento (*autocomplementação*).

Com a interpretação complementadora estende-se a casos não expressamente previstos a mesma disciplina estabelecida por norma que prevê casos similares. Isto, porém, significa que o problema das lacunas não é tão simples quanto pretende a teoria da norma geral exclusiva, segundo a qual são permitidos todos os comportamentos que não são obrigatórios (isto é, que não são nem comandados nem proibidos). Na realidade, a experiência histórica nos demonstra que a norma geral que fecha o sistema normativo assim dispõe: "São permitidos todos os comportamentos que não são obrigatórios, salvo os que podem ser considerados similares aos obrigatórios". Isto significa que existem duas normas gerais de clausura: a *norma geral exclusiva*, que qualifica como lícitos os comportamentos não expressamente regulados, e a que podemos chamar *norma geral inclusiva*, que submete os casos não expressamente regulados, mas similares aos regulados, à disciplina destes últimos; quando o intérprete baseia seu raciocínio no *argumentum a contrario*, ele apela à norma geral exclusiva, mas, quando o baseia no *argumentum a simili*, apela à norma geral inclusiva.

A complementação do direito ocorre principalmente mediante a *interpretação analógica* (a chamada *analogia legis*), baseada no raciocínio por analogia. Tal raciocínio é instrumento fundamental da jurisprudência. De fato, é reconhecido explícita ou implicitamente por todos os ordenamentos. Só não é admitido se expressamente vetado pelo direito, o que ocorre sobretudo na lei penal (cf. art. 14 das Disposições Preliminares do Código Civil), em homenagem ao princípio do iluminismo liberal *nullum crimen, nulla poena sine lege* [Não há crime nem pena sem lei (anterior que os defina).]. Ora, o positivismo jurídico argumenta que a complementação é atividade puramente interpretativa, porque o raciocínio por analogia é raciocínio lógico, isto é, raciocínio de tipo silogístico (hoje diríamos juízo analítico ou tautologia), que se limita a revelar certas consequências já implicitamente presentes nas premissas dadas.

O raciocínio por analogia é um tipo de raciocínio bem conhecido na lógica: foi estudado pela primeira vez por Aristóteles (nos *Primeiros Analíticos* do seu *Órganon*), o qual o chamou *paradigma* (termo que se traduziu no latim medieval como *exemplum*). O raciocínio por analogia tem estrutura similar ao silogismo, só que sua proposição menor, em vez de ser constituída por afirmação de identidade, é constituída por afirmação de semelhança. A forma do silogismo (como no clássico exemplo, todos os homens são mortais, Sócrates é homem, logo Sócrates é mortal) é esta:

$$M \quad é \quad P$$
$$S \quad é \quad M$$
$$S \quad é \quad P$$

Em contrapartida, a forma do raciocínio por analogia (por exemplo, os homens são mortais, os cavalos são semelhantes aos homens, logo os cavalos são mortais) é esta:

$$M \quad é \quad P$$
$$S \quad é \quad \text{semelhante a M}$$
$$S \quad é \quad P$$

Ora, enquanto no silogismo a conclusão é sempre necessária (isto é, verdadeira), no raciocínio por analogia isto nem sempre ocorre: de fato, a *semelhança* existente entre o sujeito (no nosso exemplo, os homens) e o termo médio (os cavalos) pode ser *relevante* ou *irrelevante*, e só quando a semelhança é relevante a conclusão é exata. Um raciocínio por analogia errado é, por exemplo, este: seu automóvel de cor vermelha corre a 150 km por hora, meu automóvel é semelhante ao seu porque também é de cor vermelha, logo também meu automóvel corre a 150 km por hora; neste caso, efetivamente, a semelhança de cor é irrelevante. Mas como se faz para estabelecer se a semelhança é relevante ou não? Dada a premissa de que duas entidades são similares quando têm em comum algumas das suas características (não todas, porque senão seriam idênticas), dizemos que uma entidade tem semelhança relevante com a outra quando tem em comum com esta última aqueles elementos que são a *condição* ou *razão suficiente* pela qual atribuímos a ela certo predicado. No nosso exemplo, a razão suficiente por que damos aos homens o predicado de serem mortais é o fato de que os homens são seres vivos; mas os cavalos também são seres vivos, logo têm em comum com os homens semelhança relevante que nos permite dizer que também são mortais; ao contrário, no caso do automóvel, a cor vermelha não é a razão suficiente por que dizemos que corre a 150 km por hora, daí que a identidade de cor entre dois automóveis constitui em relação à sua velocidade semelhança irrelevante. O que distingue o raciocínio por analogia do silogismo é que o primeiro tem aquilo que os lógicos chamam *quaternio terminorum*, uma vez que os termos do raciocínio não são três, mas quatro. De fato, a verdadeira forma do raciocínio por analogia é esta:

$$M \text{ é } R$$
$$R \text{ é } P$$
$$S \text{ é } R$$
$$S \text{ é } P$$

(Por exemplo: os homens são seres vivos, os seres vivos são mortais, os cavalos são seres vivos como os homens, logo os cavalos são mortais.) Para reduzir tal raciocínio à forma do silogismo, é preciso eliminar um termo (e precisamente aquele do qual se parte para fazer o raciocínio por analogia) e dizer: os seres vivos são mortais, os cavalos são seres vivos, logo os cavalos são mortais; em outras palavras:

$$R \text{ é } P$$
$$S \text{ é } R$$
$$S \text{ é } P$$

Como dissemos, a interpretação analógica baseia-se em raciocínio por analogia. Mas, para que tal raciocínio seja exato, é preciso que haja semelhança relevante: no caso da interpretação analógica, quando é que entre o caso regulado por uma norma e o caso a que é estendida a disciplina de tal norma existe semelhança relevante? A doutrina responde que tal semelhança existe quando os dois casos apresentam a mesma *ratio legis*, isto é, quando o elemento que induziu o legislador a dar ao primeiro caso certa disciplina jurídica se encontra também no segundo caso (por exemplo, o elemento que induz um legislador a proibir a venda de livros obscenos é a obscenidade; esta norma não se pode estender aos livros policiais, apesar de serem livros como os precedentes, porque estes não têm em comum com os primeiros o elemento que é a *ratio legis*; no entanto, ela se pode estender aos discos obscenos, apesar de não serem livros, porque eles têm em comum com os livros obscenos o elemento que fundamenta a *ratio legis*). Portanto, o compartilhamento da *ratio legis* entre dois casos representa, no campo do direito, o compartilhamento da razão suficiente que torna legítimo o raciocínio por analogia. Assim, quando em caso não regulado se encontra a mesma *ratio legis* que fundamenta a disciplina de outro caso, também ao primeiro pode ser estendida esta mesma disciplina. Como diz um velho brocardo: ***ubi eadem ratio, ibi eadem juris dispositio*** [Onde há a mesma razão (de fato), aplica-se a mesma regra de direito.].

A capacidade de *expansão lógica* do ordenamento jurídico, de que fala a doutrina, encontra seu fator propulsivo exatamente na *ratio legis*: é a *ratio* de uma norma que a torna capaz de disciplinar outros casos além daqueles nela expressamente previstos.

Ao utilizar o raciocínio por analogia na interpretação jurídica, o positivismo jurídico nada faz além de continuar a longuíssima tradição precedente: o que introduz de novo é certa justificação da legitimidade do raciocínio analógico; a saber, o conceito de *vontade presumida* do legislador. Ao estender pelo caminho analógico certa norma a um caso não por ela previsto, o intérprete (segundo o positivismo jurídico) ainda aplica a vontade do legislador, porque se pressupõe que, se o tivesse previsto, o teria regulado de tal modo. Assim, o intérprete positivista imputa sempre as normas por ele formuladas à vontade do legislador: à sua *vontade expressa*, no caso de interpretação em sentido estrito; à sua *vontade presumida*, no caso de complementação.

A afirmação de que a extensão analógica de uma norma não é atividade criadora, mas puramente interpretativa do direito, baseia-se na concepção do raciocínio por analogia como procedimento puramente lógico: esta concepção é hoje colocada em dúvida por muitos estudiosos, que como consequência negam a natureza interpretativa da extensão analógica.

Interpretação extensiva, analogia legis, analogia juris. Além da analogia em sentido estrito até agora considerada (*analogia legis*), existem dois outros meios de interpretação complementadora que lhe são afins e se chamam, respectivamente, *interpretação extensiva* e *analogia juris*. Observemos uma curiosidade terminológica: destes dois últimos conceitos, o mais afim à *analogia legis* é o que traz nome diverso, isto é, a interpretação extensiva; enquanto o que traz o mesmo nome, isto é, a *analogia juris*, indica na realidade procedimento interpretativo diverso.

Limitando-nos a fazer brevíssimas alusões, diremos que a interpretação extensiva é forma menor de raciocínio por analogia: enquanto na *analogia legis* se formula uma nova norma, semelhante a outra já existente, para disciplinar caso não previsto por esta última mas similar ao por ela regulado, na interpretação extensiva se amplia a fatispécie estabelecida por uma norma, isto é, aplica-se esta mesma norma a caso por ela não previsto, mas símile ao expressamente regulado. É difícil determinar o critério distintivo destas duas normas de interpretação, por ser a interpretação extensiva, na realidade, forma atenuada de interpretação analógica e ter a função prática de permitir, em medida reduzida, o recurso à analogia naqueles setores do direito (como o penal) em que ela é proibida.

Em contrapartida, a *analogia juris* (isto é, o recurso aos princípios gerais do ordenamento jurídico) é forma de interpretação diversa da *analogia legis*, por não se basear no raciocínio por analogia, mas em duplo procedimento de abstração e subsunção de uma *species* em um *genus*. O processo de abstração consiste em deduzir os *princípios gerais do ordenamento jurídico*: de um conjunto de regras que disciplinam certa matéria o jurista abstrai indutivamente uma norma geral não formulada pelo legislador, mas da qual as normas particulares expressamente estabelecidas não passam de aplicações particulares – tal norma geral é chamada, precisamente, de um princípio do ordenamento jurídico. Uma vez formulada esta norma geral, o jurista aplica-a aos casos que, apesar de não ser disciplinados nas normas expressas particulares, estão compreendidos, no entanto, no âmbito dos casos previstos pela mesma norma geral: nesta segunda fase, o jurista opera precisamente a subsunção de uma *species* (os casos não regulados pelas normas particulares) em um *genus* (a categoria dos casos a que se refere a norma geral).

57. A concepção juspositivista da ciência jurídica: o "formalismo científico"

Depois de examinar o modo como o positivismo jurídico concebe o trabalho dos juristas, devemos nos perguntar se ele tem uma específica concepção da ciência jurídica, isto é, se propõe aos juristas um "modelo" que devem tentar alcançar no desenvolvimento da sua atividade. Podemos responder afirmativamente e dizer que o juspositivismo concebe a ciência jurídica como ciência *construtiva* e *dedutiva*.

Esta ciência construtiva e dedutiva do direito tomou habitualmente o nome de *dogmática do direito*: consiste na elaboração de conceitos jurídicos fundamentais, extraídos com base no próprio ordenamento jurídico e, como tais, não passíveis de revisão ou discussão. Com fundamento em tais conceitos, o jurista deve extrair, realizando obra de dedução lógica, as normas que servem para resolver todos os possíveis casos. Transcrevemos aqui um trecho do discurso em memória de F. Rau (autor, em colaboração com Aubry, de uma das mais importantes obras da Escola da Exegese – cf. seção 22), trecho que bem expressa a concepção juspositivista da ciência jurídica:

> O que constitui o mérito particular da obra [...] é a segurança da doutrina, a sobriedade da exposição, *a dedução inflexível de todas as consequências*

jurídicas de um dado princípio [...]. Todas as soluções estão contidas em germe *em um conjunto de princípios formulados* com tal *rigor matemático* e tão intimamente associados uns aos outros, que formam verdadeiro *edifício jurídico*, cujas particularidades sem dúvida podem ser criticadas, mas cuja sólida construção é impossível não reconhecer (BONNECASE, *op. cit.*, p. 73).

A concepção juspositivista da ciência jurídica foi acusada de *formalismo*: já vimos (cf. seção 36) os vários significados que este termo pode assumir na linguagem jurídica. Neste caso estamos diante do que definimos *formalismo científico*: o juspositivismo tem concepção formalista da ciência jurídica ao dar, na interpretação, absoluta prevalência às formas, isto é, aos conceitos jurídicos abstratos e às deduções puramente lógicas que se podem fazer com base neles, em detrimento da realidade social que está por trás de tais normas, dos conflitos de interesse que o direito regula, e que deveriam (segundo os adversários do positivismo jurídico) guiar o jurista na sua atividade interpretativa.

A concepção formalista da ciência jurídica teve como máxima expressão a *jurisprudência conceitual* ou *Begriffsjurisprudenz* (que mencionamos na seção 30): a ela, como dissemos, contrapôs-se a *jurisprudência dos interesses* (*Interessenjurisprudenz*), que, rechaçando o dogmatismo e o abuso da lógica de que acusa o formalismo científico, propõe-se interpretar o direito à luz das relações sociais que deve regular e dos conflitos de interesse que deve dirimir. A diversidade destes dois modos de conceber a ciência jurídica não é só de natureza teórica, mas tem também importância prática, porquanto pode levar a resolver de modo diverso as questões jurídicas concretas. Isto é evidenciado por Bagolini no seu estudo "A escolha do método na jurisprudência" (*Riv. trim. dir. e proc. civ.*, 1957, p. 1.054-1.066), o qual dá como exemplo este caso que foi discutido pela nossa magistratura:

> Fulano e Beltrano, condôminos, proprietários respectivamente do andar inferior e do andar superior de edifício destruído durante a guerra. Na reconstrução, Fulano se compromete com Beltrano a não superar certa altura, que, no entanto, acaba de fato por superar. Demonstrando sua boa-fé, e

não havendo oposição por parte de Beltrano, Fulano, com base no art. 938 do Código Civil, pretende que seja evitada a demolição do que construiu. Segundo tal artigo, "se na construção de um edifício ocupa-se de boa-fé uma porção de terreno contíguo, e o proprietário deste não se opõe em três meses a contar do dia em que teve início a construção, a autoridade judiciária, considerando as circunstâncias, pode atribuir ao construtor a propriedade do edifício e do solo ocupado. O construtor é obrigado a pagar ao proprietário do solo o dobro do valor da superfície ocupada, além do ressarcimento dos danos" (*op. cit.*, p. 1.054-1.055).

Caso se siga o que Bagolini chama *método formal*, chega-se a dar razão a Beltrano, que quer demolir o edifício, uma vez que o art. 938 refere-se à ocupação do terreno, ao passo que no nosso caso estamos diante da ocupação do espaço aéreo, o qual "não é objeto, mas simples meio em que se encontra o objeto do direito"; se, em vez disso, segue-se o *método teleológico*, é-se levado a dar razão a Fulano, que quer preservar a construção, uma vez que no art. 938 o legislador avalia o interesse do construtor como predominante sobre o interesse daquele em cujo dano a construção foi feita.

A concepção juspositivista da ciência jurídica sofreu no século XX forte declínio; hoje, o movimento de pensamento que se refere ao realismo jurídico tende a conceber a jurisprudência como dotada da tarefa de extrair do estudo de dada realidade (o direito, considerado como dado de fato sociológico) proposições empiricamente verificáveis, as quais permitam formular previsões sobre os futuros comportamentos humanos (em particular, prever as decisões que os juízes tomarão nos casos que deverão julgar).

CAPÍTULO 7

O POSITIVISMO JURÍDICO COMO IDEOLOGIA DO DIREITO

Sumário: 58. "Teoria" e "ideologia". O aspecto ideológico do positivismo jurídico. Crítica da teoria e crítica da ideologia juspositivista • 59. O conteúdo e o significado da versão extremista da ideologia juspositivista: suas várias justificações histórico-filosóficas • 60. A versão moderada do positivismo ético: a ordem como valor próprio do direito.

58. "Teoria" e "ideologia". O aspecto ideológico do positivismo jurídico. Crítica da teoria e crítica da ideologia juspositivista

O positivismo jurídico, além de teoria, é também ideologia? Para responder a esta pergunta, devemos preliminarmente esclarecer os dois conceitos de *teoria* e de *ideologia*. Recordando a distinção entre juízos de fato e juízos de valor (cf. seção 33), dizemos que a teoria é a expressão da atitude puramente *cognoscitiva* que o homem assume diante de certa realidade e, por conseguinte, é constituída por um conjunto de juízos de fato que têm o objetivo exclusivo de *informar* os outros sobre tal realidade; a ideologia, ao contrário, é a expressão da atitude *valorativa* que o homem assume diante de uma realidade e consiste em um conjunto de juízos de valor relativos a ela, juízos que se baseiam no sistema de valores acolhido por quem os formula e que têm o objetivo de *influir* em tal realidade. A propósito de uma teoria, dizemos que é *verdadeira* ou *falsa* (segundo seus enunciados correspondam ou não à realidade). Não faz sentido, porém, pregar a verdade ou a falsidade de uma ideologia, dado que ela não quer descrever a realidade, mas influir nela: diremos, em vez disso, que uma ideologia é de tipo *conservador* ou de tipo *progressista*, segundo avalie positivamente a realidade em vigor e, portanto, se proponha nela influir para *conservá-la*, ou a avalie negativamente e, portanto, se proponha nela influir para *mudá-la*.

No capítulo 1 desta Parte dissemos que a ambição do positivismo jurídico é assumir uma atitude neutra diante do direito, para estudá-lo assim como é, e não como deveria ser: em outras palavras, ser teoria, não ideologia. Pois bem, podemos dizer que ele não conseguiu ser integralmente fiel a este seu propósito, porquanto, na realidade, revela-se não só como certo modo de entender o direito (de destacar suas características constitutivas), mas também certo modo de querer o direito; isto é, revela-se não só como teoria, mas também ideologia.

O aspecto ideológico da concepção juspositivista é absolutamente prevalente no pensamento de Bentham, cujo fim não é descrever o direito (especialmente o inglês) tal como é, mas criticá-lo para fazer com que seja modificado de modo a corresponder às suas concepções ético-políticas (cf. seção 24). Em Austin, por sua vez, é mais evidente o aspecto teórico, ao se propor descrever o direito tal como é, e não como deveria ser (recorde-se sua distinção entre jurisprudência e ciência da legislação – cf. seção 25); no entanto, nele também não faltam aspectos ideológicos, ainda que mascarados. Assim, quando descreve o direito como comando estabelecido pelo soberano (cf. seção 26), tem-se a impressão de que não se limita à simples revelação de uma realidade, mas formula implicitamente um juízo de valor, considerando positivo o fato de que o direito seja comando, e não regra consuetudinária; analogamente, ao considerar o direito internacional como simples moralidade positiva está subentendido o juízo de que o ordenamento internacional tem valor inferior ao estatal.

Uma atitude ideológica pode ser verificada também nos juristas franceses da Escola da Exegese, que foram justamente acusados de fetichismo da lei (cf. seção 20) por não se limitarem a constatar o fato de que naquele momento histórico o direito se institui na sua sociedade mediante a lei, mas avaliarem positivamente este fato, considerando a lei como a melhor forma, antes, a única boa forma de criação do direito; eles são não só *intérpretes*, mas também *admiradores* do Código Napoleônico (cf. seção 22).

O momento ideológico, por fim, tem notável importância nos juspositivistas alemães da segunda metade do século XIX, que sofrem a influência da concepção hegeliana do Estado. Segundo esta *concepção* (dita *do Estado ético*), o Estado não tem puro valor *técnico*, não é um simples instrumento para realizar o fim dos indivíduos (como é no pensamento liberal), mas tem valor ético, é a manifestação suprema do Espírito no seu devir histórico e, portanto, é ele mesmo o fim último a que os indivíduos estão subordinados: é evidente que tal modo de entender o Estado não é teoria, mas ideologia, por descrever não o Estado tal como é, mas como se pretenderia que fosse. Ora, tal concepção (que foi chamada de *estatolatria*, porque é verdadeira adoração do Estado) confluiu no positivismo alemão, o qual, portanto, deste ponto de vista, deve ser considerado também como ideologia.

Esta distinção entre teoria e ideologia do juspositivismo é importante porque nos ajuda a compreender o significado da polêmica antipositivista. As críticas ao positivismo jurídico, de fato, provêm de dois lados diferentes e se dirigem a dois diferentes aspectos: por uma parte, a corrente do realismo jurídico (ou jurisprudência sociológica) critica seus aspectos teóricos, afirmando que não representam adequadamente a realidade efetiva do direito; por outra, a renascida (ou, talvez melhor, revigorada) corrente do jusnaturalismo critica os aspectos ideológicos do juspositivismo, destacando as funestas consequências práticas que daí derivam. É preciso, pois, distinguir entre crítica dos *erros* e crítica dos *horrores* do positivismo jurídico.

Esta última crítica assumiu grande relevância nos últimos quinze anos, ao ser o positivismo jurídico considerado como uma das causas que provocaram ou favoreceram o advento dos regimes totalitários europeus e, em particular, do nazismo alemão.

É natural que uma crítica deste tipo, que pretende denunciar as consequências moral e socialmente negativas do juspositivismo (a este propósito se falou polemicamente de uma *reductio ad Hitlerum* de tal doutrina), tenha tido na opinião pública ressonância muito maior do que a crítica dirigida contra seu aspecto científico.

59. O conteúdo e o significado da versão extremista da ideologia juspositivista: suas várias justificações histórico-filosóficas

Supondo que seja correto falar de uma ideologia típica de todo o positivismo jurídico, no que consistiria? Podemos dizer que tal (suposta) ideologia consiste em afirmar *o dever absoluto ou incondicionado de obedecer à lei enquanto tal*. É evidente que com tal afirmação não estamos mais no plano teórico, mas no plano ideológico, uma vez que ela não se insere na problemática (cognoscitiva) relativa à definição do direito, mas naquela (valorativa) relativa à determinação do nosso dever em face dele; não estamos mais diante de uma doutrina científica, mas de uma doutrina ética do direito. Por isso, consideramos que seria mais correto falar de *positivismo ético* com referência à ideologia juspositivista.

A afirmação do dever absoluto de obedecer à lei encontra sua explicação histórica no fato de que, com a formação do Estado moderno, não só a lei tornou-se a única fonte do direito, mas o direito estatal-legislativo tornou-se o único ordenamento normativo, o único sistema de regulamentação do comportamento do homem em sociedade; e, como a avaliação de um comportamento baseia-se em uma norma, podemos acrescentar: o direito estatal-legislativo tornou-se o critério único e exclusivo para a avaliação do comportamento social do homem. Isto aconteceu devido ao fato de que na época moderna o Estado não só emergiu e se impôs sobre todas as outras organizações de tipo político, mas também se tornou o único portador de valores morais, desautorizando e substituindo a Igreja (isto é, as instituições religiosas em geral). Estando as coisas assim, compreende-se por que, segundo o positivismo jurídico, o dever de obedecer às leis seja absoluto e incondicionado. Para que o problema de saber se se deve obedecer ou não a uma norma possa surgir (e, portanto, possa verificar-se o caráter condicionado da obediência), é necessário que exista outra norma que comande comportamento diverso; ou, em outros termos, para criticar a avaliação dos comportamentos humanos feita por um ordenamento, é necessário que exista outro ordenamento, isto é, outro critério de avaliação com base no qual se torne possível tal crítica. Se, em vez disso, existe um único ordenamento normativo, o problema da obediência não se põe: o homem se encontra em estado de total submissão a tal ordenamento e nada pode fazer além de obedecer, ou, não obedecendo, cometer ato ilícito e, portanto, punível.

O caráter absoluto ou incondicionado da obediência à lei também significa, para a ideologia juspositivista, outra coisa: significa que a obrigação de obedecer à lei não é só *obrigação jurídica*, mas também *obrigação moral*. Isto significa que o homem deve obedecer às leis não só por motivos externos mas por motivos internos, isto é, não só porque a tanto é obrigado, mas porque está convencido de que tal obediência é coisa intrinsecamente boa: *obediência não por imposição, mas por convicção*. Podemos também dizer que este dever é sentido não como obrigação heterônoma, mas como obrigação autônoma, porque a lei se transforma em norma moral, por cuja observância respondo diante de mim, da minha consciência: portanto, *dever de consciência* de obedecer às leis.

Poder-se-ia objetar que esta concepção não é típica do positivismo ético, mas é comum à tradição da filosofia moral e jurídica, a começar do pensamento escolástico, segundo o qual a obediência às leis (salvo as *mere poenales*) baseia-se em dever de consciência e não em simples imposição. Mas entre a concepção juspositivista e a tradicional há uma diferença radical, que se manifesta na última parte da fórmula por nós usada para definir o positivismo ético: "obediência às leis *enquanto tais*"; o pensamento tradicional, em contrapartida, afirma o dever de obedecer às leis *enquanto justas*, já que o requisito da justiça é parte integrante da definição do conceito de lei (uma lei injusta não é uma verdadeira lei, mas, antes, uma *corruptio legis*). Ao contrário, na definição da lei dada pelo positivismo jurídico não está compreendido o requisito da justiça, mas só o da validade. Ou, se se preferir (e sempre tendo presente que estamos falando das posições extremistas do juspositivismo), poderemos dizer que ele considera a lei justa só pelo fato de ser válida; como dissemos (cf. seção 33), o jusnaturalismo e o juspositivismo extremista (isto é, o positivismo ético) identificam, ambos, a noção de validade e a de justiça da lei: mas, enquanto o primeiro deduz a validade de uma lei da sua justiça, o segundo deduz a justiça de uma lei da sua validade.

Como se justifica a concepção da obediência absoluta à lei, própria do positivismo ético? Podemos tipificar quatro justificações diversas, baseadas cada qual em particular concepção da justiça ou do Estado, das quais as três primeiras não são peculiares do juspositivismo, mas têm longa tradição cultural:

1) *Concepção cética*, ou melhor, *realista da justiça*: a justiça é a expressão da vontade do mais forte que busca o próprio proveito. Faz-se remontar esta concepção à filosofia sofista, mas não é exato atribuí-la a todos os sofistas em bloco (que sobre este problema tinham posições diferentes): mais precisamente, ela é de Trasímaco, que no livro I de *A República* de Platão intervém com paixão polêmica, a discutir com Sócrates.

Se identificamos a justiça com a vontade do mais forte, dado que a lei é por definição a expressão da vontade do soberano, isto é, do sujeito (ou do grupo) mais poderoso da sociedade, somos obrigados a dizer que a lei é sempre justa. Porém, como observa Rousseau, que no início do seu *Contrato social* critica esta concepção, não podemos afirmar o dever absoluto ou de consciência de obedecer à lei: se ela é só a expressão da vontade do mais forte, eu obedeço só *porque* não posso deixar de fazê-lo (isto é, não por convicção, mas por imposição) e só *enquanto* não puder deixar de fazê-lo (isto é, enquanto quem comanda é efetivamente o mais forte).

2) *Concepção convencionalista da justiça*: a justiça é o que os homens concordaram em considerar justiça. Esta concepção, que já não nasce do

ceticismo, mas do *relativismo ético*, encontra sua expressão mais típica no pensamento de Hobbes (o qual é impropriamente considerado por alguns como pertencente à corrente cética ou realista de que tratamos precedentemente): segundo Hobbes, não existe critério objetivo para distinguir o justo do injusto e, portanto, caso se prescinda das determinações positivas, é justo tudo o que se faz seguindo o próprio impulso ou o próprio interesse. Quando entre dois sujeitos surge uma controvérsia, o único modo de resolvê-la sem a força é nomear um árbitro e convir que se aceitará como justa sua decisão, seja ela qual for: o ato com que os homens saem do estado de natureza consiste exatamente no acordo para atribuir a um só sujeito (o soberano) o poder de estabelecer o que é justo e o que é injusto, motivo pelo qual é justo o que o soberano comanda, injusto o que ele proíbe.

Com referência a esta concepção, é lícito falar de obrigação moral de obedecer às leis porquanto elas encontram seu fundamento no pacto estipulado pelos membros de uma sociedade, pacto no qual se fundamenta todo o direito e que, se não é observado, faz ruir todo o direito (e, com ele, a paz, que é o bem supremo do homem): dado que tal pacto vem antes da lei positiva, o dever de respeitá-lo não é de natureza externa, jurídica, mas de natureza interna, moral (neste sentido, Hobbes falava de *lei natural* que impõe a observância do contrato social, entendendo por natural a lei que obriga em consciência e, como tal, coincide com a lei moral). Porém, o dever de obedecer às leis encontra um limite no caso em que elas contrariem o conteúdo do contrato social (uma vez que, exorbitando dos seus limites, não mais são leis): para Hobbes, tal caso se verifica quando o comando do soberano põe em perigo a vida do súdito, dado que é precisamente para garantir a segurança da vida que é estipulado o contrato social.

3) *Concepção sagrada da autoridade*: é a concepção segundo a qual o poder de comandar funda-se em um carisma, vale dizer, em uma investidura sagrada, divina. Interpretando livremente a conhecida teoria de Max Weber, três são os modos em que nas várias sociedades se justifica o fundamento do poder:
   a) *fundamento racional do poder*: o poder nasce de avaliação racional dos homens, que reconhecem necessário atribuir a

alguém o direito de comandar para que possa existir a sociedade – é esta a concepção em que se inspiram as teorias contratualistas e que hoje está na base das sociedades democráticas;

b) *fundamento tradicional do poder*: o poder funda-se na força do costume, da tradição histórica, motivo pelo qual se obedece ao soberano porque a origem do seu domínio se perde na noite dos tempos;

c) *fundamento carismático do poder*: o poder cabe a um homem que se mostra dotado de qualidades sobre-humanas, no qual o povo deposita (com base em motivações emotivas, irracionais) confiança cega e absoluta.

É exatamente este último o caso da concepção sagrada da autoridade: é evidente que, se se considera quem comanda investido de poder sobrenatural, tudo o que ele ordenar será sempre justo e, portanto, deverá ser obedecido não pelo simples temor da sanção, mas pela convicção de que convém executar as ordens do chefe.

4. *Concepção do Estado ético*: esta concepção, que já mencionamos na seção precedente (cf. p. [263]), pode ser considerada (especialmente na interpretação a ela dada pela "direita hegeliana") como a transposição em termos racionais, ou como a laicização, da concepção sagrada da autoridade: não por acaso, com efeito, o fascismo italiano (em que o poder tinha fundamento carismático) encontrou sua justificação ideológica no pensamento de Gentile, o qual, por meio de Spaventa, associa-se à direita hegeliana. Segundo esta concepção, o Estado, que é a suprema manifestação de Deus na História, é portador de uma missão: a de realizar a *eticidade*, que é manifestação do espírito superior não só no *direito*, como também na *moral*. Se assim estão as coisas, então é evidente que as leis, como manifestação da vontade do Estado, têm sempre valor ético e, portanto, requerem a obediência incondicionada dos súditos.

Enquanto as outras teorias da obediência absoluta às leis não têm particular ligação com o positivismo ético, tal ligação, ao contrário, existe para a concepção hegeliana do Estado, que representa o fundamento histórico direto do aspecto ideológico do juspositivismo alemão.

60. A versão moderada do positivismo ético: a ordem como valor próprio do direito

Um exame atento da realidade histórica nos demonstra que, na verdade, existem duas versões fundamentais, e entre si nitidamente distintas, do positivismo ético (aspecto ideológico do juspositivismo): a versão que podemos chamar "extremista" ou "forte" e a que podemos chamar "moderada" ou "fraca". A versão extremista é a que expusemos na seção precedente e é própria antes dos adversários que dos defensores do positivismo jurídico: em outros termos, ela é sobretudo um cômodo alvo, um "bode expiatório" que os antipositivistas criaram para poder levar adiante mais facilmente sua polêmica.

Também a versão moderada do positivismo ético afirma que o direito tem valor como tal, independentemente do seu conteúdo: mas não porque (como argumenta a versão extremista) seja por si mesmo sempre justo (ou até o supremo valor ético) só pelo fato de ser válido, mas porque é o meio necessário para realizar certo valor, o da *ordem* (e a lei é a forma mais perfeita do direito, a que melhor realiza a ordem). Para o positivismo ético, pois, o direito tem sempre valor, mas, enquanto para sua versão extremista, trata-se de *valor final*, para a moderada trata-se de *valor instrumental*.

Esta segunda versão também não é teoria, mas ideologia, por preferir, mesmo considerando o direito como realidade técnica e não ética, o direito à anarquia por causa do valor (ordem) que o primeiro permite realizar: esta preferência nasce de uma escolha, de uma atitude valorativa e, portanto, gera uma ideologia. Além disso, deve-se notar que não se concebe a relação entre direito e ordem como relação puramente extrínseca, mas, antes, concebe-se a ordem como o valor próprio e imanente ao direito. A ordem, com efeito, é *o resultado da conformidade de um conjunto de acontecimentos a um sistema normativo*: ela pressupõe necessariamente um sistema normativo e consiste na sua realização, na conformidade dos comportamentos às suas prescrições. Em outras palavras: a ordem é o resultado da efetivação de um sistema normativo. Esta estreita relação entre ordem e sistema normativo mostra-se clara se examinamos algumas expressões como *ordem cósmica*, *ordem internacional*, *ordem social*; a ordem cósmica ou universo significa a conformidade dos eventos naturais a um sistema de leis (as leis naturais enunciadas pela ciência); a ordem internacional significa a conformidade dos atos dos Estados ao direito internacional; reivindicar a ordem social significa requerer que as relações sociais se efetivem em contexto de respeito a algumas regras fundamentais comuns às várias classes e camadas sociais. A concepção da ordem como fim próprio do direito explica a importância que o elemento da coação tem na doutrina juspositivista: ele é meio necessário para obter a conformidade da conduta humana ao direito, isto é, para obter a ordem (a ordem internacional é deficiente precisamente porque não pode ser imposto coativamente o respeito ao direito internacional; ao contrário, a ordem cósmica existe sem a coação porque as leis que estão na sua base são leis vinculantes, em relação às quais não existe a possibilidade efetiva da não conformidade).

Poder-se-ia objetar que o fim próprio do direito não é a *ordem*, mas um fim superior: a *justiça*; ou, em outros termos, que o fim do direito não é uma ordem qualquer, mas a ordem justa. Pode-se, porém, responder que no sentido tradicional, mais comum e mais apropriado deste termo, a justiça não significa nada além de *legalidade*, isto é, respeito e correspondência à lei, portanto, ordem: *ação justa* significa ação conforme à lei (e *homem justo* é o que adapta o próprio comportamento à lei, em contraposição ao *homem ético*, que é o que age com base em escolha livre e responsável). Esta concepção da justiça resta válida mesmo quando se fala não mais de *justiça da ação* (como conformidade à lei), mas de *justiça da própria lei*: lei justa é aquela conforme a uma lei superior (natural ou divina). Neste sentido podem-se interpretar as duas máximas fundamentais da justiça enunciadas pelos jurisconsultos romanos: *suum cuique tribuere* e *neminem laedere*. O *suum cuique tribuere* significa atribuir a cada qual o que lhe cabe segundo certo sistema normativo e, deste modo, instaurar

CAPÍTULO 7 - O POSITIVISMO JURÍDICO COMO IDEOLOGIA DO DIREITO | 271

a ordem; o *neminem laedere* significa não ultrapassar os limites postos à conduta humana pelo sistema normativo, não invadir a esfera que este reserva aos outros e, deste modo, não destruir a ordem constituída pelo direito. *Instaurar a ordem* e *não destruir a ordem* – eis o significado destes dois princípios. Assim, a afirmação segundo a qual a função própria do direito é garantir a ordem não é aberrante em relação à que considera a justiça como o fim próprio do direito porque, pelo menos com base em certa concepção, a justiça se identifica com a ordem.

O positivismo ético moderado não se limita a considerar o direito como meio necessário para realizar a ordem, mas julga que a lei seja a forma mais perfeita do direito. Isto decorre do reconhecimento de que a lei é um comando jurídico com características peculiares que faltam às normas jurídicas produzidas pelas outras fontes. Estes requisitos são a *generalidade* e a *abstração*.

a) *Generalidade da lei*: a lei é geral no sentido de que disciplina o comportamento não de uma pessoa particular, mas de uma classe de pessoas. De tal modo realiza outro aspecto da justiça: a *igualdade formal*, que consiste em tratar de modo igual as pessoas que pertencem à mesma categoria.

b) *Abstração da lei*: a lei é abstrata no sentido de que comanda não uma ação particular, mas uma categoria de ações. De tal modo realiza exigência de fundamental importância para que a ordem possa conservar-se: a *certeza jurídica*, que consiste na possibilidade para cada pessoa de poder, no âmbito de um sistema normativo, prever as consequências do próprio comportamento.

Como vimos na Parte histórica, o positivismo jurídico levou a cabo uma dura polêmica contra as fontes do direito diferentes da lei (especialmente contra o direito judiciário), por considerar que não garantiam estes dois requisitos do direito, igualdade formal e certeza. Deve-se notar que também esta preferência pela lei não nasce de atitude teórica, mas ideológica, porquanto a lei (como o direito em geral – cf. seção 48) não é necessariamente nem geral nem abstrata, mas pode conter um *comando individual* e *concreto*: falando da lei como norma geral e abstrata, o juspositivismo não descreve a lei como é, mas *prescreve* como deveria ser para corresponder às próprias concepções ético-políticas.

Concluindo: a versão moderada do positivismo ético diverge da extremista porque, à diferença desta última, não diz que o direito é um bem em si, e antes o valor supremo, de modo que é sempre preciso obedecer a ele, mas só diz que o direito é um meio (em termos kelsenianos, uma técnica de organização social) que serve para realizar determinado bem, a ordem da sociedade, com a consequência de que, se queremos este bem, devemos obedecer ao direito. No entanto, a versão moderada não diz que a ordem é o valor supremo: se, em determinado momento histórico, certo valor se mostra superior à ordem existente e em contraste com ela, então se pode romper a ordem (mediante um movimento revolucionário) para realizar tal valor. Todavia, observamos que, segundo a experiência histórica, as revoluções começam destruindo a ordem (uma certa ordem, a existente) e se concluem instaurando a ordem (outra ordem, inspirada na ideologia própria da revolução). Os que antes eram adversários do direito tornam-se seus intransigentes defensores.

Conclusão geral

Sumário: 61. Os três aspectos fundamentais do positivismo jurídico: nossa avaliação sobre ele

61. Os três aspectos fundamentais do positivismo jurídico: nossa avaliação sobre ele

Este curso, embora de caráter monográfico, nos deu a ocasião de estudar (na Parte I) a formação histórica de algumas ideias fundamentais sobre o direito que dominaram o mundo jurídico do século XIX; e de examinar (na Parte II) os pontos-chave da teoria e da filosofia do direito. A escolha do tema foi ditada pelo desejo de fazer o balanço de um movimento, o positivismo jurídico, que dominou por um século a cultura jurídica: balanço que parece oportuno e, poderíamos dizer, obrigatório por parte de quem, como nós, pertence a uma geração que foi educada no positivismo jurídico e habituada a considerá-lo como a *filosofia dos juristas* (no sentido de que torna explícitas as concepções acolhidas implicitamente e talvez inconscientemente por todos os que praticam o direito). Além disso, este balanço mostra-se necessário para poder avaliar as críticas a que o positivismo jurídico foi submetido: como já dissemos no final da seção 58, enquanto desde o início do século XX ele foi criticado nos seus aspectos teóricos por parte do realismo jurídico, nestes últimos quinze anos foi criticado por parte do jusnaturalismo nos seus aspectos ideológicos, tendo sido considerado responsável pela concepção estatolátrica, pelo princípio da obediência incondicional à lei do Estado e pelas nefastas consequências que isto produziu nos regimes totalitários.

Ora, nós consideramos que, para poder fazer um balanço do positivismo jurídico, para poder estabelecer o que dele deve ser conservado e o que deve ser abandonado, ou, como se diz habitualmente sobre as doutrinas, para poder verificar o que está vivo e o que está morto, seja necessário não considerar este movimento como bloco monolítico, mas nele distinguir alguns aspectos fundamentalmente diversos. Como já mencionamos (cf. seção 32), os sete pontos em que se pode sintetizar o pensamento juspositivista não estão todos no mesmo plano, mas se distribuem em três planos diversos: enquanto os pontos tratados nos capítulos 2, 3, 4, 5 e 6 da Parte II referem-se à teoria do direito, os pontos tratados nos capítulos 1 e 7 não se referem à teoria, mas o último à ideologia do direito e o primeiro ao modo de estudar o direito (como fato e não como valor). Podemos, pois, distinguir três aspectos do positivismo jurídico, segundo se configure:

a) como *método* para o estudo do direito;
b) como *teoria* do direito;
c) como *ideologia* do direito.

Esta distinção é importante porque a primeira acepção do positivismo jurídico não implica a segunda, a primeira e a segunda não implicam a terceira. De fato, a aceitação do método positivista não implica também a aceitação da teoria juspositivista: a relação de conexão entre a primeira e a segunda é uma relação puramente histórica, não lógica, que se explica com o fato de os primeiros estudiosos a aplicar o método positivista viverem em contexto histórico-social (a Europa continental do século XIX) em que o direito começou a ser produzido exclusivamente pelo Estado e, com base em tal dado de fato, elaborarem a teoria juspositivista. No entanto, em outros ambientes (como no mundo anglo-saxão), a vida jurídica apresenta características diversas (criação do direito por parte do juiz etc.) e, assim, a aplicação do método positivista leva a resultados teóricos diversos: o contraste entre teoria juspositivista e teoria realista do direito não se funda na *diversidade de método*, mas na aplicação do mesmo método – o positivista – a *realidades jurídicas diversas*.

Do mesmo modo, a aceitação do método e da teoria juspositivista não implica a aceitação da ideologia do positivismo ético. Isto pode ser demonstrado seja no plano lógico, por não ser nunca possível deduzir de um fato um juízo de valor sobre ele; seja no plano histórico, por mostrar-se a teoria juspositivista geralmente ligada a *concepções éticas relativistas*, bem distantes, portanto, da concepção do Estado ético e das outras concepções éticas que comportam o princípio da absoluta obediência à lei, como é a de Kelsen, o qual, longe de afirmar a absolutez ética do direito estatal, nega-lhe até a supremacia jurídica, defendendo a superioridade do direito internacional sobre o estatal (com base em ideologia pacifista, contraposta à imperialista).

Porém, a afirmação de que a aceitação do método positivista não comporta a aceitação da teoria juspositivista, bem como de que a aceitação do método e da teoria juspositivista não comporta a aceitação da ideologia juspositivista, não vale ao revés, uma vez que a ideologia juspositivista pressupõe a teoria juspositivista e esta última pressupõe o método positivista.

A distinção destes três aspectos encontra sua aplicação na crítica ao positivismo jurídico; não se pode realizar uma crítica genericamente antipositivista, mas é preciso distinguir os vários autores, segundo o aspecto, ou os aspectos, do juspositivismo por eles acolhidos. Segundo o aspecto do positivismo jurídico que for submetido a crítica, esta será, efetivamente, de natureza diversa:

a) Se se examina o *método* positivista, a crítica se baseia em *juízo de conveniência*: de fato, o método não passa de um meio para alcançar determinado fim e, portanto, trata-se de avaliar se tal meio é capaz de obter o fim em questão, isto é, precisamente avaliar a conveniência do meio ao fim.

b) Se se examina a *teoria* juspositivista, a crítica se baseia em *juízo de verdade* ou de falsidade, dado que a teoria pretende descrever a realidade e, portanto, sua avaliação consiste em verificar se há correspondência entre teoria e realidade.

c) Se se examina a *ideologia* juspositivista, a crítica se baseia em *juízo de valor*, dado que a ideologia não descreve a realidade, mas tenta influir nela e, portanto, da ideologia não se pode dizer que é verdadeira ou falsa, mas se deve dizer se é boa ou má (justa ou injusta etc.); e o modo mais eficaz para criticar uma ideologia consiste em demonstrar que gera realidade contrária aos valores comumente aceitos.

Isto posto, eis nosso pensamento pessoal sobre os três aspectos do positivismo jurídico (nesta exposição inverteremos a ordem precedente, começando pela ideologia e terminando com o método).

1) *O positivismo jurídico como ideologia*: como dissemos no início da seção precedente, é preciso distinguir a versão forte ou extremista da versão fraca ou moderada do positivismo ético; na verdade, a maior parte das críticas feitas pelos antipositivistas só vale para a versão extremista, mas não para a moderada.

a) A propósito do *positivismo ético extremista*, deve-se observar: em primeiro lugar, muito raramente ele foi defendido coerentemente até suas consequências extremas pelos filósofos (até na concepção convencionalista da justiça de Hobbes – como vimos na seção 59 – coloca-se limite ao dever absoluto da obediência às leis, limite representado pelo respeito ao contrato social). Em segundo lugar, na história não se verifica correspondência permanente entre positivismo jurídico e positivismo ético extremista (salvo o caso de alguns juspositivistas alemães da segunda metade do século XIX, que admitiram uma interpretação reacionária da concepção hegeliana do Estado; mas é errôneo afirmar, como às vezes se faz, que tal concepção se encontra em Ihering): a linhagem ítalo-francesa e a anglo-saxã do positivismo jurídico são inteiramente independentes desta concepção ética.

b) A propósito do *positivismo ético moderado*, ao contrário, é historicamente correto dizer que está estreitamente associado ao positivismo jurídico: mas neste caso são injustificadas as críticas que, da vertente jusnaturalista, foram a ele dirigidas, porquanto a versão moderada da ideologia juspositivista não leva, em absoluto, à estatolatria e ao totalitarismo político. Estas acusações, antes, podem ser postas de ponta-cabeça, porque considerar a ordem, a igualdade formal e a certeza como os valores próprios do direito representa apoio ideológico ao Estado liberal, não ao Estado totalitário ou, de todo modo, tirânico: estes valores, de fato, foram reivindicados pelo movimento iluminista contra o Estado autoritário do *Ancien Régime* e foram realizados pelo Estado liberal-democrático do século XIX; por outra parte, a ideologia jurídica do nazismo era nitidamente contrária ao princípio juspositivista segundo o qual o juiz deve decidir exclusivamente com base na lei, argumentando que, ao contrário, ele devia decidir com base no interesse político do Estado (particularmente, em oposição ao princípio *nullum crimen, nulla poena sine lege*, a ideologia nazista defendia que deviam se considerar como delitos todos os atos contrários ao "sadio sentimento popular" – *gesundes Volksempfinden* –, ainda que não previstos como crimes pela lei). Acrescente-se que, especialmente na Itália, o *princípio de legalidade* – segundo o qual o direito deve basear-se na lei, isto é, em normas gerais abstratas e não em comandos individuais, princípio que já o pensamento grego considerava como próprio da democracia, definida exatamente como governo das leis em contraposição ao governo dos homens –, tal princípio foi reivindicado pelos juspositivistas (como exemplo, por Calamandrei) não certamente para defender o fascismo, mas para dificultar suas arbitrariedades. Dizer que a lei deve ser obedecida significava, sob o velho regime, defender a liberdade individual violada pelos abusos do poder político que não respeitava a lei (já que o dever de obedecer à lei diz respeito não só aos cidadãos, mas também aos órgãos do Estado).

2) *O positivismo jurídico como teoria*: vimos que esta teoria se baseia em cinco concepções fundamentais (ou melhor, seis, dado que a concepção do ordenamento jurídico compreende os dois princípios da coerência e da completude do direito). Todas estas seis concepções foram submetidas a crítica, com a formulação de igual número de antiteorias; a saber, foram negadas:

a) – a teoria coativa do direito;
  – a teoria legislativa do direito;
  – a teoria imperativa do direito;

b) – a teoria da coerência do ordenamento jurídico;
  – a teoria da completude do ordenamento jurídico; e
  – a teoria da interpretação lógica ou mecanicista do direito.

Ora, nós consideramos que as críticas às três primeiras teorias não foram consistentes e que, seja como for, tais teorias permanecem intactas na sua essência, mesmo depois de levar em conta as objeções a elas dirigidas. A crítica às três últimas teorias, no entanto, tem fundamento. De fato: a) um ordenamento jurídico não é necessariamente coerente, porque podem coexistir no âmbito do mesmo ordenamento duas normas incompatíveis e serem ambas válidas (a compatibilidade não é critério de validade); b) um ordenamento jurídico não é necessariamente completo, porque a completude deriva da norma geral exclusiva, ou norma de clausura, que na maior parte dos casos – excluído o direito penal – não existe; c) a aplicação do direito feita pelo juiz jamais consiste na simples aplicação da lei com base em procedimento puramente lógico – ainda que não o perceba, para chegar à decisão ele deve sempre introduzir avaliações pessoais, fazer escolhas, que não se vinculam ao esquema legislativo que deve aplicar.

No entanto, as três primeiras e as três últimas teorias não têm a mesma importância no sistema da teoria juspositivista: as três primeiras, de fato, constituem os pilares de tal teoria, enquanto as três últimas só têm importância secundária; podemos assim falar de *teoria juspositivista em sentido estrito* e de *teoria juspositivista em sentido amplo*, segundo se acolham integralmente todas estas seis concepções ou então só se acolham as três primeiras.

3) *O positivismo jurídico como método*: neste ponto não existem distinções a fazer e a argumentação é muito breve. Como a ciência ou é avalorativa ou não é ciência, o método positivista é pura e simplesmente o método científico e, portanto, é necessário admiti-lo caso se queira fazer ciência jurídica ou teoria do direito: se não for admitido, não se faz ciência, mas filosofia ou ideologia do direito.

Concluindo: dos três aspectos em que se pode distinguir o positivismo jurídico, estou disposto a acolher totalmente o método; quanto à teoria, aceitaria o positivismo em sentido amplo e recusaria o positivismo em sentido estrito; quanto à ideologia, embora seja contrário à versão forte do positivismo ético, sou favorável, em tempos normais, à versão fraca ou positivismo moderado.

Apêndice

A hipótese formulada na seção 2 – a de que ulteriores investigações poderiam constatar o uso do termo *jus positivum* em momento anterior ao fixado por Kuttner, segundo quem este termo se encontra usado pela primeira vez em Abelardo – vê-se confirmada no volume (que nos chegou depois que as primeiras apostilas deste curso já estavam impressas) de Sten Gagner: *Studien zur Ideengeschichte der Gesetzgebung* (Uppsala, 1960). Na p. 213 dessa obra cita-se trecho de um escrito de Damian Van Den Eynde, "*The Terms 'ius positivum' and 'signum positivum' in Twelfth--Century Scholasticism*" ["Os termos '*ius positivum*' e '*signum positivum*' na escolástica do século XII"], *Franciscan Studies*, (9), 1949, p. 41s., em que se diz:

> Se Abelardo é o primeiro autor conhecido a empregar o termo *ius positivum*, Ugo da San Vittore antecedeu-o por vários anos no uso da forma um tanto diversa *iustitia positiva*. No seu *Didascalion*, I.III, c. 2, redigido por volta de 1130, escreve: "*Ethicae inventor Socrates fuit, de qua XXIV libros secundum positivam iustitiam tradidit. Deinde Plato discipulus eius libros multos de republica secundum utramque iustitiam, naturalem scilicet et positivam conscripsit*" ["O inventor da ética foi Sócrates, da qual nos entregou vinte e quatro livros sobre justiça positiva. Depois, Platão, discípulo dele, escreveu muitos livros sobre a república a respeito dos dois tipos de justiça, a saber,

a natural e a positiva."]. Em I.VI, c. 5, escreve de modo semelhante: "*In illa enim (tropologia) naturalis iustitia est, ex qua disciplina morum nostrorum, id est, iustitia positiva nascitur*" [Nela (tropologia) está a justiça natural, da qual origina-se a nossa disciplina da moral, isto é, a justiça positiva."]. Estes dois trechos, especialmente o primeiro, são importantes sob mais de um aspecto. Em primeiro lugar, precedem em mais de uma dúzia de anos o primeiro uso conhecido do termo "direito positivo". Em segundo lugar, oferecem sólida confirmação para a sugestão de S. Kuttner sobre a origem do termo. Na verdade, as palavras "*Plato* [...] *libros multos* [...] *secundum utramque iustitiam, naturalem scilicet et positivam conscripsit*" ["Platão... muitos livros... sobre a república a respeito dos dois tipos de justiça, a saber, a natural e a positiva."] traem sua origem no *Comentário* de Calcídio, que era [...] a única obra mediante a qual os primeiros escolásticos entraram em contato direto com os escritos de Platão. Ugo usou abundantemente aquele *Comentário* em muitos dos seus tratados, sobretudo no seu *Didascalion*.

> Para uns, a justiça
> é a confirmação da validade,
> para outros, a validade
> é a confirmação da justiça.
> Chamamos essa doutrina de
> *POSITIVISMO JURÍDICO* [...].
>
> Norberto Bobbio, em
> *Teoria da Norma Jurídica*

Este livro foi impresso pela Gráfica Rettec para a Edipro
em fonte Garamond Premier Pro sobre papel Pólen Bold 70 g/m².